中道

曾仕强 著

北京联合出版公司
Beijing United Publishing Co.,Ltd.

图书在版编目（CIP）数据

中道 / 曾仕强著 . -- 北京：北京联合出版公司，
2025.1. --ISBN 978-7-5596-8057-0

Ⅰ. C93-49

中国国家版本馆 CIP 数据核字第 20240JG153 号

中道

作　　者：曾仕强
出 品 人：赵红仕
选题策划：北京时代光华图书有限公司
责任编辑：孙志文
特约编辑：太井玉
封面设计：新艺书文化

北京联合出版公司出版
（北京市西城区德外大街 83 号楼 9 层　100088）
北京时代光华图书有限公司发行
文畅阁印刷有限公司印刷　　新华书店经销
字数 257 千字　　787 毫米 × 1092 毫米　　1/16　　20 印张
2025 年 1 月第 1 版　　2025 年 1 月第 1 次印刷
ISBN 978-7-5596-8057-0
定价：88.00 元

版权所有，侵权必究
未经书面许可，不得以任何方式转载、复制、翻印本书部分或全部内容
本书若有质量问题，请与本社图书销售中心联系调换。电话：010-82894445

目 录

序 / XI
前言 / XV

第一章 虚以控实

导　言 / 002

第一节 虚以控实的道理 / 011

一、无形的力量最大 / 011

二、管理哲学是无形的 / 013

三、管理哲学即管理之道 / 014

四、M理论代表管理哲学 / 017

五、大学之道是最有价值的管理哲学 / 020

六、管理哲学是不能改变的常数 / 023

第二节 管理有两个极端 / 024

一、大家各执一端以自耀 / 024

二、管理者要头脑清楚 / 026

I

三、管理者能够自己归零 / 028

四、摆脱极端以讲求中道 / 030

五、执两用中才能够合理 / 033

六、M理论适合中道要求 / 034

第三节　管理的理念导向 / 036

一、企业管理的历史 / 037

二、举一隅应该以三隅反 / 038

三、真理并不在二者之一 / 039

四、日美以理念为导向 / 040

五、我们要正本清源 / 042

第二章　约法三章

导　言 / 046

第一节　约法三章的精神 / 050

一、约法三章是重点管理 / 050

二、约法三章要简单明了 / 053

三、管理原则要首先确立 / 055

四、管理原则要归纳排序 / 057

五、管理原则不能过于理想化 / 058

六、管理原则应以人为本 / 059

第二节　人性管理的演进 / 061

一、管理的主体是人员 / 062

二、X理论的几个假定 / 064

三、霍桑研究的大启示 / 065

四、Y理论的假定 / 066

五、管理人性化的趋势 / 067

　　　　六、人性管理三大特性 / 068

第三节　　人性管理M理论 / 071

　　　　一、人性问题源远流长 / 071

　　　　二、《中庸》的天人合一论 / 072

　　　　三、中庸之道是恰到好处 / 075

　　　　四、人性化的中道管理 / 076

　　　　五、M理论合乎人性化管理准则 / 081

　　　　六、M理论的三个要点 / 083

第四节　　M理论有三向度 / 088

　　　　一、仁、义、礼三向度 / 089

　　　　二、仁为安人之道 / 090

　　　　三、义为经权之道 / 091

　　　　四、礼为絜矩之道 / 091

　　　　五、三向度要合一 / 093

第五节　　M理论三大要项 / 095

　　　　一、M理论的基本构架 / 096

　　　　二、安有各种不同状态 / 100

　　　　三、虚安也是一种手段 / 102

　　　　四、经权为致安的途径 / 103

　　　　五、变时要以安为前提 / 104

　　　　六、随时都应将心比心 / 105

第六节　　M理论实际运作 / 106

　　　　一、管理必须制度化 / 106

　　　　二、制度一定要合理 / 107

　　　　三、制度要自生自长 / 108

　　　　四、制度要适时修订 / 110

　　　　五、依制度权宜应变 / 111

六、务求人人都能安 / 111

第三章 安人之道

导　言 / 114

第一节　管理和伦理合一 / 118
一、管理不可偏离伦理 / 118
二、伦理首重良心道德 / 120
三、伦理是合理不公平 / 121
四、亲疏有别长幼有序 / 122
五、安不可能没有区隔 / 123
六、依层次按顺序求安 / 124

第二节　安顾客第一优先 / 125
一、顾客是衣食父母 / 125
二、顾客最冷酷无情 / 126
三、要搞好人际关系 / 128
四、保持定期的接触 / 129
五、发掘再推销机会 / 130
六、消减顾客的不安 / 132

第三节　安员工以厂为家 / 133
一、各阶层都患不安 / 134
二、常见的员工不安 / 137
三、用患不安来测试 / 139
四、使员工身安心乐 / 140
五、有效的安人之道 / 142
六、视员工有如家人 / 143

第四节　安股东持续发展 / 144

一、股东是企业的投资者 / 144

二、国有企业政府是股东 / 146

三、报告财务与业务实况 / 147

四、分配优厚平稳的股息 / 147

五、给予投资的安全保障 / 148

六、如期按时地发放股息 / 149

第五节　安社会形象良好 / 150

一、善尽责任带来良好印象 / 151

二、共同为国家而创造财富 / 151

三、为社会增加就业的机会 / 153

四、让家长放心子女来就业 / 154

五、替社区营造良好的风气 / 154

六、成为民众欢迎的好企业 / 155

第六节　安人之道五要领 / 156

一、首先建立共识 / 157

二、其次探究不安 / 159

三、然后消除化解 / 161

四、随时讲求方法 / 162

五、样样注重效果 / 163

第四章　经权之道

导　言 / 166

第一节　经权是安人的方法 / 170

一、经是组织成员的共识 / 170

二、权指配合时空的态度 / 172

三、安人的经不应该常变 / 172

四、安人的权要随时变动 / 174

五、经权要以安人为目标 / 174

第二节　最好以不变应万变 / 175

一、以不变应万变是变 / 176

二、有所变也有所不变 / 176

三、时间朝坏方向流动 / 178

四、凡事最好先想不变 / 181

五、不变不行才来想变 / 181

六、以微调整防止突变 / 182

第三节　经权配合四种现象 / 184

一、权在经内是谨守分寸 / 187

二、权在经外为具有弹性 / 190

三、经权交集是擅自变更 / 192

四、经权分离为离经叛道 / 194

第四节　经权配合层层串联 / 195

一、经权必须密切配合 / 195

二、上司的命令就是经 / 197

三、自己的斟酌即为权 / 199

四、上级的权下级的经 / 200

五、上有政策下有对策 / 201

六、目标一致经权配合 / 203

第五节　经权配合需遵守原则 / 204

一、权不舍本就是权不离经 / 205

二、权不损人以免引起不安 / 206

三、权不多用尽量减少例外 / 207

　　　　　四、既得利益应该逐渐消减 / 209
　　　　　五、例外的比例要尽量缩小 / 209

　　第六节　经权之道五大要领 / 211
　　　　　一、首先慎重立经 / 213
　　　　　二、其次决定形态 / 214
　　　　　三、然后沟通原则 / 215
　　　　　四、大家都持经达权 / 217
　　　　　五、随时要追踪考核 / 217

第五章　絜矩之道

　　导　言 / 220

　　第一节　人普遍不喜欢被动 / 224
　　　　　一、自己的决定才能全力以赴 / 224
　　　　　二、被动时拖拖拉拉 / 225
　　　　　三、催逼之下更加不动 / 226
　　　　　四、管理不一定要发号施令 / 227
　　　　　五、让员工自动自发 / 228

　　第二节　人大多希望自主自动 / 230
　　　　　一、人从小喜欢自动 / 230
　　　　　二、被骂到不敢自动 / 230
　　　　　三、仍然暗地里自主 / 231
　　　　　四、阳奉阴违很可怕 / 232
　　　　　五、人要对自己负责 / 233

　　第三节　有限范围最大自由 / 234
　　　　　一、絜是审度考量 / 234

二、矩是法则规矩 / 235

三、自由有一定范围 / 237

四、守规矩自动自主 / 239

五、人人守分有规矩 / 240

六、个个享有大自由 / 241

第四节　害怕自动喜欢自主 / 242

一、自动并不真实存在 / 242

二、感觉到力量叫他动 / 243

三、看不见的就是自动 / 243

四、人的自动具有意识 / 244

五、喜欢自主害怕自动 / 245

六、害怕自动也是自主 / 245

第五节　用心来使彼此互动 / 246

一、自己的意识产生自动行为 / 246

二、要用感觉的力量让他自动 / 247

三、有感有应大家都乐于自动 / 248

四、不施加任何压力才算自动 / 249

五、用心来感应是有效的途径 / 251

六、最好由上级自己做好榜样 / 253

第六节　絜矩之道五大要领 / 254

一、首先尊重制度 / 255

二、其次配合现实 / 255

三、上司以身作则 / 256

四、要订定行为公约 / 256

五、配合以审慎赏罚 / 257

第六章　易知易行

导　言 / 260

第一节　M理论合乎人性 / 264
一、人性可以塑染 / 264
二、安宁是人生根本需求 / 265
三、多求安而应变 / 267
四、将心比心才合理 / 268
五、人性喜欢简单明了 / 269
六、能知亦需能行 / 270

第二节　M理论贵在实践 / 271
一、西方哲学原意为爱智 / 271
二、中国哲学所乐的是道 / 272
三、真正的管理功夫在行 / 273
四、实践要以知识为基础 / 274
五、坚持原则求合理应变 / 276
六、圆融和谐效果才会好 / 279

第三节　M理论求大同存小异 / 281
一、组织要安定中求进步 / 281
二、实践的结果各有一套 / 282
三、管理并无统一的模式 / 283
四、时刻不忘以人为根本 / 284
五、最好有树状组织精神 / 285
六、慎始善终求己安人安 / 288

结语 / 291
参考书目 / 297

序

管理有其普遍性，也有其特殊性。管理科学本无国界，可用于西方，亦可通用于东方，从这一普遍性的角度来看，实无所谓美国式、日本式或中国式的区别。然而，各民族有各自的文化背景，管理哲学因受文化变数的影响，会产生不同的理念。就这一特殊性的取向而言，管理显然存在一定的差别。

同一民族，未必有一致的理念。同样是中国的企业家，也各有一套自己的经营理念，既不能也不必加以统一；特别是中国人不到黄河心不死，绝不肯轻易认输，更造成在管理中各有一套的繁杂现象。不过，由于各有一套经营理念，形成各有一套经营管理方式，至少证明了经营理念控制经营管理方式这一无形却甚为有力的法则。

中国人以"世界大同"为理想，并不倡导世界一同，便是早已洞察家人、民族及世人都无法完全一同的道理，只能求其大同。"大同"后面省掉了两个字，说得完整些，应该是"大同小异"。人类心理原本是"同中求异，异中求同"，所以各民族的理念大同小异，而同一民族各分子间的理念亦属大同小异，不可能完全一致或绝对不相同。

人类为求生存，似乎不能避免冲突、竞争。西方哲学家有鉴于此，从亚里士多德时代开始，即以"吾爱吾师，吾更爱真理"为名，一人一说，各执己见。中国先哲，在生存竞争之外，更进一步觉察到生活互助的必要性与价值，率先厉行，在学说纷纭之中，做到王弼所说的"统之有宗，会之有元"。所谓儒、道、墨、法诸子百家，只是在学术研究、讲求理论时才有较为严格的划分，而在实践中已经融汇，分别挂搭在适当的层次，汇合成一股以儒家为主的、积极肯定生命价值的道德洪流，形成了中国人普遍共有的理念。

西方哲学重"知"，中国哲学主张行以求知，贵在躬身实践。西方人谈管理，必须理论架构严谨，配以"实"的工具、方法一应俱全。中国人谈管理，大多注意理念的把握，"虚"以控"实"，使"实"的工具、方法在"虚"的经管理念之下，更能够发挥宏大的功效。

管理的对象很多，但终究离不开人，所以是人本的；中国哲学在天、地、人三才之中，特别重视人，也是人本的。管理要求人性化，在全世界对人性研究最深入、探讨最潜心的中国哲学领域里，寻找出中国人的经营理念，应该是十分恰当而可行的。

1726年，德国哲学家沃尔夫（Christian Wolff）在其《中国人实践哲学演讲》一书中提及："孔子是优秀的思想创造者，在孔子以前中国已呈现出非常繁荣的状态。"他说："中国古代的君主都是哲学家。柏拉图以为幸福的国家应由哲学家来支配，中国人便是此原则的实行者。"管理者最好具有哲学素养，至少也要反省自己的经营理念；中国人非常重视反省，便是希望大家核查一下个人的经营理念，是否符合"中国经营理念"的"共识"。我们把这一"共识"叫作"经"，每个人"执经达权"，以不变应万变，才能万变不离其宗，既能因应时空的变迁，又可以坚持原有的根本精神，因而大同小异，在和谐中各自有所发展。

中国的经营理念概括起来，就是一个"道"字。这"道"是十分微妙的，很难看得清楚。"道"即是"所由"的"路"。熟悉道路的行人，闭着眼睛走，有时也会发生意外；不熟悉道路的行人，摸索了老半天，有时仍不免迷路。行走时专心看着路，可能反而会撞碰到别的东西；行走时不专心看着路，也可能一不小心就绊倒在地上。然而，我们又不能因为"知者过之，愚者不及"，便否认"道"的存在，否定"道"的价值。

"道"虽然微妙而不显著，却是相当"易简"的。管理之道，尤其要易知易行，才有实用价值。综合起来，我们提出"安人之道""经权之道"和"絜矩之道"三个向度，建构了适合中国民族性的M理论。但是"道"是要行的，不能只当作一个理论来看，所以管理者必须明白"虚以控实"的道理，发扬"不固而中"的精神，居于继旧开新及忧患意识，达到"日新又新"的地步，这才是真正的不停滞，得以持经达权而生生不息。

实践的程序有三：第一是确立"树状组织"，坚持"树干不与枝叶争绿"，从授权中训练部属，然后全力支持他，放手让他去做；第二是"邀请参与"，使那些有能力而且喜欢参与却顾虑太多、却步不前的同人，能够积极参与，进而乐于参与；第三是将同人动员起来之后，为了避免"一动即乱"甚至"动而大乱"，必须"约法三章"，使同人在约定的范围内，尽力发挥自己的才干。整个自主过程，建立在"由自助而自立"，再"由自立而自主"的基础之上。为了顺利进行，管理者唯有切实遵循中华民族文化"人心惟危，道心惟微。惟精惟一，允执厥中"的"十六字心法"，以"惟精惟一"来"允执厥中"，才能够辅助全体同人，逐渐进入最为理想的自动境界。

至于经营理念的实践精神，我国先哲很巧妙地把"仁、义、礼"的大道理化为通俗的"情、理、法"，一切管理务求以"法"为基础，然后向上升进，摄法归理，而又纳法于仁。但是"法"为人所订立，为人所执行，为人所控制，所以再怎么强调"法治"，实际上都离不开"人治"，因此管理者以修身为本，必须注意"修己三要"，号召同人共同发挥"功夫精神"，把分内工作切实做好。人事升迁，悉依从"禅让作风"，培养"以让代争"的风气，先求"以厂为家"，做到"公司全面照顾，员工全力以赴"，再求"以厂为校"，增进同人的能力而又为公司效力。

  我们现在常说现代化，如果它的含义是"像现代西方一样"，实在是有欠正确的。大学之道，在止于至善，实际上是超越现代的。"周虽旧邦，其命维新"，管理者应秉持我国固有的经营理念，赋予新的精神，来运用新的工具和方法，并且还要持续地改善。中国人向来不排斥任何外来的文化，相反，我们都在费尽苦心地给予适当的安置和调整。中国人的经营理念，不但不排斥管理科学，而且还要进一步将其运用得更合适、更有效。

  感谢历代先哲为我们累积了如许宝贵的智慧。感谢现代从事中国文化整理、研究而又赋予其新生命的学者，使我们成为现代的中国人而不致变成现代的外国人。本书的主要参考书目，附列于结语的后面，对于诸位先进的卓见慧识，在此谨表最大的敬意。

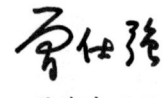

曾仕强
于海南三亚

前言

公元前 5 世纪的春秋末期，东周王朝由于礼崩乐坏，制度开始动摇，社会呈现出十分动荡不安的状态。孔子立志行道，企求恢复天下的秩序与和平。他行道的目的，在于训练一批公正廉洁、忠勇爱民的行政人员，来推行古圣先贤的德政，实现为老百姓服务的目标。其具体的步骤，则是通过日常生活中的修身、齐家、治国、平天下，希望能够完成天下为公、世界大同的理想目标。这种以人为本、为政在人、以德化人的中道思想，归纳起来，有下述五个重要的原则。

1. 修身

管理者与被管理者都应该以修身为本。能力较低的人，最起码要做到独善其身，尽量做好自律，约束自己的言行；能力高强的人，应该推己及人，以求兼善天下。我们推行能者多劳的原则，必须以自己的智慧与道德为基础。因为一个人唯有既贤且能，才能受到大家的真诚拥戴。

2. 亲民

管理者的责任，在于精神和物质两方面并重。即一方面要促使被管理者不断提升伦理道德水平；另一方面应该使被管理者获得必需的物质资料，以维持日常生活。管理者在职场中以身作则，用品德来感化员工，同时在物质方面，最好不要和员工有太大的差距，这样的管理者才更有亲和力。

3. 守中

人在物质方面的享受，并没有止境。身体的欲望倾向是十分危险的。伦理道德的力量很精微，我们稍有疏失便会使之荡然无存。管理者和被管理者为了避免发生错误，必须时时刻刻致力于守中，也就是寻找合理点，并坚持实践。"中"即合理，坚守合理便是守中，人人守中，目标才能够一致。

4. 中道

管理者由修身开始，谨慎守中以求亲民。这种修己安人的管理途径，即为中道。自尧舜以来，中华民族悉以中道为立国的根本，历代兴衰，也都是得中、失中的结果。五千年来，中道传统一脉相传，后人便称之为"道统"。我们讲求合天道而尊重人性，并且力求一以贯之，共同以天下太平为目标。

5. 和谐

孔子所说的"世界大同"，相当于现代的"地球村"概念。在西方霸道文化的影响下，19世纪英国殖民地布满天下，20世纪美国武力超强，自命为"世界警察"，这些都不符合21世纪的发展要求。只有中华民族的和平崛起，才能使世人真正感受到中道文化的和谐与可贵。因而促进世界大同，才是人类之福！

我们往昔将"中国"解释为"中原上国"，意思是世界中心、文化上乘，却使得其他民族敬畏、妒忌和羡慕，敢怒而不敢言。其结果便是一旦各国自强自立了，就不约而同地以中国为目标，全力进行打击。近几百年来，东西方的偏激政权无不尽力侵略中国，它们用鸦片使我们变弱，以分裂使我们变小。中华民族在21世纪的神圣任务，便是端正中国人的观念。正本清源，"中"便是合理。凡事求合理，即为中庸之道，现代称为"合理主义"。追求合理的途径，便是中道。凡事讲求合理的国家，是为"中国"。力求无一事不合理的人，是堂堂正正的中国人。

中道管理说起来就是合理化管理。我们先在自己的国家实施中道管理，使其具有良好的效果，假以时日，自然可以改变外国人对我们的观感，不致再把"黄祸"放在心上而忐忑不安，也不至于再因中国的崛起而多方加以围堵。一旦世人普遍了解中道文化的可贵，世界大同的目标自然可以顺利达成。这绝对不是中华文化的向外侵略，而是中华文化的宽大包容性，使世界各地的文化在大同小异的原则下，受到合理的尊重，彼此兼容并蓄，和谐共存。地球村成为快乐的人间天堂，实在是指日可待的；各民族共同平天下，也并不困难。

中道管理，为什么可以整合、包容各种不同形式的管理呢？因为全世界的管理都在追求合理，只是所采用的方式不相同而已。我们的古圣先贤，早已研发出一套十分特殊，却能够千古流传、天下通用的东西，那就是"仁、义、礼"的架构，也就是人们通常所说的"情、理、法"，并形成相当不一样的运作过程。

简要说来，中国式管理便是依循"仁、义、礼"的道理，以求得其中（合理）的中道管理，也就是"将现代化管理，妥善运用在中国社会，以求合理有效"，成为中国式的合理化管理，并和中华文化充分结合起来。

"仁"引申为"安人之道"，"义"表现为"经权之道"，"礼"则演化为"絜矩之道"。组织的一切措施，都以"安人"为衡量目标。能安的才做；不能安的就不要做。原则确定后，视组织内外环境的变迁而持经达权，以求制宜，即为"与时俱进"，合乎"经权"的要求。在衡量及变通时，我们采取"絜矩"的道理，一切将心比心，设身处地，也就是"己所不欲，勿施于人"。综合起来，在组织建立以后，管理逐渐制度化的时候，我们必须以"安人"为标准，采用"絜矩"的态度，建立合理的典章制度，作为组织成员共同遵循的常道，并且灵活运用"经权"的方法，获得变而能通的效果。依据这个简单明了的架构，我们建立了"中国式管理的 M 理论"，简称为中道管理 M 理论。

孔子主张人性可塑，否则教育全无功能。基于这种观念，我们归纳出 M 理论的三大要旨，简要说明如下。

1. 人性可塑，员工是可能改变的

管理的条件是：安排良好的工作环境，形成良好的工作风气，把慎选而来的员工都塑造成忠诚、肯干的优秀成员。管理者首先要以"患不安"（为什么不安）来测试员工，尽量找出他们不安的原因，并加以消除，从而使员工能够安心乐业。这种"安人之道"，是"仁"的精神，乃是中国式管理的衡量标准。凡事以"安"或"不安"来衡量，比较容易找出"安人"的合理途径。

2. 员工如果关心工作，就会适时应变

管理的过程是：确立目标和标准（经），然后赋予员工应有的权限，使其在法令规章许可的范围之内权宜应变（权）。这种"经权之道"是"义"（合宜）的法则。组织成员应共同发挥"持经达权"的精神，适时应变以求合理。我们发现只有在安人的情况下，员工这种应变得宜的能力才有充分发挥的可能。

3. 管理者和被管理者都是人，都需要被尊重、被了解和被同情，非如此不得其安

管理的态度是：所恶于上，毋以使下；所恶于下，毋以事上。组织成员各自扮演着不同的角色，而"礼"就是现代人所说的"角色期待"。每个组织成员都应该秉持"己所不欲，勿施于人"的原则，按照自己应有的角色期望，来扮演好自己的角色，便是合乎礼的表现。管理者和被管理者彼此互信互谅，奠定互助合作的良好基础，才能够进一步以"絜矩之道"来促进协同一致的组织力量，并把组织的合力提升到最高的水平。

安人之道，是以人为本的具体表现；经权之道，是与时俱进的有效途径；而絜矩之道，则是社会和谐的基本条件。三者简单明了，易知易行，完全符合重点管理的要旨，符合人性需求。我们运用起来，自然得心应手，丝毫都不会觉得困难。三者合一，即能合乎中道，无往而不利。

自古以来，在人类社会的发展过程中，一切冲突都起因于走偏道、走极端；所有的暴力，均由于泯灭人性。科技发展虽然能够打通山川的阻隔，却仍然难以跨越人类心理的鸿沟。物质文明亟待精神哲理来加以指导。中华民族在经济发展中提升自我的品德修养，在和谐中学会互助、分享，中道管理，当然普受世界的欢迎！

第一章

虚以控实

中 道

导 言

　　中国式管理到底有没有很完整的思想体系呢？我向大家保证，一定有，但其先决条件，就是我们要了解中国人对体系的概念，与西方人对体系的概念，在理解上是不一样的。我们今天的最大问题是喜欢采取西方的观点，来看待中国人自己的东西，所以显得很乱，而且很危险。为什么说很危险呢？因为学术界公认，全世界最早知道什么叫作整体概念的，是中华民族。西方一直到现在，还没有办法掌握整体概念。

　　我们现在很重视科学，可是大家看到"科学"这两个字以后，会有一种感想："科"就有"分"的意思，即分门别类、专科，很少人说是"全科"的意思。科学家是不一定能写诗的，诗人往往也不是科学家。所以，科学不能代表整体的学问，这是我们首先要了解的。

　　科学给人类带来了很多的方便，但是它同时也给人类带来了诸多的威胁。大家有没有发现，人类每发明一样东西，刚开始的时候，都是想让它来帮助人类的，但是发明出来以后，人类很不幸就变成了它的奴隶。我们发明钞票，原本是为了方便交易，但是我们现在变成了钞票的奴隶；我们发明电脑，本来是想帮助人类减轻劳动压力，但是现在的小孩子，整天沉湎于电脑游戏之中，都变成了电脑的奴隶；我们从事管理活动，是为了把事情做好，但是现在许多人已经受到管理的约束，好像不听它就不对。我觉得没有这个必要。

　　西方的很多科学家，最后会信神，为什么？ 21 世纪刚刚开始时，科学家就已经觉悟了，说科学应该受到相当的限制。科学家已经了解到，科学再这样盲目地发展下去，人类会灭亡，世界也会毁灭的。而且，他们也认识到科学发展是一条渐进路线，就是说科学只能到达真理的边缘，永远无法掌握真理。科学可以解决很多问题，但是没有办法解决所有的

第一章 虚以控实

问题，最起码科学不是一定能带给人类幸福的。因为在许多发达的国家，自杀率往往是很高的。科学家会信神的原因，就是他们感觉到有一只看不见的手在操控一切，但他们始终搞不清楚那只手是什么。

我相信许多人在做经营管理的时候，也会感觉到有一只看不见的手，但是永远搞不清楚是什么。可见科学并不能概括全部的学问，所以人们想到另外一个名词，叫作"哲学"。"哲学"这个名词不是中国人发明的。老实讲，我们学习了西方完整的哲学体系之后，会感觉中国是没有哲学的。我们汉字中的"哲学"这两个字，是日本人创造出来的。在我们中国人还没有翻译之前，日本人用中国的汉字去翻译西方的名词，把西方的 philosophy 翻译成"哲学"。后来中国人觉得好像也不错，于是就叫"哲学"，其实是大错。

西方的科学家是不太信服哲学的。虽然西方人说哲学是母亲，所有科学都是母亲的儿子，但是这些"儿子"长大以后，都翻脸不认"母亲"了。西方科学家认为科学才是实际的，而哲学是虚幻的。哲学这个老妈妈，抚养了这么多小孩子以后，却连一个传人都没有。现代管理刚开始是从美国开发出来的，但那个时期正好是美国反"形而上"的时代，他们认为既然看不见的手不可知，就不要去管它，于是发展出了一套有形的管理科学。

到了 20 世纪 70 年代，美国的管理科学遭遇了日本管理方式的冲击。日本人的管理方式和美国人的管理方式在很多方面是相反的，例如日本人是终身雇佣的，美国人是随时跳槽的。美国人的观念是：我在你这家公司，你不按时给我升迁，表示你不看重我，那我就要走人了；日本人在一家公司一待就是一辈子。美国人上班就是上班，下班就是下班，上班是公司的时间，下班是个人的时间；日本人只有工作完没完的观念，从来没有上下班的观念。

所以我们不要以为管理只有一套方式，其实管理是各有一套。德国

中 道

人不太讲管理,因为德国人是技术挂帅,他们认为只要技术好,其他的都不重要,为什么一定要管理呢?我们不能说他们错,因为假如技术不好,管理再好也没有用。

为什么说中国人的思想是整全的呢?我们把科学、哲学、宗教、文学等学科汇总起来,有了一门课,就一个字——道。西方人没有道,也不懂什么是道。所以真正要讲起来,中国只有一门学问,因此才叫作整全的学问,如果有好几门学问,那就是各有一偏。所以,我们慢慢会感觉到,科学是以偏概全的,道是整全的。

道有几个特色,其中之一就是不可言说,永远说不清楚。西方人喜欢讲得很清楚,现在的年轻人也常说"你给我讲清楚",但一讲清楚,就偏离了道。老子讲得最清楚了,"道可道,非常道",意思就是凡是能够说的道,都不是常道,常道是不可言说的,隐隐约约的,再说清楚就错了。所以很多人觉得中国人好像喜欢打马虎眼,其实不对,因为我们是有整体概念的。如果讲得很清楚,就讲到一面去了。要讲整体的,那就只能隐隐约约,含含糊糊,大而化之。这个大而化之到底好不好,大家要从不同的层次去领略。

有一个英国人要取得数学博士学位,必须先通过一个口试。一位口试委员就问他一个问题。这个博士候选人很注意听,因为对他来讲,这是至关重要的事情。口试委员问他:"一加一到底等不等于二?"这个问题对一个研究数学的人来讲,简直像开玩笑,他就纳闷:怎么会问这么简单的问题呢?其中一定有诈吧!于是他站起来,花了20分钟时间写了满黑板的公式,来证明一加一不等于二。结果口试委员说:"一加一就等于二,啰唆这么多干什么?"他就被pass掉了。这就是西方人的问题。

我不是数学博士,但如果有人问我上述问题,我保证能通过口试,因为我会用纯中国式的回答。我说一加一通常是等于二的,但有时候它会不等于二。如果口试委员要我证明一加一等于二,我可以证明给他看;

第一章　虚以控实

如果他要我证明一加一不等于二，我同样可以写满黑板的公式告诉他，一加一不等于二。一加一到底等不等于二？看具体情况。

"道可道，非常道"，我们应该注意，凡是讲得很清楚的事情，都要特别小心。现在人很信任信息，但是每天股市收盘的时候，显示屏告诉你哪几只股票是涨的信息，是完全没有用的。当股票的涨跌趋势十分清楚的时候，这种信息对你是一点用处都没有的。

越基层的人员，要越具体，越明白，越明确。但是到了高层，不一定要掌握很具体的东西。基层员工要计算一个数字，最好算到小数点后两三位才精确，但对于企业老总来讲，小数点是完全没有意义的。对基层员工来讲，125600 就是 125600，不能变成 12 万，但是对企业老总来讲，他知道十二三万就够了。因此全世界最适合当老板的，就是中国人，因为我们不讲那么精确。

我并不是反对科学，只是想提醒大家，科学是有不足的。但假如你想用哲学来取代科学，那更危险。因为哲学是虚的，科学再怎么说都是实的。我们偏到实的，叫作"偏道"；偏到虚的，也叫作"偏道"。所以要讲求的是中道。

我们中国形容最高层次的人是四个字——得道高人，但一个人要到达那么高的层次是不容易的。因此，很少有人能得到道。有知识的人，或是有技术、专业的人，在我们心目中算不了什么，因为你没有得道嘛！所以我们经常问别人："你知道吗？"你知什么呢？知"道"啊！既然道是整全的，道是不可分割的，哪有什么专业，哪有什么学科呢？道是包括一切的，中华民族的文化有很大的包容性，就表现在这里。不管你有什么学问，都在道这个范围里。

道是没有开端的，没有中间，也没有边界。一旦有边界，就表示系统很小。所以西方人所讲的整体，就是我这个系统和你那个系统不一样，是很小的。中国的系统就不一样了，我们的系统是其大无外，大到没有外面；其小无内，小到没有里面的。这个系统就叫作"太极"。

中国人一直讲太极，讲了好几千年，许多人并不知道什么叫作"太"，其实它是两个字合在一起的，一个是"大"，一个是"小"。"太极"一方面就是大极了，另一方面就是小极了。

道，是没有极端的。道是无边无际的，哪里有"端"呢？有端就有中间，中国人向来不走中间路线。"中"并不是中间路线、"骑墙派"的意思，什么都是 A 加 B 除以二，都折中，那就完了。许多人常说什么"不偏不倚之谓中"，我劝大家不要相信这句话。很多很好的思想，后人在没有完全搞懂的情况下，就妄加评论。我们常常说"半桶水到处晃"，只会一招半式就要走江湖，这些人把学术界搞得很乱。

中，是整全的，但是我们不可能同时掌握整全的，所以中就变成合理。当它大才合理的时候，中就代表大；当它小才合理的时候，中就代表小；当它极端才合理的时候，中就代表极端。孟子讲："自反而不缩，虽褐宽博，吾不惴焉；自反而缩，虽千万人，吾往矣。"意思是说虽然千万人都反对我，都用眼睛瞪着我，我照样去做。这是中国人的道德勇气。但现在许多人不是这样了，常说这个不行，那个不行，什么都不行，变成孔子最讨厌的"乡愿"了。

道是活的，要不然怎么叫道呢？"道"和"理"之中，我们比较重视道，可是我们落实下来时，就会说你讲不讲理。知不知"道"是一回事，讲不讲"理"又是另一回事，一个是虚的，一个是实的。"道"就是道理，所以真正的"道"，是以虚控实，用虚的来掌控实的。

哲学是虚的，科学是实的。基层只有科学，所以对于基层来讲，管理就是一套技术，一套模式，一套规定，一套办法。但这不叫"道"，只能叫作"术"。因此很多人停留在操作层面，这些人是没有"得道"的，甚至不知"道"。他们不知道什么叫管理，只会按照别人的规定去做。虽然做得很好，但他们只有"术"，没有"道"；他们只有实的，没有虚的。

第一章 虚以控实

高层管理人员，整天只动脑筋，不具体操作。想了半天也是虚的，因为想不出东西。但是不是这样的人都应该开除？其实不然。福特公司有一位老福特，他有一次视察产品线后，回来对人事部门说，有一位管理人员坐在那里，抽着雪茄，把脚跷在桌子上，上班时间不工作，应该把他辞掉。人事官员就说这位员工是搞汽车设计的，今天看到的车子都是以前设计的产品，明年的车子都在图纸上，可是五年以后的车子连图纸都没有，都在他的脑子里面，如果把他辞掉了，公司以后怎么办？其实这种话，我们中国人很早就说过了，"无用之用，才为大用"，真正有用的是看着没有用的东西。你看到很有用的，其实是一些雕虫小技而已。

有人认为中国人反科学，我不接受这种观念。假如公司的总裁站在车床前去操作，这个公司不会有什么前途。我没有轻视技术的意思，但是总要有人不搞技术。我认为人生的努力，就是从搞技术到慢慢远离技术，才更凸显价值。人是从实的层次起步，慢慢提升到虚的层次上来。吃饭当然很重要，但如果一天到晚都是为了吃饭，这个人还有什么出息？一个人二三十岁时，为了吃饭，工作有压力，不能想其他事情情有可原。到了四五十岁，若整天还在忙着解决吃饭的问题，这个人注定没有出息。可见虚的层次比较高一点。

合理就是"中"。中庸之道是合理化主义，不是中间点，不是骑墙派，不是不敢走极端，我们首先应该把这个观念端正过来。否则，研究了半天，还是回到从前，就很糟糕了。

时代是循环往复的，历史会重演，但每一次都不可能一样。如果老是在原地打转，人类就没有进步，没有未来。中道就是合理化，我们在整全之中，不要有成见，也不能有主见。成见太深，或主见太深的人，是很难当好管理者的。就事论事，就此时论此时，时空一改变，合理点就改变了。这样你才能够了解，为什么中国人有变有不变，变得像没变一样。

中 道

中国人既然有一套思想体系,当然也有一套自己的理论——M理论。有了体系以后,要不要运用?当然要运用,不用就很虚。西方的哲学家,是把自己关在象牙塔里,中国的哲学家,自古以来就是走出去的。西方人看我们的哲学体系,就说是不严谨的。我的看法是,不严谨才好,不至于把自己关起来。我们的中国哲学,很早就变成了很通俗的礼仪,这就叫作虚以控实。我们是两边都要照顾到,否则就不叫中道。凡是有所偏的,都不叫中道。我们的依据是大学之道。《大学》这本书,是世界上最好的管理哲学。到今天为止,还没有能超过它的。

事实上,管理就是做人做事的道理。西方人分开来看,做人叫"人际关系",做事叫"绩效管理"。中国人合起来:做人做事。没有一家公司,完全靠人际关系可以搞得很好,可是我也不相信哪家公司可以完全靠绩效搞好。

中国人的思想是整全的,不是支离破碎的。财务人员告诉你财务最重要,用财务来管理一切就可以了,市场人员说市场最重要,市场营销搞好就可以了,那都是偏道。总经理是不能偏的。所谓"总",就是要站在最高点,全面掌握,全面照顾,不能偏财务或市场,一偏企业就完了。一个企业要成功,需要几百个理由,一个企业要失败,一个理由就够了。因此老总要全盘掌握,就应以虚控实,走上中道管理。

技术是分工的,分门别类的,各有所精,各有所专,这没有错。所以几乎没有一个基层是"得道高人"。很多人一学习,就钻到牛角尖里面去了。这是很可惜的事情。一个人先要上道,才会有办法摸索,才会知道,到你悟了就"得道"了。这"得道"不得了。做得很好,而且做得很长久的老总,都是得道之人。做得好却不能长久,最后被抓去关进牢狱的人,也就是没有得道的。

"道"的体系是很大的,而且是不可能完全讲清楚的。道,是随时在变的,有"常道",就有"非常道",我们所看到的都是"非常道"。"常

第一章　虚以控实

"道"在脑海里是看不见的。如果一位老总连"常道"都没有，就跟基层一样了，整天随着潮流起起伏伏。事实上，一个人赶不上潮流，是不能前进的；一个人只随着潮流走，也是很快会被淘汰掉的。

我们虽然在潮流中，却要成为中流砥柱：一方面顺应万变，一方面有自己的主张；一方面顺应市场，一方面要创造市场；一方面客户至上，一方面要教育客户。凡是一味顺着市场、顺着顾客的人，最后都将面临失败。

很可怕的是我们把东西做出来以后，没有办法控制它，最后变成被它反掌握、反控制，那人类永远是奴隶，没有最高的尊严。这是我们要研究中道管理的原因。

我们首先不要骗人，不要骗自己。眼睛所能看到的很有限，太多东西看不见。如果亲耳听到的我们都相信，那就糟糕了。只要你重视信息，就有人给你提供假信息；只要你相信数据，就有人造一大堆假数据来骗你。"中道"是说我不会相信，也不会不相信，我好好斟酌一下，从各个方面来探讨，听听别人的看法，我怀疑他的看法为什么和我一样，更怀疑他的看法为什么和我不一样。

社会发展变化基本没有公理，更谈不上真理，只有一些人为规律。西方文化发展到最后，就是竞争。所以今天讲管理就是竞争，竞争是"偏道"。我们往往相信同业是竞争的，这很奇怪，难道同业不能互助吗？联合也是"偏道"，同业联合起来然后共同去欺骗大众。同业应是既联合又竞争的。既联合又竞争，它就"中道"了。

西方文化强调竞争，最后就会分裂，两败俱伤，同归于尽。全世界的人都抗争，人类就很不幸福。这和中华文化的精神正好是相反的。我们要的是和谐，要的是融合。我们要的是大家好好商量。我们要的是把矛盾化解掉。我们是要避免冲突的。

西方的管理科学是很实的，你可以把它当作"术"来用，我不反对，但是你一定要有虚的东西来调控，就是要有我们中国的管理哲学。用中国的管理哲学来善用西方的管理科学，这样就正确了。

　　和谐才能生生不息，只是西方人一直找不到这条道路而已。我们中国人很早就上道了，可惜现在许多人什么都在学西方。20世纪不学西方，是很落伍的。但是21世纪还在学西方，结局也不会好。我们如果老跟在别人屁股后面，走别人的路，就会失去我们的"道"。中国人现在要想办法把自己的智慧找回来，以道学来善用现代化管理，走自己的路，才会走出更加光明的未来。

第一节　虚以控实的道理

管理哲学是虚的，本身不代表什么，但它可以变成所有我们需要的东西。所有科学都是从哲学中分出来的，分门别类的学科的总源头、最高点都是哲学。任何科目发展到最高点，都会进入哲学的层次。但是我们提醒大家，中国道学强调的是要把虚和实兼顾并重，不能偏颇，然后加以合理应用。我们用管理哲学来善用管理科学，这叫作"虚以控实"。

一、无形的力量最大

在《庄子·秋水》中，有一则关于"动物、风和心比快"的寓言。其大概意思是：古代有一种虫叫蚿，用很多只脚在地上爬动。它看见蛇一只脚也没有，可是比自己爬得还要快，非常奇怪。于是就问蛇："我用这么多脚走路，还不如你没有脚走得快，这是什么道理？"蛇回答说："我顺着天机而动，要脚做什么？"蛇自觉还不如风，对风说："我用脊背和两胁走路，还像有脚的样子，你呼呼地从北海刮过来，又呼呼地吹入南海，却像没有形迹似的，为什么呢？"风回答说："不错，我刮起来，可以从北海吹到南海，但是仍然比不上人，人用指头指我，我吹不

中 道

过它所指的方向。"人的视力跑得比风还要快，而人的心思能够在刹那间越过时间、穿过空间，速度比视力（光线）更快，而其本身却是无形的。

思考与分析

大家要从这则寓言中了解到，无形的才是最快速的，无形的才是最有力的，无形的才是机动性最高的。用无形的力量来管制有形的物体，是最省力、最有效的。

管理要求的是省力，所以偷懒不算罪过，科学就是让我们人类越来越偷懒的。偷懒不是真正的懒，而是让我们把节省下来的时间和精力，用来做更有意义的事情。科学的原意，是不要让我们把精力和时间浪费在那些天天在做而没有什么成效的事情上面。我们要有所不为，才能有所为。有些事情让别人去做，我们才能有时间做更有价值的事情。

我们也都知道人应该善用工具，管理一定要运用现代化的设备、仪器和工具，我们都不反对。单独地看那只多脚虫，会觉得它爬得很快。可是一旦碰到蛇，多脚虫就很泄气，因为蛇比它爬得更快。但蛇是没有脚的，所以多脚虫觉得很奇怪，自己工具这么齐全，设备这么现代化，怎么会效率不高呢？蛇说我快有什么用？我还有形，还在爬行，你看风，它一阵子就过去了，比我还快。蛇觉得无形的比有形的实在高明得多。风又说我有什么快的？你看人手一指，我就永远超不过他。风还要吹，人手一指就可以了。手又说指有什么用？你看人心说变就变，还不用指，天底下还有什么比人心变得更快的？一个小时前说得好好的，一个小时后就全变了。人心无形无重，没有工具也没有设备，什么都没有。

这则寓言告诉我们，"有"固然很重要，但不要完全相信"有"可以决定一切。换句话说，科学很重要，但是我们也不要完全依赖科学。

生活中这样的例子很多。例如，高楼大厦越来越多，如果哪天停电了，你可能连家都回不去了。因为楼层太高，没有电梯很难爬上去，即使上去了可能也下不来了。过分依赖科学进步，对人类来讲未必是完全幸福的事情。

二、管理哲学是无形的

管理思想实际上都包含两个层次：一是它的形上基础，一是它的形下理论。前者系看不见、摸不着的意识形态（ideology），称为"管理哲学"（management philosophy）。后者为具体而明确的管理制度和方法，叫作"管理科学"（management science）。管理哲学是"虚"，管理科学是"实"。前者看不见、摸不着，后者具体而明确。可是这具体而明确的管理科学，无法不受那看不见、摸不着的管理哲学的支配和控制。

管理哲学是虚的，看不见，摸不着，它是无形的。但它又是很具体的，好像你要一个人把他的人生理念、价值观、是非标准等说得很清楚，几乎是不太可能的事情，但他自己感觉得出来。所以很多人不太相信别人的话，只相信自己的感觉。西方人比较相信看得见的对象，我们中国人好像比较相信那种看不见的东西，从这里去琢磨，我们可以更容易了解这一点。

管理哲学形成管理者的"决策态度"，管理科学则形成管理者的"管理态度"，而管理态度乃是决策态度影响的结果。管理科学接受管理哲学的支配和控制，我们称之为"虚以控实"。管理者所表现的管理态度，往往受制于个人的意识形态，以致同样一套管理制度和方法，由于管理者理念不同，而产生不一样的运作与效果。

你看一套制度，在这个工厂很有效，到了另一个工厂就变样。一位老总经营这家企业很有成效，把他调到另一家企业去，可能就不行了。制度没有变，产品没有变，组织没有变，人员没有变，只要换了老总，这家公司很快就不一样了。老总并没有做什么，机器不是他操作的，原料不是他采购的，产品也不是他包装的，但是他会发挥很大的影响力。这是很虚的。因此，有什么样的管理哲学，就会产生什么样的管理效果。可见这些看不见的东西，我们要加以重视。

事实上，企业经营者凭着他的"管理意志"（the will to manage），决定了一套处理周遭事务的方法，因而创造了"企业文化"（corporate culture）。美国有位管理学家，告诉我们"管理要跟文化相结合"，换一种说法就是，管理科学必须和管理哲学相结合才能有效。

三、管理哲学即管理之道

我们仅有管理哲学还远远不够，因为哲学和科学也是各有一偏的。虽然哲学的范畴已经比较广了，但还没有系统那么大，哲学也常分为很多不同的派系。所以我们基本上把管理哲学称为管理之道。

"道"不是一个理论（theory），不能当作一个理论来看。"道"是"行走的道路"，亦即"所由"。管理界一切现象所由以存在、所由以生灭、所由以运行的，都称为管理之道。它具有两大使命：一是清理观念，研究"管理究竟是什么"（What is management），也就是促使管理者"从全局的眼光来看管理"。一是指导行为，研究"管理应该是什么"（What management ought to be），从指导的立场来检讨管理，明辨我们应该怎样管理。换句话说，管理哲学必先追究管理的"意义"（meaning），再评估其"价值"（value）。

"管理之道"是中国人用的词，它是虚空的，看不见也摸不着的。现代人称之为"经营理念"。其实，经营理念是日本人创造出来的，严格来讲应该叫管理哲学。所以管理哲学、经营理念、管理之道，都是同样的东西，都是很虚的。它存在于管理者的脑海里面，必须通过管理科学的运作，才有具体的事实。如果不通过实的管理科学，是表现不出来的。因此，只有科学没有哲学的人，是"瞎子"，会动但他不会看路。相反的，只有哲学而没有科学的人，是"跛子"，他没有脚，自己不会动，行动十分不便。我们不愿意做跛子，也不愿意做瞎子，要做整全的人，所以一定要行之有道。

管理哲学通过选择、运用和批判管理科学，得以显现功能。对于各种各样的管理制度和工具，你选择哪一种，完全由你的管理哲学来支配和决定。例如，公司可以规定员工上班都要打卡，而且对不打卡的人的处分很严格，也可以规定打卡不必那么认真，只要办好事情就可以了。业务员让客户满意，就算不打卡直接回家都可以。你不能说这样做就不对，只要对公司很适合就可以。我们运用管理科学的时候，要批判，批判之后再选择、调整。我们用得越好，就越有信心，用得不好时就开始怀疑了。所以很多中国企业的老板总有疑问：为什么西方的管理方式来到我们中国就好像变样了？西方人运用就很有效，我们运用时就没有效果了，就是因为我们中国整体的文化和西方是有很大出入的。

管理之道没有形体，却不是"空无所有"。其实改一个字就可以了，它是"空无多有"。它不是什么东西，却能够形成任何东西。老子在"道"的不可说之中，提出了"有"与"无"两个观念，来说明"道"的两面性。《道德经》第一章说："无名天地之始，有名万物之母。"老子所说的"无"，并不等于零，而是一种幽隐而未成形的潜在能力。管理者凭着这种"不见其形"的潜在能力，来下决心，做成"有"的决策。然后依据既定的决策，来选择和运用管理科学的工具和方法。"无"和"有"既非对立，也不矛盾，它们是一贯的，连续的，表示管理者由理念向下落实而产生决策的一种活动过程。老子说："天下万物生于有，有生于无。"所有管理措施，都产生于管理者的决策（有），而决策则来自管理者心中的理念（无）。

"无"的情况，哲学家牟宗三先生认为正是荀子所说的"虚一而静"，是一种无限妙用的心境。"虚"就是"不要把自己的心灵黏着固定在任何一个特定的方向上"，管理者具有开放的心灵，心里没有偏见或成见，才会"虚"心听取同人的意见，接受同人的参与。"虚"则灵；心思黏着在某一特定的方向上，执意要如此做，那就不"虚"了，不"虚"则不灵。管理者的头脑不够灵光，做起决策来，是相当危险的。"一"是纯一不杂，管理者的脑海里，不能存有乌七八糟的冲突、矛盾和纷杂，要把它们通通化掉，只剩下统一的目标和原则。保持方向的一致性，管理者才能够情绪不浮动地"静"下来，冷静地综合实际状况，做出比较正确的判断。虚一而静，才能发挥无限的妙用。

日本著名的企业家松下幸之助有一次去找一位老和尚，问什么叫管理。我们一般人听了会觉得很可笑，一个很有名的企业家去问老和尚怎么管理，这不是笑话吗？老和尚似乎完全不懂管理，但其实他什么都通。老和尚就在面前放一个茶杯，一直往茶杯里倒水，直到水溢了出来。松下幸之助说："水不是满了吗？"老和尚就说："你知道水满了，就懂得什么叫经营管理了。"这句话是很虚的，但是松下幸之助领悟到了。茶杯不装任何东西的时候，茶杯才是有用的。茶杯一旦装了东西，它就没有用了。你的茶杯装了咖啡，看到很好喝的酒，想再倒酒就倒不进去了。同样，你的茶杯装了酒，看到很特殊的茶，也装不了了。

所以一个有成见的人，是学不到东西的。把脑筋放空，脑海空空的时候，才能装进新的东西。管理者能够不固执，便会十分谦虚地请教有关专家的意见，以冷静的态度，依据安人的目标，来达成正确而有效的决策。

岳飞说："运用之妙，存乎一心。"管理者"虚"心到无限宽广，便可以无拘无束地运用，这种境界，道家称之为"无限妙用"，哲学界称为形而上。形而上是"道"，形而下是"术"。管理哲学是"道"，管理科学是"术"。

既然管理要和科学、文化相结合，我们就应注意自己的文化特色，这点非常重要。管理者以自己的一套管理哲学，来妥善运用管理科学，结果都不相同。所以我不太相信一个管理者去学另外一家公司，把管理制度全盘搬过来，可以做得一样好。

管理者若想"以虚控实"，把管理科学应用得更有成效，首先要建立一套经营理念，进而从实践中获得无比的信心，确立一套经营方式。

四、M 理论代表管理哲学

美国麻省理工学院工业管理教授麦格雷戈（Douglas Mc-Gregor）提出著名的 X 理论（Theory X）与相对的 Y 理论（Theory Y）之后，加州大学洛杉矶分校管理学教授日裔美国人威廉·大内（William Ouchi）建构了 Z 理论（Theory Z）。

中国式管理也该有其理论依据，否则经常到处漫谈，岂非重蹈清谈误国的覆辙？好在孔子已经摸透了中国人谁也不服谁的性格，创立"述而不作"的谦和风度，并且以身作则，一再自认无知，宣称："我并不是生下来就什么都知道的，我只是喜好古代圣哲留下来的知识，而勉力学得来的。"由于他的启示，历代先贤才不敢标榜自己的创见，他们委婉地将自己的智慧，点点滴滴地堆积在孔子、老子、庄子这些大众心目中较具权威性的先师身上，使他们成为中华民族的圣贤。正因为这种庄严而伟大的自我牺牲精神，中华文化才能够"持续中有变化，变化中有持续"，得以"万变不离其宗"，成为世界上最牢不可破的道统。反观近代国人，企图打破三国时代王弼所描述"统之有宗，会之有元"的传统法则，盲目学习西方"一人一说"的作风，各自标新立异，任意独树一帜的结果，徒然弄得"旧的打破了，新的建立不起来"的悲惨局面。

中国近代法学家吴经熊先生说："西方文明，可以说是希腊精神的产物，在目前已发达到饱和状态，所以西方的好学深思之士，反而感觉不足，也就在这时，认识到东方的伟大。"他预言，东方的文化，特别是中国人的"禅"，已渗入西方思想的前锋，将来又会反转来影响东方。他这番话，虽然十分伤感，却是非常中肯。事实上，中国的管理哲学，唯有用英文书写，在国外发表，获得彼邦人士的认同和肯定，中国人才会刮目相看，说起来令人觉得悲哀，却也无可奈何！要不然，为什么众多才俊竟充满了"无力感"？

幸而傅高义（Ezra F-Vogel）的"日本第一"挑起了我们寻"根"的兴趣，在一片中国式管理的探索声中，唤醒我们：必须从道统的洪流中，建构出属于自己的理论。

我们不妨用 M 理论（Theory M）来代表中国人的管理之道。为什么提出 M 理论？原因如下：

（一）M 是"管理"（management）的首字母，表示管理的思想体系。

有人认为不可能有统一的管理之道，就西方情况而言，确属事实。因为西方向来一人一说，A 专家说是的时候，必定有 B 专家说非，这也是他们鼓励争辩的原因，彼此都是一偏之见，辩论起来，才会产生互补作用。中国人最重视本源，一切新的都要从旧的当中变出来；所有学术，无不源自《易经》，因此一脉相承，而且脉络分明。事实更证明：中国先哲所说的道理，大都历久弥新，有其颠扑不破的特质。中国人的管理之道，显然是存在的。

（二）M 是"中庸"（medium）的首字母，表示中国式管理，以中庸之道为合理的标准。

中庸之道的管理，亦即"中道管理"，就是现代所倡导的"合理化管理"。日本人竹添光鸿把"中庸"解释为"恰到好处"，朱子则认为："凡其所行，无一事之不得其中，而于天下国家无所处而不当。"管理措施假若能够无一瑕疵，那就毫无缺点，依现代的眼光来看，中庸就是"合情、合理、合法"，非但可以适应环境，而且足以开创新的时代。中国式管理即为中道管理。

（三）M是"人力"（manpower）的首字母，表示管理应该以人为本。

中国人是以人为本，西方是以事为中心。西方人谈事情，不太管人；我们是以人为主，人去做事。我们常讲，有人才有事，有人好办事，事在人为，所有的事情都是人做出来的，我们的重点始终在人上。

（四）M是"心"（mind）的首字母，表示管理必须重视儒家心学的发扬。

管理就是心的互动。我们能不能团结一致，就是我的心能不能交给你，你的心能不能交给我。西方的管理重视手和脑，做事情时，注意努力不努力，我们强调有没有用心，是不太一样的。

什么叫"关心"？就是把他的"心"关起来了，他就跑不掉了。如果不将心比心，你很难抓住员工的心。什么叫"领导"？领导就是抓心的。一句话讲完了，人在那里，心不在那里，他在想自己家的事情，他在想未来去哪里，他根本不在乎工作，制度管得了他的身体管不了他的心。一个人心在那里，人一定在那里；人在这里，心不一定在这里。所以我们抓到重点，一下子就抓到了他的心。

（五）M还是money（财务）、method（方法）、material（材料）、market（市场）、morale（士气）、management information（管理信息）、management philosophy（管理哲学）、management environment（管理环境）等词语的首字母，它可以把整个管理都包括进来。

（六）M是管理资源（management resources）的首字母。

中国式管理重视人，也重视中庸之道，刚好都涵盖在内，尤其从M的字形看来，更是四平八稳，左右均衡，十分切合"中"的特性。

五、大学之道是最有价值的管理哲学

我们管理之道的主要依据是什么？大学之道。大学之道是最有价值的管理哲学。先哲从实践中体认管理之道，并且正名为"大学"。"大学"的最终目的为治国平天下，所以大学之道，实际上就是管理之道，亦即"管理的最高原理"。孙中山先生说它是"最有系统的政治哲学，在外国的大政治家还没有见到，还没有说得那样清楚"。从管理的取向来看，大学之道正好是"我们管理哲学的智识中独有的宝贝，是应该要保存"，更应该发扬光大的。

《大学》首章，开宗明义说："大学之道，在明明德，在亲民，在止于至善。"第一要"明明德"，就是"明其明德"的意思。"明"即明白，"明德"指"能够明白道理的一种天赋本能"。禽兽、草木并没有这种明德，因此对一般动物讲道理，是永远讲不明白的。只有人类才有此明德，你对他讲道理，经过一段时间，他总会认同的。第一个"明"字为动词，可解释为"表明""表彰"，或"发扬光大"，亦即把人本来具有的明德"刮垢磨光"，便是"修身"或"修己"。

（一）管理以修己为起点，以安人为目标。

《大学》所论的格、致、诚、正、修、齐、治、平，是"从内发扬到外"，教人由"内部做起，推到平天下止"的管理哲学。管理者以修身为本，格物、致知、诚意、正心、修身，即其内在的德智修养，就是"明明德"的功夫。齐家、治国、平天下为管理者外发的事业完成，便是"亲民"的发扬。管理者必先修己，才能正己正人。所以管理之道，以"修己"为第一纲领。

"亲民"是用相亲相爱的方式来正人，就是孔子主张的"安人"。"安人"是管理的最高理想。管理者可以"逞权威、施压力"来"管人"，但作用力越大，反作用力亦越强，不能使追随者心悦诚服，表面或许顺从，但内心殊为不乐，因而可能会暂时忍耐，应付了事。管理者如能用"敬重、信任"来"理人"，比较容易收到"敬人者人恒敬之"的效果。追随者深感知遇，当然会加倍努力。管理者以"仁"安人，"譬如北辰，居其所而众星拱之"，管理者好像北极星，静居在那儿，满天的星斗自然都环绕着它运行。追随者慕名而来，自然人才济济而又人尽其才了。

（二）掌握根本，分清楚本末、轻重、先后、缓急，管理才能够有效。

中国人不管到哪里发展，一定都会回家拜祖宗、扫墓。这是表示我们不忘本。我觉得中国人最可爱的就是永远不忘本。我们中国人开口就是"谢天谢地"，天地是我们的根本，没有天地就没有人类。

管理哲学是根本。掌握了根本，就可以分清楚本末、轻重、先后、缓急。任何事情都是有轻就有重，有先就有后，有缓就有急。中国人都是抓住根本再讲，因此有时候不太注重细枝末节，保持无所谓的态度。

（三）从格物致知着手，以诚意来正心，用理智指导感情，使心意的活动正当而光明。

格物致知就是科学。科学只是起点，不是全部，因此要以诚意来正心。我们慢慢会感觉到，你有诚意，别人就对你讲真话；你没有诚意，别人是不会对你讲真话的。你心意正，员工就会交心给你；你心不正，干部首先就跑掉了。我们可以看到，凡是心不正的人，他上去很快下来也很快，甚至会身陷囹圄。

有一句话是古人没有讲清楚的："中国人很讲感情。"这是好还是不好，很难讲。人没有感情，和动物一样，不算是人，可是乱用感情也糟糕了。《中庸》说："仁者，人也。"《孟子·尽心下》则说："仁也者，人也。"人之所以异于禽兽而成为万物之灵，就是因为人能知仁、义。人类要进步，必须造就高尚的人格。而要造就高尚的人格，就要减少兽性，增多人性，使人性中的动物本能服从理智的指导，符合道德的要求。我们一定要用理智来掌控感情。

《大学》认为人应该有感情，但是感情最后变成人的包袱就糟糕了。一个人感情用事，失去了理智，那就很麻烦。所以孔子找出一条路来，便是用理智来指导感情。他不主张控制，不主张节制，主张让感情合理地发泄，这是很人性化的。

我们要使心意的活动很正大、光明。北京故宫乾清宫的匾上写着"正大光明"四个字。意思是说，皇帝要做到正大光明，才会国泰民安。

（四）谋求修身、齐家、治国、平天下的一贯大道，一切从自身做起，少怨天尤人。

管理者以修己为第一纲领，从自身的修治做起，由格、致、诚、正，然后层层扩大，齐家、立业、治国，推到平天下止。从修身、齐家、治国、平天下一步一步往外推。老实讲，一个人连自己都管不好，怎么去管别人？

因此要谈管理，就应先把自己管好。我们经常有这种观念："你想管我？先把自己管好再说！""你自己都管不好，别想管我！"还有一句话："凭他那副德性，也想管我吗？"这是外国人不明白的意思，因为他没这种概念。

（五）德本才末，是选用人才的可靠标准。

先看品德修养的表现，再就合乎标准的人选，量才而用。西方人是能力本位，没有品德观念。而在中国，有才的人，我们不一定敢用。我相信大部分人喜欢品德好、有才能的人，对那些品德不好、有才能的人，却怕得要命。许多有才华的人经常会受到打压，觉得自己有志难伸，才能被埋没了，原因就是别人怕他。

我问过太多企业家："如果两个人都很有能力，你怎么选？"他说："我选有品德的人。"我说："如果两个人都没有品德呢？"他说："选没有能力的人。"我就问："为什么？"他说："没有能力的人即使想害我也害不了。"这是很聪明的做法。两人品德都好时,他敢用有能力的人;只要对品德没有信心,他宁肯用庸才,也不用没有品德的人才。

德本才末,这是我们选择人才的标准。怎么知道谁的品德最好?中国有一句话,"忠诚从孝中来"。所以中国人会看一个人和父母的关系处得好不好,如果和父母处得不好,这个人的品德也会令人怀疑。中国人重视孝道,也是有道理的。一个人不孝顺父母是他忘本,一个忘本的人,栽培他也是没有用的。

六、管理哲学是不能改变的常数

管理的最高指导原则就是管理哲学。管理哲学是不能改变的常数。管理者的理念,是决策的根本原则,不可以变来变去。变来变去,会变得没有定准。"易"的意义,包含"不易"和"变易",便是"宇宙是变动的,但变动中有其常则"。管理者秉持"常道"去"变易",才能够"万变不离其宗",不是乱变,而是变得有道理。所以满脑子"什么都要变,什么都可以变"是错误的。管理者的理念,就是决策的常数,是不能变来变去的。

"道"属于"智慧"层次,无形无影,难以捉摸,甚至是空洞的,它不像"知识"(knowledge)层次那样明确而具体。现代人受到法国哲学家孔德(Auguste Comte)"实证哲学"(positive philosophy)的影响,一切都要观察事实,要求实际、清楚而具体,逐渐远离"运用之妙,存乎一心"的境界。殊不知管理原本就是依据这种近乎空洞的原则来做决定的。管理哲学一定要虚,才能够十分灵活、非常灵光地达成"虚以控实"的目的。

管理者想要把管理科学应用得更有成效,首先要依靠很虚的、隐隐约约存在的、不能讲得很具体很清楚的经营理念,把经营理念当作管理

中 道

的最高指导原则。管理者有了透彻、协调、系统的管理观，不致"想到就做""爱变就变"，甚至自相矛盾而不自知。

管理者把自己的经营理念确立起来是很重要的。但是没有办法很具体化，因为任何东西到了非常具体的时候，就失去了弹性，无法应变了。最后会害死自己，把自己捆绑得死死的。我们要有一个"常道"作为调整、变革的依据，但不能把自己捆死，而要根据常道，经常去随机应变、因时制宜，就会越变越通。

第二节　管理有两个极端

管理有两个极端，我们一定要小心。因为一般人都是二分法思维，不是偏向这边，便是偏向那边，没办法兼顾两边。二分法是偏道，不是中道。

管理者不是神仙，凭什么分辨是非？凭什么分辨好坏？凭什么决定要还是不要？但是我们都在这样做。所以最好的办法是要求自己归零，就是放空。要在做决策之前，没有主观偏见，抱着一种大家看着办、大家来商量的态度，这样才能听得进去别人讲的话。

一、大家各执一端以自耀

中华民族是很早熟的民族，现在发生的现象，其实很早以前就出现过了。庄子说："天下的人多各执一察（一端）以自耀。"意思就是大家各执一端，每个人夸耀自己那一套很行，想以偏概全，把所有人都变成自己的模式。其实这种情况不是很好。

科技十分重要，没有人会忽视管理科学的价值。但是，庄子早就说过：生命是有限度的，智识是没有限度的，以有限度的生命去追求没有限度的智识，会弄得疲惫不堪。人为了保全生命，便不得不分工专职，因而一不小心就容易走入固执偏见的歧途，所以分工专职，实在是一种无可奈何的、必要的罪恶。

道路是人走出来的，各有各的道，才会形成多元化。今天的生物科学家最大的贡献，就是发现世界上的物种，如果物种不是多元的，地球就要毁灭了。我们为何要把保护动物，非把它们保留下来不可，就是因为大自然的任何东西都是有用的，看上去无用的，包括细菌，把它完全消灭掉，对人类也是不好的。一定要保持多元化，才会生生不息。

每个人都不要认为自己的一套一定比别人的好，要把所有人打倒。彼此尊重，彼此包容，各取所需，才是正道。管理哲学的理论都是人想出来的，立场不一样，所想的东西就会不同。为什么人们讲的话不太一样？就是因为立场不同，没有什么了不起的。

既然立场不同，就没必要要求每个人都一样。我们要的是"大同"，不是"一统"，孔子主张只有世界大同，没有世界一统。我们一定不能忘记，"大同"下面有两个字，叫作"小异"，"大同"的可贵之处就是尊重每一个人的小异，各有不同，才能叫"大同"。管理哲学大同小异，从事学术研究的人，偏向于"大同"；但是实际运作的管理者必须重视"小异"。每家公司都有自己的特殊性，把别人那套全盘搬过来是行不通的。

庄子有一篇文章叫作《齐物论》，"齐物论"包含齐物与齐论两个意思。庄子认为：道原本是没有分界的，语言原本是没有定说的，为了争一个"是"字而划出许多界线，有左便有右，有分别就有争执。"道"本来是整全的，是没有分界的，但变成现实层面的时候，它一定是有分界的。"道"本来是齐的，但是变成很具体的事物的时候，它就不齐了。

《庄子·天下》指出：百家众技都各有所长，亦时有所用，可惜都和耳、目、鼻、口一般，各具相当功能，却无法互相通用。"道"是整全的，天下人如果各尽所欲而自为方术，那么，"道"就被割裂了。所以任何事情都不要太勉强，尽量去做就好了。一个人如果凡事都要求百分百正确，迟早有一天会崩溃的。耳朵、鼻子、嘴巴，各有专精的功能，但是一定要做整体的协调，才有真正的感觉。一名管理者，认为财务、生产、销售、人事统统重要，没有一样是特别重要的就对了，不能单独强调哪一个部门是最重要的。偏于一样东西，是不好的现象。

大家懂得财务管理、销售管理、生产管理、人力资源管理及时间管理、情绪管理等，却不懂得管理本身。管理是有整体性、不容分割性的，牵一发动全身。我们自认为有专业，只能当好部门经理；具备通才的条件，才有资格当总经理。因此，优秀的企业老总是没有专业的，他可以什么都不精通，如果认为精于销售、财务或生产，反倒不好。曾有一个总经理对我讲，他什么都不懂，但是很懂财务，因为他是做财务出身的。我就对他讲："你的财务经理就很难做了，因为第一你不会尊重他，第二你会替他做很多事情，然后使他一无所长。"尤其危险的是，当初的经验，今天还能不能用？因为社会是不停变化前进的，时过境迁，整个环境变了，过去的经验还行吗？这才是我们要特别注意的。

二、管理者要头脑清楚

在这种情况下，我们提出了一个观念：管理者最要紧的是头脑要清楚。许多人的问题就是头脑不清楚。现代管理者很喜欢学习，不幸的是，学来学去把自己搞乱了。他们在没学之前，还知道怎么做，学完以后，反倒不知道怎么做了，这是非常可惜的事情。学习是一件很好的事情，但是一定要了解该学什么，不该学什么。现在许多人当了老总，还去学技术，那是挺奇怪的。我经常讲，一个人把名片拿出来，如果他是某个技术中心主任，我就知道，他现在对技术已经不太懂了。因为技术是不断变化的，整天搞技术就当不好主任。既然是主任，就是说他操作不一定强于部门员工，如果强过员工，那这个单位也没有发展了。因为技术是越新越好，人是越年轻越灵活。

自古以来就是每个人各有不同的主张，而且都有一定道理，自己偏偏又不能正确地分辨和选择，不知如何是好。每个人讲出一套道理，都是自圆其说，无法把整全的道理说得很清楚，一定是顾此失彼，一定有疏漏的地方。如果有人听了把它当作是整全的，这个人就受害了。

我们尝试检视以往企业管理发展的几个阶段，不难发现所谓"生产导向""财务导向"，以及"市场导向"，正如古人所说："道非天然，应时而造者。""道"并不是永恒地存在着的，它是为了适应不同的处境，随时更换而创造出来的。生产、财务、市场等，都是管理的"一察"（一端、一隅），各自代表管理的一个"变数"或一种"理论"，管理者必须具备自己的管理之"道"，才不致迷惑于任何单一变数，能够因应实际环境的变动，把握应该重视的相关变数，以"应时而造"，既求适应，又不失正道。

这是美国管理界风行的"权变理论"（contingency theory）吗？不然。"权变理论"只注意到变数而忽略了常数，一味求新求变，结果又是"一端"。因为变必须相对于常而言，假若没有常数，则变数即不成其为变数。

管理者的智慧，真正表现在他持有自己的常数，能够"有所不为、有所不变"，然后才能面对若干变数，适当调整自己的脚步而"有所为、有所变"。这种秉持正道（经）以求适应（权）的态度，即是"持经达权"，如果能够"权不离经"，那就不致"离经叛道"。"经"是常数（常道），"权"为变数（权变），经权相辅相成，才是正道。

"有所不为、有所不变"是经，是根本；"有所为、有所变"是权，乃是作用。本立而道生，管理者把握住根本，才能产生有效的作用。具有常道的管理者，创立"有所不为、有所不变"的企业风格，然后才能够顺利开出"有所为、有所变"的美丽花朵。不过，"有所不为、有所不变"是可控性的经，而"有所为、有所变"则有其相当的风险性，属于不可控性的权。前者必须"尽人事"，后者仍须"听天命"。唯有"尽人事以听天命"的管理者，才会深切地体认"道"可能"隐"而不可能"亡"，也才有清楚的头脑来"明道"。

"听天命"是一种"知命而不认命"的态度，"命"不可不知，因为孔子说："不知命，无以为君子也。"管理者深知企业必有其风险性，而预测亦有其"不确定性"，却不能因此而"认命"。管理者竭尽所能，以证明是否有成功的"命"，这是一种头脑清楚的做法。

"道"就是哲学，韩愈说它是"由是而之焉之谓道"，是"人所共由"的；朱子说，"道者，日用事物当行之理"，是"经常要用"的。孔子把它看得比生命还重要，所以说："朝闻道，夕死可矣。"老子则提醒我们："道可道，非常道。"因为"道"有常有变，荀子说它"体常而尽变"。管理者必须先有清楚的头脑，才能够应"时"而造"道"，在现代的环境中，找出合乎自己要求的管理大道。

头脑不清楚，再明确、再具体的管理制度和方法，都会被乱用得凌乱而模糊。头脑清楚，再虚得近乎空洞的管理大"道"，也会看得透彻，自成明显的系统。同样一句话，头脑清醒的人，一下就听懂了，觉得很简单明了；头脑不清醒的人，怎么听也听不懂，那有什么办法？头脑清楚，便是观念正确，是成为管理者的先决条件。

三、管理者能够自己归零

"空"不是"空无所有"，而是"空无多有"。很遗憾，许多人都很主观地去解释这个名词，认为"空"就是没有。很多事情，我们要花时间，比较深入地去探讨，而不是仅仅道听途说，好像一听就会了，那是在害自己。

我们已经学习了很多西方的管理知识，也获得了很多不同的观念，我们的头脑越来越杂，越来越乱。如果凡事都依先入为主的观念来判断，根本不可能学习。最好能够先要求自己归零，以便从头出发。先把自己放空，然后才能听进去。但要注意，它到底合不合我们的文化？合我们的文化，用起来效果就很好；不合我们的文化，用起来就不行。

我们既不能食古不化、望文生义，也不应该站在西方的观点来否定中国的观念。很多人一听到中国思想，就认为又是乱七八糟那一套，这种人的判断力很差。如果真是乱七八糟的东西，别人怎么会讲那么多呢？只要有一丁点判断力，就不会讲这种话了。这种人望文生义、先入为主，然后用自己的成见去做判断，最后很有可能会走上偏道。我们不应该站在西方的立场来否定中国的观念。

西方的文化，以宗教、法律、科学为主轴。中华文化，以艺术、道德为主。基础不一样，发展出来的文化也不相同。可以说，西方人是科学的民族，我们是艺术的民族。要小心，你站在西方的角度把中国人的观点看成一无是处，甚至于可笑。

企业的兴亡、运作的优劣、决策的当否，以及组织气候的优劣、社会评价的好坏，无不系于企业经营者的管理哲学。即使台塑公司并未明言它的经营理念，而王永庆先生在《王永庆谈经营管理》一书中，亦已宣示了他的管理哲学。事实证明，中外的企业管理，都开创了"理念导向"的新纪元。

以理念为企业管理的导向，则管理者首先应该自问："我的管理哲学是什么？"简单地说，管理哲学就是对管理经验进行反省的活动，以寻求一个透彻的、协调的及系统的管理观。管理者抱持批判的和怀疑的精神，将管理科学及相关科学如人类学、社会学、心理学、生态学、数学、统计学等研究所得的有关管理的论点，加以思索和研究，分析其是否合理，能否融会贯通，并谋求调和与统一，使其成为管理可依循的理念导向，这便得出了自己的管理哲学。

管理者，特别是企业经营者，最好依照笛卡尔（Descartes）"我思故我在"的忠告，用一段时间，把自己脑海里所有与管理相关的观念全部倒出来，然后逐一加以检视，将确实无误的观念重新装回去，淘汰那些似是而非的甚或根本错误的观念。这样把自己的形上信念，好好整理一番，彻底反省一下，再依自己认定的优先顺序，把最重要的三五个理念写下来，并且问自己几个问题：

第一，你现在的经营理念是什么？

第二，如果你是被管理者，你喜欢老板持有这种经营理念吗？

第三，你究竟喜不喜欢现在所持的经营理念？

第四，你真正喜欢的经营理念是什么？

如果答案一时不能肯定，不妨看看别人。古往今来，许多经营理念非常值得我们仔细去学习。孔子说："学而不思则罔，思而不学则殆。"管理者一方面学学别人，一方面想想自己，便不难成功地整理出属于自己的管理之道。

企业初创之际，管理者就对自己的管理哲学有正确的认识，那当然是最好的。如果没有那么幸运，能在企业发展的任何阶段，对自己的经营理念有所确立，并采取具体的配合行动，也比盲目航行要强得多。毕竟企业管理已经迈进理念导向的时代！

四、摆脱极端以讲求中道

我们要摆脱两个极端。孔子说："有鄙夫问于我，空空如也，我叩其两端而竭焉。""空空"表示诚恳，因为宇宙和万物的本质都是诚。诚恳的管理者比较容易听到真实的声音。孔子说，你们以为我真正有学问吗？老实告诉你们，我一点学问都没有，我什么都不懂。有一个乡下人来问我，我一无所知，而是就他的问题问问这，问问那，然后拉来扯去，最后给出一个比较合理的结论。所以孔子是最了不起的，别人每次问他什么问题，他是不会马上给出答案的。

一般人的态度不是这样的，别人问你问题，你会说"如果问我别的，我还不知道，问这个，我最内行"，结果误导了别人，把人家害了。千万记住，一切都在变化，经验很可贵，但经验有时也是很危险的。我在芝加哥开车的时候，看到一条高速公路，兜了半个小时也上不去，因为那不是我熟悉的地方，凭我在台北市开车的经验，自然是行不通了。

一个人要诚恳，因为宇宙万物的本质就是诚。如果一个人有诚意，就很容易去了解宇宙的真相，就很容易去深入体会别人的话。有知识的管理者，才能够从对方所说的话中，寻找出合理点，才能够就两端提出问题，并且反问到底。

我要提醒大家，最好的决策，经常是我们没有想到的那个。凡是我们想到的，都是一偏，要不然怎么会后悔。任何事情都是由时间来决定的，不要急于下结论。我们千万不能认为自己有知识，便可以不诚恳，只要不诚恳，充内行，就得不到新的东西，最后就会有所偏失。

要做到诚恳，站在对方的立场来想事情，站在对方的心态来了解他，而不是以自己的立场作出发点。千万不要在别人讲话讲到一半时，就认为不是这样的，开始否定别人。你怎么知道不是这样的呢？尤其是下属，他想了很久，才很小心地和你谈问题，还没有谈到一半，你就否定他了，他就很泄气，以后不会再和你讲了。连他的话都没听完，就说这样不行，你想他是什么感觉。

中国人讲求中道。中道不是走中间路线，也不是折中，应该是合理的道路。中道乃是没有两"边"，也没有"中间"。"边"就是"察""端"，即是一孔之见或一偏之见。任何一"边",都是"偏道"。有了"边"便产生"中间",容易坠入"两者之和除以二"的"中间"陷阱,结果又是一偏。

"中"是中国人的管理理念,《中庸》说:"中也者,天下之大本也。"管子说:"凡言与行,中以为纪。"程颐则一语破的:"中即道也。"

在中国人心目中,"中"的理念,是源远流长,至高无上的。"允执厥中"是中国管理哲学的传世宝训之一。"中"与"道"合,道之所在即是中之所在,所谓中道在心,上用下用无穷。不中就不正,不正则邪曲,邪曲的人叫作小人;中就正,正则公,公即大,大中公正的人,便是君子。"中"的理念,数千年来,不知不觉间成为中国人普遍共有的管理信念。

"中"要和"时"配合。梁任公(启超)说:"时中两字确是孔子学术的特色。"从管理来了解"中",其实就是恰到好处,就是合理;从管理来了解"时中",即是"随时都能够恰到好处",这是管理者所向往的目标。

管理离不开空间和人事,有了"时中",便可以把空间和人事连贯起来,随时灵活运用。管理是动态的,不是静态的;是变动的,不能"执一"的。管理必须随着时间的变迁而求取进步,不可由于保守而落后,所以要"与时偕行",以保持"日新又新"。

"中"也不能不配合"位",因为管理必然要落入空间的变化。"位"包括身份和场合。组织成员,既然有名位,当然要讲求尊卑、高下的身份;身份就是我们常说的角色或立场,管理不可能没有立场,但不得"过"与"不及",否则便失其"中"。任何人事,均有其发生的场合,处境不同,管理的方法便不相同,无法用固定的法则来做肯定的说明。

"时"与"位"表示客观的情境,可控性不大,而"中"或"不中"则是主观的作为,应该尽力以赴。管理者面临各种不断变迁的情境,务须随时随地机动调整管理的态度与方法，以求其"中"。这种管理的方法并不固定，但是管理的最终目的不变（随时要求恰到好处）的精神，叫作"不固而中"，乃是"尽人事以听天命"的积极作为。

五、执两用中才能够合理

执两用中才能合理。"两"就是体和用，"执两"就是了解体、用的关系；"用中"是把握体、用的关系，以求致中和。中国人的"中"与"和"，就是大家都没有意见，那就是合理的，大家还有意见，就要进一步去商量，我们把它叫"协调"。协调不是折中。一件事情只要有人反对，说明就有一些问题。但我们不可能求全，也不是求全。如果有时间就多考虑，没有时间就当机立断，因为再拖下去，它又会变，夜长梦多。

"中庸"并不是不偏不倚，"中"是体，"庸"是用；"中"是未发的状态，"庸"指由动而变，由变而化。"中庸"也不能解释为："中"指不偏不倚，"庸"表示平常的道理。因为我们对"平常"两个字的理解，已经失去了它原来的意思。

其实"平常"是最宝贵的，我们现代人不要"平常"，要吃没有吃过的、奇特的，将来每一个人都可能中毒而死。老实讲，任何东西都要经过一定的驯化过程。野生植物，不是都吃的。没有毒，动物就把它吃掉了。花越漂亮，毒性越大；果实越鲜艳，毒越严重。因此动物吃东西，一般都是有选择的。人类如果不加选择，见了奇特的东西就想去吃，岂不是很倒霉！

执两用中是很不平常的道理，可以使管理者跳出二分法的思维陷阱。但是现在我们几乎都被困在二分法里了。二分法就是在两个极端中选一个，常见的是"二选一"，如要不要去？知不知道？凡是选得很清楚，想得很明白的，都是二分法。假如你问美国人：明天会议要不要参加？他要么说参加,要么说不参加。中国人早就跳出二分法了。你问他:明天的会议要不要参加?他会这样讲:"到时候再说!"这就是三分法。但是我们阅读西方书的现代人,脑筋却越来越呆板,就很容易陷入二分法。

中国人去买东西,好像买,又好像不买。当你认为他不买的时候,他开始杀价了;当你认为他要买的时候,他又离去了。

"中"是未发的中,"庸"是中节的和,这是合理的标准途径。没有发出来就叫"中",一发出来,发得合理就叫"庸",这样理解就简单了。凡人都有其喜怒哀乐好恶之情,未发状态谓之"中",发而皆中节,即是"和"。《中庸》说:"中也者,天下之大本也;和也者,天下之达道也。致中和,天地位焉,万物育焉。"我们都有想法,但没有发的时候,都貌不惊人,一旦很明确地发出来,就不叫三分法了。

这样我们才了解,送东西给中国人,和送东西给西方人是不一样的。西方人会当面打开,然后称赞,说我很喜欢这个东西。中国人不会这样做,会说"不要,不要""好了,好了,放在那里吧"。中国人是随时在变动的,他先拒绝,然后再思考:到底要不要?不要白不要,要了会不会麻烦?先说不要,比较安全;想来想去,还是要,就要了。

六、M 理论适合中道要求

M 理论最适合中道的要求。孔子说:"君子中庸,小人反中庸。君子之中庸也,君子而时中。小人之中庸也,小人而无忌惮也。"君子"时中",便是时时刻刻都中节,时时刻刻都合理。这个功夫非常高,不是一般人能够做得到的。小人无忌惮,表示小人不能中节。当怒而喜,当哀而乐,结果就肆无忌惮了。

现在都学西方人,有话就要讲出来,其实就是目中无人。西方人是有话直说,有话实说,才叫诚恳。中国人是有话直说,会得罪很多人,变成不诚恳。中国人是有顾虑的，有其他人在场，暂时是不会讲很多的。

我们不能够没诚意，但是"诚"不是"直"。很多人对此是有误解的，好像不隐瞒什么事情，就是最好的，其实不见得。对于中国人来讲，先生有了病，他是不一定会马上回去告诉太太的。对于病情，西方的医生一定要告诉病人，认为"病人有知道病情的权利"；中国的医生不会这样做，即使病人被确诊是绝症，也要抚慰病人，告诉病人安心养病，很快就会好的。其实许多病人心里都知道自己的真实病情。西方人你隐瞒他，他就不知道。中国人很厉害，你再怎么隐瞒他，他都知道。这就是因为我们有智慧。

中华文化是"孝"的文化，求忠臣于孝子之门，所以特别讲求伦理。全世界只有我们讲究伦理，不可以没大没小。西方的员工可以直呼总经理的名字，总经理不会觉得员工没有礼貌。中国人对自己的顶头上司连姓都不能称呼的，只称呼他的职务，科长碰到经理，就是叫"经理"。

孔子的学生有子说："其为人也孝弟（悌），而好犯上者，鲜矣。不好犯上而好作乱者，未之有也。君子务本，本立而道生。孝弟也者，其为仁之本与！"君子务本，孝就是不忘本，一个不忘根本的人，我们会对他很放心，一个翻脸不认人的人，我们很不放心。一个人有了什么功劳，有什么贡献，我们一定要说"这是上级领导的成果"。这不是在拍马屁，而是不忘本。很多中国人领奖的时候，会说谢谢这个，谢谢那个，面面俱到，如果有没感谢到的，心里也会不高兴。中国人难相处就在这里。

仁或不仁，是可以居高位或不能居高位的主要区别。孝与仁的结合，便是伦理与管理的合一。西方人伦理是伦理，管理是管理，所以能够分开。把功劳归给自己，这是事实。中国人即使面对的是事实，也不能这样讲，没有人把功劳归给自己，否则就是在给自己找麻烦。

中国有《孝经》，但是没有《慈经》，我们可以教子女如何尽孝，却没有权利教父母如何慈爱。战国时代本来有一部《道经》，把什么叫作

中 道

道，说得非常清楚，可惜今天已经失传了。只在《荀子·解蔽》留下两句："人心之危，道心之微。"使得"人心"和"道心"成为大家关注的焦点。人只有一颗心，当你凭良心的时候叫"道心"，当你凭私心的时候，那就是"人心"。人心是很危险的，很险恶的。

我们常常讲"人心隔肚皮"，不晓得他在想什么，可见所想的大部分都是坏的，"道心"是有的，但作用非常微弱。人要学坏很容易，学好很难，这就是"人心"和"道心"的不同。有两句话大家始终很难理解，一句话叫"心想事成"，一句话叫作"事与愿违"，到底是心想事成，还是事与愿违？很简单，当你凭良心的时候，多半是心想事成的；当你自私自利、违法乱纪的时候，大概都是事与愿违的。

人心大多偏私，道心才能大公。中道的意思便是合理的思考，合理的决定，合理的选择，合理的道心发扬。只有 M 理论才做得到。

朱子认为："人心""道心"只是一个心，并非两个心。其实就是"一阴一阳之谓道"，道只有一个，是整全的。

"人心"不可无，但应以"道心"为主。因为人不可能不自私，要怎样去发扬"道心"，是每个人修身的重点。"人心"由人身上发出，"道心"从义理产生，主要看你怎么把一个压下去，把另一个扬上来，这就叫作 M 理论。M 理论其实就是将心比心，应该以"道心"为主。想想自己，再想想别人，一切将心比心，事情就好办了。

第三节 管理的理念导向

人是观念的动物。一个人具有什么样的观念，便会表现出什么样的行为。管理的理念导向，意思是管理思想或管理观念，可以引导管理措施。

欧洲各国在 16 世纪以前，以农业为主，工商企业并不发达。大多数人鄙视商业的价值，社会人士对商人与商业也采取敌对的态度。16 世纪以后，欧洲到东方及美洲的航路日益畅通，对外商业和贸易活动也日趋发达，工商管理的思想才逐渐受到重视。

反观我国，自春秋战国时期以来，由于受到战争影响，各地交通极为发达，再加上农业生产技术不断进步，农产品数量开始增加，并由个人消费品变成商品，从而促进了商业的兴盛发展。吕不韦、端木子贡、弦高及范蠡的管理思维，比欧洲要早熟得多。

一、企业管理的历史

就企业管理发展的历史而言，20 世纪以前，为生产导向时代，重视技术的改进；20 世纪初期，为财务导向时代，侧重财务的规划与调度；1920 年以后，由于生产过剩，企业界纷纷致力于货品的推销，意识到消费者的重要性，因而迈入市场导向时代，从"如何生产良好产品"，逐渐转变为"如何生产卖得出去的好产品"。

市场导向的结果，就是没有良心。现在电视节目越来越糟糕了，因为如果你做得规规矩矩，观众就不看；做得乱七八糟，观众就看。所以很多媒体业的从业者经常说，自己被"收视率"三个字害惨了，节目做得很好，收视率降低；节目做得不好，收视率反倒上来了。我们应该好好想一想，市场会把我们带到一个什么样的未来。

其实，冷静地想一想，不难了解生产、财务、市场，以及人事，都是企业管理重要的一环，不是整体。正如荀子所说的："此数具者，皆道之一隅也。"这些东西都很重要，但是都是道之一隅，"隅"就是角落的意思，它们只是"道"的一个角落，一个部分，谁都不能代表整全的道。无论哪一环节做得不好，亦即任何一隅受到损伤，都是不利于管理之道的。

荀子又说："夫道者，体常而尽变，一隅不足以举之。"一个角落不能代表全体。任何都市，都有比较繁华的地段，而其他地段相对比较冷清，可以用某一方面代表整体吗？不可。所以管理者要有整体观，不能强调某一种导向，以免走入一偏。

二、举一隅应该以三隅反

孔子说："举一隅不以三隅反，则不复也。"他说我举一隅的时候，如果不以三隅反，那这种人我就不教他。你什么都要我讲，自己不会想，我教这种学生干吗？所以我们常常讲"举一反三"，就是这个道理。管理者只知道市场的重要性，不能类推到生产、财务、人事等都是同等重要的，即使再三反复，也无所助益。

人类有一个弱点：强调一件事，往往把它的重要性不断扩大，以至于绝对化。这个弱点，我们要常常反省。我们对一件正确的事情，经常过分地强调，强调到最后，就变错了。你看一条路，如果我们一直走下去，走到最后就走错了。为什么呢？因为其中一定有拐弯的地方，你不拐弯，一路走下去，最后就不知道走到哪里去了。开车的人最了解，前面的路看着是直的，方向盘却不能抓稳，而要不停地转来转去，因为如果不转动方向盘，汽车就会走歪路了。

过分偏重市场的开发，就会陷入有顾客而无货品的困境。我们把顾客开发出来，然后产品供不应求，就造成很大的压力。相反，过分偏重产品的开发，又会陷入有货品而无顾客的困境。尤其现在的研发都是自己推翻自己。人们以前穿的就是一套西装，产品直到卖完为止，现在是五颜六色的时装，一年一个花样，结果今年做了明年却卖不掉，厂家就开始降价，一降价使得很多客户观望，货品刚刚上市不买，非得等到降价才去购买。

管理已经使得我们越来越头疼,实际都是我们自己找的麻烦,因为我们太偏重一隅了,最后造成很多流弊,所以举一隅,应该以三隅反。管理工作与技术工作的不同之处,就是没有一成不变的有效方法。特别是20世纪70年代以来,由于能源危机、通货膨胀、经济萧条及国际政治形势的变化,更令人觉得管理所面临的变数太多,并不是任何一种单一导向能决定其成败的。

老子说:"大方无隅。"所谓一个人要"大方",就是没有执着。方和圆是一样的,如果你认为方就是方,圆就是圆,那你就太执着了。一个方形的东西,越来越大的时候,它就变成圆的,找不到角落了。所以中国人说做人要"大方"一点,就是做人要圆通一点,就是这个意思。

管理者有整体概念,就应该以理念导向来统合各种导向。理念导向就是以管理大道来引领管理,它是全面的、整合的,是不可分割的。

三、真理并不在二者之一

中道管理是以大学之道为核心理念的。大学之道的基本信念即为:"真理不在二者之一,却存在于二者之中。"就是说我们不要认为,任何一个东西可以代表全部,那叫以偏概全。比如说做人,身体健康很重要,但假如身体很健康,却肚子空空,没有学问,没有良心,有什么用?有了良心,有了学问,寿命却很短,又有什么用?每样东西都看似有用,但是要合起来,兼顾并重才真正有用,否则都等于零。

我们问美国企管专家:"企业规模应该大还是小?"答案是肯定的:"要大,至少要达到规模经济,才有竞争生存的能力。"同样的问题问日本企管专家,答案不太一样:"如果是20世纪80年代,我们认为规模要小,才够灵活。去年我们倒闭了一万多家公司,却新开了九万多家,这是适合'小'的年代。"听了之后，我们觉得他们也很有研究，说得十分有道理。再模拟一下，请教至圣先师孔子："企业规模，是大好，还是小好？"按照孔子的习惯，大概会回答："这个不用问，该大就大，该小便须小。"乍听之下，必然哈哈大笑，认为孔子并未答复我们的问题，笑完冷静下来，才发现这就是真理，也才是中国人的智慧。

这种极高的智慧，由于西风东渐，近代中国人正急速丧失之中，日本人却紧跟着超越向前。我们如果问松下幸之助先生："企业组织，究竟是分权好，还是集权好？"相信松下先生也会用同样的口吻："这个并不一定，该分权的时候，要分权；集权比较有利时，那就应该集权。"综观松下公司自身的演变，便是根据此一理念，按照实际需要，有时分权，有时又集权。

我们以前生病看医生，找到一位医生就可以了，现在不行，他问你什么病，你说耳朵疼，他说抱歉，他只看眼睛，不看耳朵；你说眼睛不好，是不是肝脏有问题？他说自己只看眼睛，不看肝脏……所以专科有不足，全科也有毛病。任何事情分割得越清楚，讲得越明白，其实反而是越不切实际的。二选一，很容易走极端；说得很明白，很容易陷入一偏，这是大家要提高警觉的。

四、日美以理念为导向

日本的企业管理是理念导向，也就是"管理哲学导向"。美国加州大学洛杉矶分校日裔教授威廉·大内在其"Z理论"中，明言日本企业经营者最津津乐道的，乃是自己的"经营哲学"，他们以在企业中实践个人哲学为骄傲。管理哲学与企业经营融合为一，才是战后日本企业扎实发展的根本原因。

最有意思的是日本企业的经营理念，绝大部分源自中国，特别是我们屡次批判的儒家思想。松下的七精神：产业报国即是"忠"、公明正大乃是"公"、和亲一致就是"和"、奋斗向上便为"勇"、礼节谦让即为"礼"、顺应同仁就是"仁"、感谢报恩乃是"孝"。东芝会社的理念，订立为："德者本也，财者末也。"在中国人看起来，是"老的一套"。石桥轮胎会社的经营理念一共两条：第一，人道中庸精神可使事业在安定中均衡发展；第二，成事在阴阳，努力靠双方，即柔与刚、强与弱、悠扬与俊敏、大胆与细心、冷静与热诚。经营者宜自复杂而又多元性之环境中，经由伟大之修养获致之。简言之就是"真理不在二者之一，在二者之中"的中庸之道。

日本的经济发展是中国管理哲学妥善运用西方现代化管理科技的成果。这点值得我们参考。

日本的终身雇佣制就是中国以前的长工制，"长工"就是一个人一辈子替老板打工，打得好，儿子甚至几代人都替这家人打工，无怨无悔。必须说明，日本因为国家面积太小，所以它不得不走集体主义道路，中国地域这么辽阔，不可能跟日本完全一样。

美国的企业也陆续跟进，慢慢走上理念导向的道路。美国科学管理之父泰勒，其实是管理哲学家。他认为管理的精华，在于促使工作人员的心理变革，改变原有对同僚、工人日常问题的旧有观念。这哪里是科学？分明是哲学问题。试想，让一个人很喜爱工作，让一个人工作不疲倦，让一个人工作没有压力，这算是管理科学吗？我们学习美国管理学，工作压力仍然非常大，仍然很紧张、很忙碌，没有什么乐趣，弄得家庭也开始不安宁了。

如果心理上不能革新的话，管理科学其实是没有什么用。

现代美国企业不得不重视管理哲学。美国企业高层主管的价值观念逐渐形成企业文化，成为企业经营理念。但是学科学容易，学哲学是比较难的，因为哲学要经历比较漫长的孕育、积累、体悟过程，不像科学那样速有成效。可以说，全世界的企业管理，都已经迈入理念导向的时代，中国当然不能例外。

五、我们要正本清源

我们要正本清源，不要再把《大学》当成"修身立德之门"。在中国历史上，皇帝是至上的，所以我们不太喜欢研究管理的学问，总认为管理是皇帝才可以用的东西，不是平民老百姓应该学的。因此一开始就把管理哲学诱导到修身养性上面去了，慢慢地把管理的内核淡化了。但现在家庭要管理，企业要管理，任何事情都要管理，我们应该还原《大学》本来的面目。

大学之道固然古老，却一直到现在仍然是世界上最好的管理哲学。日本企业家把《大学》看作企业管理的重要依据。《大学》从修身一直发展到治国、平天下，道理一以贯之，表示《大学》所说的道理，经得起各种阶段、各种性质的考验。

大学一向被当作修身立德之门，实际上是管理哲学。管理者和被管理者，都应该修身立德，注重自己的品德修养。

《大学》的三大纲领：

第一为"明明德"，指管理者自己修养良好，做员工的表率，以身作则，使部属可以模仿，以获得向心力。

第二为"亲民"，指亲近、爱惜、商量，亲近你的员工，要爱惜他，好好地跟他商量，得到他的信任，而不是动不动就指挥、命令。美国流行一句话，叫作"发号施令是没有用的"。大家好好商量才行。

第三为"止于至善"，指各种措施，力求适时、适量、适质、适价、适地，也就是合理的意思。我们往往把很多东西解释错了，"至善"不是最好的意思，而是指最合适的。

管理者自己修养良好，然后大家好好商量，找出一个合理点，一起把它做好，这就是管理。以"明明德"为根本，以"亲民"为功夫，以"止于至善"为目标，便是我们中道管理所提出的 M 理论。

　　老实讲，每个人只要凭良心，所有问题都会得以解决，只是我们现在不相信而已。我们相信法律，不相信良心；我们相信宗教，不相信道德，这是许多人应该反省的地方。

　　我们提出的 M 理论，就是要正本清源，把中国最好的管理哲学应用起来，学到现代化管理技术。我们有非常好的理念就很容易把技术和工具应用得"恰到好处"。

第二章

约法三章

中道

导 言

我们时代和过去最大的不同就是知识普及，大家能够获得越来越多的信息。在这种情况下，就会有一种自然而然的要求——人性要受到尊重。

人的尊严其实体现得很简单，就是能不能自己决定自己的事情。假定你的事情，自己完全无权决定，被人家摆布，你就不是自己的主人。所以我们在谈论人性尊严的时候，很多人经常没有抓到重点。人性的尊严，在于你的自主性有多高。现在的小孩越来越不听话，想做什么就去做什么，这是很自然的现象，他有自主性。

如果在一个组织里，只有一个人可以做决定，其他人完全是当听众，那就只有领导一个人有尊严，其他人是没有尊严的。这样的组织，力量有多大？我相信大家可以想象出来，因此大家都会慢慢领悟到，领导有了意见，部属就不能有意见了，特别是不可能有和领导完全不同的意见，那注定部属是吃亏的。

一个人要听到更多的意见，考虑事情才会周全。因为整体性的事物有方方面面，从不同的角度，站在不同的立场，应该有不同的看法。多听就多一个选择，多一种参考意见。许多管理者以前很喜欢发号施令，却从来没去检讨过这样做到底有没有效果。我们喜欢讲"我说了算"，但别人不把你当一回事的时候，就等于"你说了不算"。

刘邦是中国历史上最会带人的人之一。他没有太多规矩，只是"约法三章"，而且"约法三章"还不见得是规定，这是最妙的地方。因为规定太多了，"法令多如牛毛"，是根本没有人理会的。

我访问过很多公司，每个公司都说有自己的规章制度。制定制度或规章是再容易不过的事情，随便写写就有几十条。我就问公司的员工，

第二章 约法三章

你看了规章制度没有？他说没有看。我说难道它不重要吗？他说很重要。我说既然很重要你为什么不看？他的答案有趣多了。他说："规定太多了，看不完，如果规定少一点，我一定会看的。"下面这句话更妙，他说："就算我去看，我也记不住，那看了不是等于没看？用的时候再找就可以了，看它干什么？"我想这就是人性。

领导者一定要站在被领导者的角度想一想："如果我是他们，我会怎么样？"规定一大堆，他根本不看，那就等于零。领导每次发脾气时都说："难道规定还不够清楚吗？你为什么不照规定去做？"下属不讲话，但他心里暗自好笑："那么多规定我记得住吗？"

"约法三章"如果规定得很细，那就糟糕了，仅仅抓到枝节而已。规定少，就必须要有弹性，而且是概括性的、原则性的。这样做有很大的好处，就是可以让员工举一反三，自己好好去想，然后他可以成长。管理者有一个很大的责任，就是要让全体员工不断成长，而不只是赚了多少钱而已。

我们现在的观念其实不是这样。我们希望所有的员工都来为公司效命，大家都尽心尽力地做出贡献，让公司的业绩不断提升，公司形象越来越好，结果他们自己却"牺牲"了。这就应了一句古话，叫作"一将功成万骨枯"。工作越认真的部属"死"得越快：一方面是身体受不了，一方面是他完全没有成长。一个整天忙于工作、不会充电的人，是无法成长的。所以很能干的人，三五年后就不能干了。现在的组织，我给它起一个很不好听的名称，叫作"甘蔗压榨机"，你看把甘蔗拿来一根一根地塞进去，然后把甘蔗汁榨出来，大家喝得愉快，甘蔗最后却被丢掉了。一个人正当年轻力壮的时候跟了你，你拼命用他，就等于在压榨他。等到他江郎才尽了，你就一脚踢开他，这是人道的吗？

但是现代化管理就是这样。西方人就看员工有没有贡献，没贡献就滚蛋。那当年的贡献为什么不算呢？他本来很能干，现在变得不能干，是谁的责任呢？从来没有人想过这些。"约法三章"代表一种精神，就是让每一位员工自己动脑筋，自己去找规定，找合理点，然后他就能不断成长了。

人生只有一个目的，就是不断提升自己，其他都是假的。赚钱多少是没法比的。赚钱有一个临界点，在"满足需要"的这条线之下，一毛钱都重要，"一文钱逼死英雄汉"。可是过了这条线以后，大家都一样了。一个人有三千万和有四十亿有什么不同？如果你认为它们是不同的，人家就会觉得你很好笑，都是你花不完的钱。可是说花不完，也许一夜之间就没有了。

金钱不是万能的。在你需要的时候，金钱是很管用的，超过你需要的那条线，其实没有太大的用处。所以完全用金钱来衡量人生，这是很大的错误。

人生最要紧的是充实自己，让视野更广阔，让脑筋更灵活，让自己看事情更准确，与别人相处更和谐，让自己对社会群体有越来越多的贡献，而不是挣多少钱。在这个大前提下，我们必须要想办法，让每一个跟随我们的人都能够不断成长，而且是正向成长，不是负向成长。换句话说，就是管理者不要管得太多。现在很多是过度管理，不是不会管理，而是不该管的管了一大堆。过分管理使得跟随你的人都被绑得死死的。他不动脑筋，最后越来越呆。这个人变呆以后，整个组织就被他拖垮了。

很多人一直强调"商场就是战场"，我想不应这样。一个人经历过战争以后，就会不断地做噩梦，日子很不好过。商场不应该是战场，没有必要强调这一点。我们可以很轻松、很愉快地把企业经营好，让所有跟随我们的员工都不后悔。这才是管理者最大的成就。

管理的法则如果太多，大家就不容易抓住要领，因此反而不知道怎么去分辨对错。有太多的规定，反而没有效果，这就叫作"徒劳无功"。倒不如"约法三章"，大家很容易记、很容易做，而且有很大弹性。

没有规定他会乱来，有太多规定就把他绑死了。很多事情想做，但是碍于规定，却无法去做。规定太多，无法创新。我们把民营企业和国有企业做一个比较，就会发现国有企业的缺点就是法令太周全，缺乏灵活性。而民营企业又过分松散，员工爱怎么做就怎么做，结果是自己乱了阵脚。

我不认为国有企业一点都不好，也不认为民营企业一定都好。事实上，很多事情在国有企业做得很好，到了民营企业就很难做。相反在民营企业很容易决定、很容易做的事情，一旦搬到国有企业就寸步难行。

第一节　约法三章的精神

中国人是简单明了的民族，智慧高，领悟力强，你讲得太多了，他会不胜其烦。你对西方人可以讲一大堆，他有那个耐性，中国人是没有这个耐性的。因为我们一听就懂了，一点就通了，所以约法三章是非常符合民族性的体系。其实西方的管理也在讲 ABC 的重点管理，就是把一堆东西按照顺序排列，强调把重点抓住就可以了。

一、约法三章是重点管理

约法三章的重点就在于把握要领。所谓领导，就是掌握要领的意思。你讲了半天，部属不知道你在讲什么，就是白讲，是在浪费时间。

时间是非常重要的资源。我们一天到晚要控制成本，减少成本，实际对时间成本都没有十分注意。坦白讲，我们最大的浪费成本的形式就是没完没了地开会。我们只是说如何节省材料，如何加快制造过程，从来没有想过开会将浪费多少成本。开会如果有效果还不算浪费，如果没有效果，就是极大的成本浪费。许多领导把开会变成推卸责任的一种手段——如果不开会，我要负完全责任，因为是我在决定；如果开会，我没有责任，最多承担一点责任，因为是大家决定的。可是不开会，我们又如何进行沟通？这些问题，都是大家平常遭遇到的。

约法三章其实就是抓住重点，不重要的由自己去发挥。重要的不能变，不重要的在变的过程中去磨炼成长。为什么呢？重要的东西交给他去做决定，万一决定错了，损失太大了，谁都受不了。可是如果连不重要的小地方都没有弹性、没有自主性的话，这个人就永远长不大。所以我们讲要"抓大放小"，就是这个意思。

我们先来看一段历史。楚汉之争主要有两个领导人物：一个是项羽，一个是刘邦。如果把两人进行对比，无论是论形象、论武力，还是论当时声势，刘邦绝对都赶不上项羽。刘邦成功以后，自己也觉得很奇怪：我怎么打得过项羽呢？其实就是因为刘邦打的是组织战，项羽打的是个人英雄战。

许多人受西方的影响，慢慢也把个人的作用凸显得很大。这对个人是不利的，对组织也是不利的。中国人是不崇拜英雄的，大家不要搞错了。在中国历史上，凡是搞个人英雄主义的人物，结局几乎都是很惨的。项羽是最典型的例子。无论从哪个角度来看，项羽绝对是胜过刘邦的，可是他注定要失败，而且失败得很难堪。中国象棋里，将帅是不神气的。国际象棋里面，King（王）是很厉害的。东西方文化的不同可见一斑。

中国人不太容许最能干的人来当领导。你看孙悟空他会当领导吗？不会的。他要听唐僧的命令。关羽会当领导吗？不会的。他要服从刘备。《水浒传》里面一百〇八条好汉，偏要找武力值不强的宋江来当领导。我们要好好体会其中的道理。中国历史上没有一个搞个人英雄主义的人物是会成功的。我们是打组织战、有核心团队的。所以中国人一到危机的时候，只讲一句话，"巩固领导中心"，不讲别的。在中国，单打独斗的人是几乎不可能成功的。

公元前204年，楚汉之争，刘邦兵进关中，接连打了几场胜仗，进入咸阳之后，竟然流连在宫内，不肯出来。这位泗上亭长出身的沛公，布衣时代就贪酒好色，一旦身入宫廷，就会沉迷于荣华富贵。樊哙进宫再三劝他离去，他不肯听。张良又进宫劝说："秦二世无道，天下大乱，你才能兵进咸阳，为的是替天下百姓杀除残贼。你刚到咸阳，就耽于个人的享乐，岂非助纣为虐？"刘邦大悟，遂出宫回到灞上，召集关中父老豪杰开会，订立规章：一，杀人者死；二，伤人及盗抵罪；三，余悉除去秦法。约法三章，简单明了，民众易知、易记、易行。

约法三章的精神，是从事管理的人必须遵守的。因为这样才能够使法令得以贯彻施行。老实讲，现在很多人大谈执行力，却没有掌握到精髓。法令规定一大堆，看也看不完，记也记不清，干脆不看也不记了。

我举个最简单的例子。你去把部属叫来，说这件事你要注意，第一，什么什么，他一定会注意听。第二，什么什么，他还会注意听，你讲第三时，他两条眉毛就皱在一起了，如果你说第四，他干脆什么都忘记了。简单讲三句话就算了，中国人很聪明，不喜欢别人唠叨。很多做妈妈的人唠叨，结果小孩一句都听不进去。中国人是很容易情绪化的，如果你唠叨，他什么都不听，反正听不完，也记不住。最主要的就是他认为"你根本不相信我"，要不然怎么会一而再、再而三地叮咛个没完没了。"你不相信我，你找别人吧，干吗找我呢？"

法令规定当然不可能只限于三条，但是按照优先顺序，把最重要的三条优先列举，才是掌握重点的管理。

我建议大家把部属找来，让他们写出制度规定。他们自己讲的才有用，你讲的没有用。我当领导时，会把部属找来，然后问他们："你们想想看，我们需要哪几条规定？你们写出来。"我没有设问，表明我尊重他们。他们就开始伤脑筋了。中国人是你伤脑筋，他就不伤脑筋；你不伤脑筋，他就伤脑筋了。那你干吗自己伤脑筋呢？因此我当领导时，第一不伤脑筋。部属就是要用的，"养兵千日，用在一时"。他们就开始写，写完后，我说统统很好，一条一条地剪下来摆在一起，看哪一条比较重要？这条比较重要，再一条更重要。拉来扯去，最后把最重要的三条公布了。大家同意不同意？同意。前三条就够了，后面的做参考。大家也就没话讲了。

只要重点抓住了最重要的三条，就掌握 80% 了。其他的可以举一反三，依此类推，比较容易做到。"二八定律"告诉我们，只要你抓住 80%，其他的 20% 无关紧要。不要求全，很多人就是太理想主义、太完美主义，结果搞得所有人都很厌倦。懂得宇宙真相的人，都知道宇宙什么都有，就是没有完美。人没有完美，物没有完美，所有产品没有一件是完美的。世界上所谓完美的东西，只不过是自己骗自己。我们有了重点，其他的让它有一点弹性，这个弹性只要在允许的范围之内，就是优良的产品。

掌握要点，让部属举一反三，有什么好处？可以适应不同的变数。这才是最重要的。决定之后有很多变数产生。西方人决定以后，所有变数都没有人管了，对就对，错就错，而我们是没有对错的。根本不会有太多人会照你决定去做，中国人是你决定的，但你不必负责任。因为执行的人要根据环境的改变去调整，不调整就要挨骂。昨天白天这样规定，昨天晚上的事情变了，你还照昨天白天的规定去做，那你晚上在干什么？只管睡觉？"重点管理"其实是非常重要的管理法则。我们做任何事情，首先要抓住重点。本末轻重，先后缓急，大学之道讲得非常清楚。

二、约法三章要简单明了

中国人为什么爱选"三"？人类的算术是从手指头开始的，这是非常好的例子。左右手各有五个手指头。屈指计数是人类原始的计算方式，小孩子也是从这里学算术的。一至五之间,有一、三、五三个奇数。一个太少了,五个太多了,三为一至五间三个奇数的中间数,不多不少,简单易记,所以中国人就选"三"。

"三"这个数字对中国人而言,具有特别的意义。中国人自古以来就采取三分法。天、人、地,包括了整个宇宙;过去、现在、未来,包括了整个空间;上午、中午、下午,一天都包含在内了;连吃饭也是早餐、午餐、晚餐。我们也经常在用上、中、下。因为一个手掌有五个手指头,选择第三个,大家都比较容易接受,也认为比较简单明了。我们有"无三不成礼"的说法。中国人送别人东西就送三样,送一样也许太少,假如是别人正好不喜欢的,岂不太糟糕了?送东西太多了,又会让人觉得是在巴结他。送三样东西,里面最起码有一样是他喜欢的,不喜欢的两样他也可以转送别人,你看这样多周全。

很多人说中国人没有数学观念,但我觉得天底下数学最好的是中国人。外国人和中国人比数学是完全无法相比的。我们中国人天生就会计算,中国有句话就是"吃不穷穿不穷,算计不精一世穷"。我们天生的数学基因是全世界第一的。而且不是用算盘,我们是心算,叫作"瞎子吃馄饨,心里有数"。

特别要注意,有几个数字和中国人是息息相关的。我们动不动就说108、72、36,很少用其他数字。有人开店,他会给自己的店取名叫"三六九",没有人叫"四五六"的。我必须要说明,中国人的思维受《易经》的影响是非常深的。

约法三章,简单明了而且掌握重点,最为合理。管理者自己要遵照约法三章的精神,养成凡事归纳重点、抓住要点的良好习惯,人家会信服你。在开会时想到什么就讲什么,讲了一大堆,员工根本没人知道你的重点在哪里,那有什么用?

管理者要想让人家看得起,第一件要注意的事情,就是不管是多么繁杂的事情，在三分钟之内一定要讲完。当然做报告的情况就不一样了，不能讲三分钟就不讲了，那是不行的。而在平常开会时，如果你讲话超过三分钟，根本就没有人听了。也许有人会说："我是搞财务的，如果只能报告三分钟，数字很多怎么办呢？"我说太简单了，财务经理只要在报告中说明本年度收入多少、支出多少、平衡还是不平衡，或者是赚多少、亏多少就可以了。你可以讲："如果大家对详细数据有兴趣的话，所有报表随时欢迎查看，报告完毕。"

如果一个人站起来就开始讲"自从改革开放以后……"，讲到大家都睡着了，还没有讲到昨天发生的事情，这就是非常不会讲话的人。什么话都要从头讲起是最让人厌烦的，他后边讲得再重要、再精彩，人家也不会听了。这就是没有归纳重点、没有抓住要点的人很吃亏的地方。

三、管理原则要首先确立

我们很重视行为，这是没有错的。可是行为从哪里来？行为从观念来。人是有观念才有行为的。因此你要了解他的行为，就必须先要了解他的观念。你要了解一个人为什么这样做，只有从他怎么想来着手。

管理观念产生管理态度。管理态度影响管理的人伦关系，而管理的人伦关系，可以决定管理的效果。一切都由关系来决定。

宇宙万物之间，其实就是几个关系而已。人和天的关系，叫作"人与自然的关系"。人和地的关系，叫作"人与环境的关系"。人和人的关系，不管他是客户、供应厂商，还是经销商，都是"人与人的关系"。你所处理的物料，包括产品在内，就是"人与物的关系"。因此管理好不好，就看关系处理得好不好。你把机器和物料的关系处理得很好，生产就很顺利。渠道就是运输和产品之间的关系，产品和销售场所之间的关系。产品摆错了地方，就销售不掉，是因为搞错了关系。关系从哪里来？从你的态度来。态度从哪里来？从你的观念来。所以我很赞成管理者要了解员工的行为，但是希望再提高一个层次，再深入一点，去了解他在想什么。领导者要"抓心"，要了解部属在想什么，这样就很容易掌握他了。

管理观念是虚的，是看不见的。怎么去琢磨呢？其实管理观念就表现在管理原则上面。一个人有原则，就代表有观念；你的观念是什么，就会产生什么样的原则。而管理原则就是管理者实施管理措施的主要依据。因此，老总的管理原则不一样，所带出来的团队也不一样，所产生的管理效果也是不相同的。

管理者应该确立自己的管理法则或管理原则，员工才有办法与你配合，要不然他就会"丈二和尚摸不着头脑"。只要心不安，什么都做不好，所以管理要以安人为最终目的。

中华传统文化是不太求富强的。我们受西方的影响追求富强，动不动就是要富要强，为什么不看一看世界上很多富有的国家，民众是很不幸的；很多强大的国家，国内环境是很紧张的。

中华文化追求的是"安"和"足"。中国人自我满足的时候，都会说"我足矣"，那是心安理得、高兴得不得了的意思。晚上能有一杯老酒，几粒花生米，一些豆腐干，感觉就很好了，吃那些山珍海味干吗？中国人最懂得生活，最知道生存的目的。安，比什么都要紧。人生，求的就是一个心安理得，晚上可以安心睡觉，半夜鬼来敲门都不怕。如果整天生怕人家来讨债，怕被人家勒索，生怕被人家打击，这就不是"安心"了。但很多人是完全迷失了自己。

管理者应该确定自己的管理原则，并把自己认为比较重要的管理原则，逐一列举出来。再逐一加以评核，看看是不是真的符合管理观念。最后依照优先顺序，将管理原则依序列举。

思考与分析

管理者在确定自己的管理原则时，先不要忙着排顺序。一开始就要选出最好的、最重要的原则，往往也是很困难的。你可以想到哪就写到哪，然后一条条相互比较一下，最后决定哪一条是最重要的，就形成第一条。这样你就可以按照优先顺序，将管理原则确定下来。

管理者可以要求每一位部属也这样做，把部属列出的三条管理原则与自己的三条管理原则相比较，和自己管理原则最接近的，就是配合度最高的部属。他越了解你，他与你的默契就越好。相反，如果差距很远，就应该沟通一下你们之前为什么会产生这么大的差距，这样对双方都有好处。

四、管理原则要归纳排序

管理的原则就是管理观念的具体条文化。我们把一条一条的管理原则列举出来之后，依其性质加以归纳。把性质相近的管理法则归纳在一起，例如管理的条件、管理的过程，以及管理的态度等等。这样大概就有了几个管理原则，就是管理的条件是什么，管理的过程是什么，管理的态度怎么样。分门别类地把最重要的提炼出来，一共三点，然后和部属讨论讨论，这样合不合适。

相反，如果规定得太细，对事情是不利的。因为规定得太细就完全没有弹性，应变力就很差。当然，规定得太松，掌握度不够，有时候也会出问题。管理是不能等到出问题以后，才来动脑筋的，要做到事先防范。所以这个松紧的"度"，要靠自己把握，做到部属能够配合，必须和他们讨论决定，这样很管用。

我们将管理原则归纳之后，再依优先顺序加以排列。最好归纳成为三大管理法则，以便记忆和应用。我们要按照"约法三章"精神，把管理法则扼要说出来，然后再讲给干部听。

例如，你对部属说："我希望什么事情都知道，你们在工作中有没有困难？"假如他说没有困难，你就知道这个人是不太可靠的，怎么可能没有困难呢？你问他："真的能做到？"他说真的。你要问："那告诉我，你是怎么做到的？"他说："我把任何事情统统请示完才去做。"你就知道他是不可靠的了，为什么？工厂着火了，他也跑来请示你要不要灭火，工厂岂不完了？然后再问第二个人：有没有困难？他说是有点困难。什么困难？就是对于一些紧急的事情，他不知道该先报告还是先请示。你要告诉他："紧急的事情要先做完，就不必让我知道了，事后报告就可以了。"有时间就事前报告，没有时间就事后报告。什么事情都要事先请示，那这个人完全是奴才；什么事情都先斩后奏，做了再说，甚至做了不说，那这个人还得了？什么事情都让你知道并不难。

一般人一听到部属说没有困难，就很高兴，但以后的情况就会一塌糊涂。因为答应得很快的人，往往没有信用；会讲"有些难度"的人，是很用心的人；说"我尽量去做"的人，是应付的人。因此你看他怎么回答，就全了解了。

五、管理原则不能过于理想化

管理的法则不能过分理想化，以免实施上有困难。管理者要求部属，事无大小都要事先向自己报告，就是太理想化了。其实事后报告也是可以的。还有一种方法是边做边报告，部属也是可以做到的。

管理原则有时很可能是彼此矛盾的。例如，我们在管理书籍上看到的"指挥统一"原则，可能和"专业分工"原则相抵触。一个人可能有两个顶头上司。我们要求自己要尊重专业，但顶头上司不一定有专业技能，那你到底听谁的？参谋是有专业的技能，但是营长是有发号施令的权力的，指挥系统是属于他的。我们是听营长的，还是听参谋的？如何把这些矛盾事先化解掉，这是管理者最大的责任。

一般人多以"应该怎样"来思考管理原则，往往过分理想化。谁都知道"应该"，但是实际上有限制、有困难，谁都做不到。在评估管理原则时，必须同时考虑"实际上如何"，才能够因时、因地而制宜。

我们一定要有相当程度的理想，否则不能进步。可是当你有理想之后，一定要落实，不能过分脱离现实，这样才会有好的效果。所以世界上的事情，有时候要两面兼顾：要顾及实际情况，却不能完全没有理想。一个完全务实、一切按照实际状况的人，进步很困难。一个人把理想定得太高，只看到未来，而没有脚踏实地，那也很容易变成空谈。在理想和现实中，寻找一个合理的平衡点，是确立管理原则的标准。

所以作为一个管理者，要清楚你自己的管理原则到底是什么，应该和部属多次交流，形成团队共识，这是非常重要的。

六、管理原则应以人为本

管理科学萌芽于19世纪末，是在美国开发出来的。当时的知识和现在的比起来，是相当有限的，所以人在管理上只被视为一种手段，一种工具。但是，人不是手段，不是工具，人本身就是主体。人活着就是目的。我们不能说谁有贡献谁没有贡献，那是站在人的立场来看的。如果每个人都很勤奋地工作是好还是不好？也是不好的。人要各种各样，各有所好，各取所需。每个人有他的人生目标，有不同的理想，不能勉强。我们在一个组织中，要求少数人志同道合就够了。正因为人有差异性，才有各自不同的道路。路是每个人自己走的，不要都走到同一条路上去，这不是老天的意思。

当然西方的管理学也体察到了这一点。所以行为科学把心理学、社会学、人类学等知识统统纳入到管理中来，使管理这门学问越来越扩大。所以他们认为，管理要重视人与人之间的关系。

只有在人际关系很和谐、很协调的单位或组织中，大家才会乐于工作。我们要乐在工作，因为从一天时间分配来看，每个人在家度过的时间除了睡觉以外，几乎很短。人生的大部分时间都是在工作职场中度过的。如果工作的时候很苦闷，很紧张，很忙碌，让人无法忍受的话，那人生还有什么意义？中华民族是世界上最悠闲的民族，我们优哉游哉，快快乐乐、轻轻松松地过日子，这不是坏事。千万不要丢掉这个优点。只要不耽误生存发展，悠闲一点有什么不可以的？

管理已经随着时代的改变，逐渐走上尊重人格、相互依存的道路。我们与客户、供应厂商是互依互赖的关系，与经销商更是互依互赖的关系。我们和员工之间，当然不要摆官架子，不要让自己看起来好像很了不起，更不要看不起员工。彼此尊重，大家快乐，这才是管理者应该走的正确道路。

管理原则的订立，应该以"人"为中心。西方的管理是以"事"为中心的，这点我必须要说清楚。怎么把事情做好，怎么把事情做对，那是西方人的观念。我们很容易接受西方的观念，是因为没有深入思考这件事情。在对的时间做对的事情，把事情做对，这都是西方的管理观念。对西方人来说，这些当然都是对的，只是不合我们的需要而已。中国式管理强调的是把人安好。把人安顿好，管理工作就完成了一半。很多企业家在回想自己这么多年来的奋斗成果时，说只要找对人，把人安顿好，让每个人好好去发挥才能，自己就很轻松。这也是一种说法。到底是以人为中心，还是以事为中心，由你自己选择。中国人是偏向以人为中心的，从人的角度来思考管理的法则比较正确有效。要做什么事先找人，找不到人就少动这个脑筋，因为最后可能会失败。

中国的企业往往都是把员工先安顿好,解决吃、住等生活上的问题,先让他安心。我曾访问过很多跳槽的员工,我问是因为这家公司不好吗?他说很好。是因为对薪水不满意吗?他说其实很满意,与大家相处得也不错。那为什么要走呢?他说没有办法,仅是中午吃那一餐饭就够伤脑筋的了,人挤得要死,餐厅热得要命,吃的又不好,所以就走了。员工的跳槽是为这些琐碎的事情,并不是对公司的薪水不满意。公司岂不是很冤枉?其实公司建一个好的员工餐厅,解决他们中午吃饭问题,又有什么困难?甚至还可以考虑到女性员工的特点,为她们的小孩设一个幼儿园,又有什么关系?女性员工早上来上班的时候,把孩子一起送到幼儿园。这是很容易做的事情,为什么不做呢?把人安顿好,让他没有后顾之忧,他就可以一心一意地做好事情,管理者自然就轻松了。

西方是从"事"的角度来管理的,员工一天上班时间应满八个小时,少一分钟都不行;一小时内要做几件事情,少一件都不行;做的工作要符合标准,差一点都不行,这样人就变成机械了。

现代化的管理,已经从科学化管理进入人性化管理的时代。而全世界对人性最了解的就是我们中国人。古代的思想家都在研究人性,以人为中心,提倡顺应人性去管理,就是要发扬"约法三章"的精神。

第二节 人性管理的演进

全世界都在讲人性管理,不是只有我们中国人在讲。因为大家对人性的看法不一样,所以虽然都在讲人性化管理,但实际表现出来的是不相同的。

一、管理的主体是人员

有人说，管理的对象，有人力、财力、机械、方法、物料、市场、士气、管理信息、管理环境及管理哲学等十大项目。我们不主张把人当作管理的对象，因为所有管理对象都有赖于人力去完成，人本身不是资源，而是能够运用各种资源的主体。

管理不是管人，而是管事、管物，管人以外的资源。把人纳入管理对象，就相当于把人当成了物。这是东西方文化一个很重要的差别。在西方人力资源观念中，人被当作人力资源去利用、处理，这种观念本身就是错误的。视人犹物，把人看成和物一样，严重违反了人性。

人和动物是不同的，最大的不同之一就在于万物之中人的自主性、创造性最高，人性需要受到尊重。如果把人当作一种资源，他就没有自主性，就没有尊严，就表示看不起人，这实在是一种大不敬。

"敬"是让对方感觉到他受到尊重，而人力资源则无法显示对人性的尊重，所以我是反对人力资源管理的。我不主张公司设人力资源管理部门，应改为组织人员发展部门。因为组织是由人员组成的，不是由物料组成的，人员有潜力，都需要发展，我们一起来共求发展，而且要和组织的成长同步，大家就会都有面子，这是非常人性化的。目前有些公司已经将人力资源管理改为组织人员发展，这是很值得高兴的。

中国人是不喜欢被人管的。我们一开口就说"你凭什么管我""不要你管"，或"你管那么多干什么"，都是这种态度。我没有看到人说："赶快来管我！"中国人天生对被管是非常抗拒的。外国人讲权利、义务，你该管我、我该让你管，就要照这样做，没有抗拒的态度。中国人是如果你少管我，我可能还多做一点；你越想管我，我就越偷懒。

老实讲，中国人最要紧的是面子。现在很多做学问的人都会说"面子不重要"，那是不了解人性。一个人活得连面子都没有，那活着为了什么？人与动物的最大不同就是人有面子，动物没有面子而已。

通过几十年的研究，我发现爱面子的人很好管。不爱面子的人你拿他一点办法都没有。如果一个人连面子都不要了，就无从管理了。人可以"理"，是因为他爱面子。说难听点，我们要利用人类的弱点——爱面子，你捧捧他，安慰安慰他，多听他的意见。我发现多听人家的意见，是非常管用的。你最后不一定听他的，但是你给他讲话的机会，他就很高兴。

台湾有一家纺织公司想到菲律宾去投资。有一次正好我在场，该公司的董事长居然问一个扫地的工人，说："老王，我们公司想去菲律宾投资，你觉得怎么样？"老王回答说没有意见。老王走了以后，我就问董事长："你干吗问他？"他说我明知道他没有意见，但我还要问他，这样他就会感到很有面子，他出去就可以对别人吹牛了，以后扫地就会扫得更干净。这位董事长就是非常懂得人性的管理者。

中国人问别人意见的时候，其实他基本上是不会听从别人意见的。他只是在争取支持，争取同情，让你觉得有面子。我们很多行为和西方人是不一样的，西方人问你意见，是想听你的意见。千万不要把西方人的行为，硬套在中国人身上。许多中国企业盲目学习西方，讲求人力资源，没有掌握到中国人的内心世界，这是比较麻烦的。

管理要有效，一定要配合人性的需求，顺人性而为。西方的人性论，比较喜欢从看得见的部分，譬如性向测试、智力测试、人格特质等来加以评鉴。我不相信那样做对中国人是有用的，因为在做实验、做测验的时候，我们的心态和西方人是完全不一样的。西方人是你问什么，他是什么就答什么。中国人是你问什么，他先想怎样答会分数高一点就怎么样答。因此测验出来的结果一般不会十分准确。所以，尽管调查问卷是一种很好的方法，但对中国人来说是没有太大用处的。

如果你问西方人："大家对我们提供的午餐满不满意？"他们的回

答是很客观的，满意就说满意，不满意就说不满意。中国人不会这样做，他们会想：如果说满意，那明天的午餐就可能更差了；统统说不满意，明天的午餐才会改善。如果问收费是不是太高？中国人一定会回答说太高。西方人是比较冷静、比较客观的，有什么就答什么，希望资料有公正性的结果。中国人是考虑有利性大于公正性，而对自己有利才是最要紧的。

那么一个人的性向可以用调查问卷来测试吗？不可以。那样人岂不是变成了机械？人是有机物，不是机械。机械是弹性很小，没有变动的，人是情绪变动非常激烈的。西方早期的"X理论"，认定员工都是为了金钱、面包而工作。没有钱给员工，他就不工作，就是我们常听到的："No money, No work. No work, No money."其实人真的这么简单吗？我想不会的。但是这种"X理论"在西方管理界曾经盛行了很长时间。

二、X理论的几个假定

美国管理学者麦格雷戈在他所著《企业的人性面》中，提出X理论的四大假定：

第一，人的天性，都是好逸恶劳，不喜欢工作；只要可能，都会逃避工作。

第二，人几乎没有志向，喜欢逃避责任，宁愿接受他人的指挥。

第三，人都希望获得安全的保障。

第四，为促使人员达成组织目标，必须运用强制、控制和惩罚的手段。

以上四种假定，综合起来，好像人只是一个"稻草人"，因此许多管理者，都把部属看成这样的人。

难道人是天生不喜欢工作吗？我看不是的。有的人如果没有什么工作，他反而闲不住。这件事情做完以后，他休息两天就又坐不住了，又来找事情做。他是为钱工作吗？不一定。现在社会上有越来越多的义工或志愿者，他们是不要钱的。人刚开始是为钱而工作，我不否认这一点。但到了一定阶段以后，他几乎不是为钱而工作了，这不是唱高调。

你愿意接受别人的指挥吗？好像也不对。人没有钱的时候，他是很听话的，有钱以后就开始有自己的主张，这才是事实。

人都希望获得安全的保障吗？我看也未必。现在很多人喜欢冒险性活动，有的人一天到晚想爬山，爬一次摔伤后回来了，休养几个月再爬。人有冒险的性格，但不是每个人都一样。我比较倾向于说"人与人有很大的个体差异"。

为了使人员能够达成团队的目标，一定要用强制、控制和惩罚的手段吗？也不一定。以前的管理就是威胁利诱："你好好干，我给你加薪水"，这是利诱；"你只要不好好干，就叫你离职走人"，这是威胁。其实这套做法对中国人而言是没有太大用的，道理很简单，因为中国人性不是这样的。中国人天不怕地不怕，就是怕别人看得起他。你看不起我，我的日子是最好过了，反正你看不起我，我混日子给你看。可是你看得起我，我就糟糕了，多少要做一点，即使不能做也要想办法做好，要不然面子会有问题。我们和西方人大都是不一样的。

三、霍桑研究的大启示

在"X理论"被正式提出之前，美国其他教授也在做相关的研究。其中哈佛大学教授梅奥（Ge Mayo）和罗特利斯伯格等人于1923年—1926年及1927年—1932年，分别在美国西方电器公司的霍桑工厂进行有关工人士气及情绪的研究。

霍桑研究的结论是：工人不会因为收入增加而增加生产量，也不会由于采光、休息期的长短、每日工作时数、工作方法、工资的多寡而影响生产量。影响生产量的主要因素，在于工人对工作、同伴、上司，以及整个公司的情绪或感觉。

如果从这方面去了解，我们就知道，情绪对人的作用是很大的。他觉得很愉快，就什么都满意了；他觉得不愉快，即使再好的工作条件，也会觉得不满意。任何一件事情，我们可以从好的角度来看，也可以从坏的角度来看。当你的老板问你："你这件衣服怎么穿那么久啊？"我们一般会有两种想法：一种想法是他在羞辱我，当众给我难堪，认为我没有钱买衣服；另一种想法是老板关心我，他看我好几天没有换衣服了，他想知道原因，说不定想帮我一些忙。这"一阴一阳之谓道"，随时可以得以印证。

我们对任何一个行为，都有两种不同的评价，对任何一个环境，都有好坏不同的感觉，因为人是主体。所以我一再讲，生产力其实就是"我愿意"。"我愿意"，生产力就高，"我不愿意"，生产力就低。我不是不会做，我是不敢做；我不是不会做，也不是不敢做，我是不愿意做，谁也没办法。以前总认为工作条件、工作环境，以及薪资是非常重要的，实际上不一定。

员工的心理，才是决定工作成败的主要因素。这正好验证了《孙子兵法》中的四个字——"攻心为上"，这是管理有成效的关键。中国人都懂得"攻心为上"，所以我们对"领导"的定义和西方不一样。我们领导就是抓心，把员工的心抓住了，整个人都会交给你。"X理论"严重伤害了员工的心，所以管理效果不佳。如果你的脑海里面存有"X理论"，是带不好员工的。

四、Y理论的假定

麦格雷戈认为"X理论"的假定，必然引起员工的不满，他提出与

"X 理论"完全相反的"Y 理论",试图用"Y 理论"来解决"X 理论"遭遇的困境。"Y 理论"有四个新的假定:

第一,工作是人的一种自然倾向,在适当情况下,人不但乐于承担责任,并且会追求责任。

第二,人对组织目标若是有了承诺,自然能够自我控制,使自己朝向组织目标努力。

第三,管理者不需要强迫员工,最好安排良好的工作环境,运用适当的方法,使员工在组织目标中获得自我的满足。

第四,人有创造的潜力,可惜多数人只发挥了一小部分。

"Y 理论"恰好和"X 理论"成一对比,好像又把人性想象得太完美了。它们都是不切实际的。

五、管理人性化的趋势

管理人性化,或者人性化管理,就是顺应人性的需求去管。最主要的目标是使人员乐于工作,安于生活。

其实管理人性化的主张,早在 20 世纪 20 年代就有人倡导,却一直拖延到 20 世纪 50 年代才稍有进展,并慢慢地为大家所了解。

中国古人早就知道了这一套道理。我们的管理人性化,就是要把人员的"向上心"激发出来,满足人员的自尊心,让人员在情绪稳定的环境下,心怀实现企图的希望。

中国人有一种非常重要的心理,就是永远不认输。因此我们要好好利用这种不认输的心理,来诱导员工把工作做好。中国人最不接受的是威胁利诱。孟子曰:"富贵不能淫,贫贱不能移,威武不能屈,此之谓大丈夫。"我们常常讲,你对我客气一点,我还听你的;你对我凶,我就是不听你的。中国人怕被人家说"人为财死",你给我一点钱就想把我买了，我有那么笨吗？很多想法和威胁利诱是刚好相反的。

怎么才能让中国人很高兴地做事情呢？千万记住以下三点：

第一条，他只能卖力，绝不卖命。卖力可以，卖命不干；流汗可以，流血不行。

第二条更妙，做事不坐牢。做事可以，坐牢不行。凡是违法的事情，你让他去做，他多半不会去做的。

第三条，人性化管理的重点，在"理"而不要"管"。中国人不喜欢你管他，所以你要理他，不要管他。"管理"有两个字，你管他，他很生气；你不理他，他更生气，只"理"不"管"就好了。管理的对象是人，把人当人看，尊重其个性，发挥其理性，使人员在身心健康的快乐中，产生最高的工作效益。

六、人性管理三大特性

人性管理已经成为现代管理的主流，应用得相当广泛。老实讲，管理本身也在变化。21世纪中国式管理会变成世界性管理观的主流，是因为我们的文化越来越适应，越来越得到重视。管理的对象，虽然包含人、事、时、地、物，但人是主体，是一切管理的基础，他不应该被列入管理的对象。

人性管理的特性，可以归纳为下述三点：

（一）了解人性，顺着人性的需求，施以适当的诱因刺激，可以引发恰当的行为。

对中国人来讲，金钱不是最好的诱因。对西方人来讲，也许金钱的作用更大。中国人往往是：你给我钱，我不拿白不拿，但是想让我多付出，我还是不干的。不要以为给他钱，他就会做，不见得。中国人最有效的诱因，其实是看得起他。我常常这样讲，你只要看得起他，给足了面子，他是完全没有抵抗力、随便你摆布的。

对中国人来讲，"高帽子"政策是非常管用的。完全可以见人送一顶，反正这不花钱。有一个人死了以后，到阎王爷面前接受审判，阎王爷把惊堂木一拍，说"你这个家伙一生都在拍马屁，见谁都送高帽子，真是可恶至极"。那个人说："没有这回事，如果他们都像阎王爷你这么有尊严，我会送他们高帽子吗？"阎王爷一听，说"免你死罪"。阎王爷拿高帽子给自己戴上了。你再怎么骂他，最后给他一戴高帽子，他就晕头转向了。

（二）人的才能，有个体的差异，所以需要分工。然而互助又是人的本性，站在互助的大前提下，再来分工，合乎"站在合的立场来分，不可站在分的立场来合"的基本精神。

人的才能是有差异的，找不到一个完人。即便是孔子，其实长得也不怎么好看。我们样样比不过孔子，但最起码没有他这么难看，这样我们心里也很舒服啊！

中国人讲的福、禄、寿，一个人大概不会三全的。最多只能两种，你三种都要，那就可能一样都没有。很有福气的人赚了很多钱可能不长命。有一个人一直祈祷，老天爷啊，我下辈子再做人的时候，无论如何要给我找一个又有钱又爱护我的家庭，让我从小受到很好的照顾，学校老师很认真地教我，让我的学问很好，将来也很有出息，再讨一个好老婆，生一个孝顺的儿子。老天爷听了半天说：天下有这么好的地方吗？如果有的话，我早就去投胎了，还轮得到你？世界上有这种想法的人很多，但这是根本不可能的。

千万记住，天底下没有十全十美的东西。老实讲，中国人的"差不多"哲学是最了不起的。

宇宙本身就是有缺陷的，所以我们人类才有努力的余地。如果宇宙已经很完美，那我们享福就好了，完全不需要再去争取。每个人总有自己的瑕疵，这是避免不了的。任何产品，也都有小缺点，只要在可以接受的范围之内就可以了。人需要分工，是因为各有不同的才能。但分工是分工，互助也很重要。我们也喜欢互助，所以中国人分工之后，还要怪别人"你为什么不帮我的忙"？中国人做事情，一旦做不好，就说是因为别人不帮忙。所以中国人的分工，一定要有帮忙的成分在里面。

西方人对工作的分工很明确，他们职责表是一、二、三、四、五、六、七，写完就完了，没有其他。中国人的分工往往不太明确，职责表是一、二、三、四、五、六、七写完了，再加一条"其他"，"其他"就是互助的意思。你的"其他"与我的"其他"要合起来，要不然工作怎么做得好呢？你也不做"其他"，我也不做"其他"，就有"三不管"了，很多事情也就没有人做了。

西方人的分工分很明确，他能密切配合，是没有空隙的。中国人只要一分工，马上就有空隙，都是靠"其他"来弥补。所以中国人把自己的工作做完还不够，还要去照顾其他人，这才是好员工。部门与部门之间经常会互相支援，不会仅停留在各司其职的地步。分工是形式上的，是表面的，实际上大家要共同努力把事情做好，否则两边都会挨骂。

（三）以"目标管理"为基础，实施分层负责，开放员工参与的机会，加强意见沟通，改善工作环境，给予合理保障。

我们有目标，有分工，但是要加上互助。当你做不好事情时，第一个反应就是怪别人："他都不帮忙，想看我的好戏，尽让我出洋相。"你总觉得别人不怀好心，所以你的工作才做不好，这还是有一定道理的。这些理论在西方社会是不成立的。西方人认为"不是我的事就不是我的事"。中国人不能说什么事情不是你的，只要工作做不好，大家都有责任。所以有一种方法是世界上其他国家几乎找不到的，但是在中国很流行，叫"连坐法"。一个人有了罪过，把整个家庭都杀掉，谁敢不怕？如果谁做错就杀谁，那这个人就敢故意做错了，那是非常可怕的。所以许多人觉得"连坐法"很残忍,但在连累家人的情况之下,我们才会有戒心。很多中国人之所以不会做什么违法的事,就是怕丢父母的脸。中国人只有在群体里面,才有约束力。单一的人,他是天不怕地不怕的,做就做了,有什么了不起?

第三节 人性管理 M 理论

人性管理,概括而言就是 M 理论,就是讲天人合一的,就是中道管理。

一、人性问题源远流长

在人类思想史上,无论古今中外,大家都非常关注人性问题。我们的古圣先贤在这方面有很多不同的主张。中国自先秦开始,就有许多关于人性的主张,其中荀子主张"性恶论",和"X 理论"比较接近,孟子主张"性善论",就和"Y 理论"相当接近。

孔子不主张性善,也不主张性恶。孟子讲性善,荀子讲性恶。可是孔庙里没有荀子的牌位;孟子的牌位被立在孔子的旁边。从这个角度去想,因为孟子讲性善,是给大家一个鼓励;荀子讲性恶,让大家心灰意冷。所以中国人会主张多说好话,少说坏话。

孔子主张的是"人性可塑",人性可以随着后天环境加以塑造。把一个人带到性善,你就功德无量;把一个人带到性恶,你就良心不安。别人跟随你,迟早会学你的一言一行,徒弟越来越像师傅,部属越来越像领导,就是这个道理。

我在英国的时候,发现英国的很多中国老板都是从台湾大同公司出去的。大同公司当年为了开拓英国市场，派了很多员工出去，被派的人出去就自立门户在英国开公司当老板了。我和他们一起吃饭的时候，他们讲了一些十分有趣的事情。他们说自己并不是喜欢当老板，如果有好的老板，干吗自己出来受苦当老板呢？就是因为对老板很不满意，才出来自己当老板的。但当了老板以后，他们才发现自己越来越像原来的老板。我告诉他们，其实这是立场问题，不是好坏问题。没有当老板以前，他们体会不到老板非这样不可的苦衷，总觉得不必要这样。当了老板以后，他们才知道那是没有办法的。

这段故事可以给我们很多反省，"不在其位，不谋其事"，你没有当老板，就无法去了解老板。人为什么常常要将心比心？就是因为环境、立场不同，看法就不同，做法也不同，而不是谁对谁错、性善性恶的问题。

除了荀子的"性恶论"，孟子的"性善论"外，还有老庄的"自然人性论"，周人世硕的"人性有善有恶论"，以及告子的"性无善恶论"等等。我们就不一一细述了。

二、《中庸》的天人合一论

《中庸》提出的天人合一，对我们中国人来讲是非常重要的。西方人不接受天人合一的观点，他们觉得中国人很可笑，天那么高，人这么矮，怎么合一？中国人所有事情都在内心完成的，怎么不能合一呢？中国人常讲"天理良心"，"天理"就代表天，"良心"就代表人，一切凭"天理良心"，天人就合一了。

天人合一不仅表现于外在，更在我们心中。当"道心"和"人心"合一的时候，天人就合一了，当"道心"和"人心"矛盾冲突的时候，就是"天人交战"。我们经常在"天人交战"，如果到最后能够天人合一，就心安理得了；如果某一天，"人心"战胜了"道心"，那就是自私自利，就是只顾自己不顾别人，中国人就骂这种人"不得好死"。有很多话我们听起来很耳熟，只是不了解它们是怎么连贯起来的。

人性从哪里来？《中庸》开宗明义，指出"天命之谓性"。人性来自天命，老天爷所规定的，就是人的本性。

只有人可以改造一切，但我们要特别小心，特别慎重，否则人类就不是万物之灵，而是"万物之贼"。现在就是"万物之贼"，天下本来很有秩序的，被人类搞得一塌糊涂，每一种动物都有它的本性，被我们扰得乱七八糟。老天安排狗要看门，狗就看门；安排猫要抓老鼠，猫就抓老鼠。可是今天许多猫不抓老鼠了，和老鼠一起玩；狗也不看门了，会爬到主人身上去和人玩。

我们人类要检讨：你养一只狗，却把它抱在身上，那它怎么看门呢？你养猫，把它喂得胖胖的，它怎么抓老鼠呢？那天下还有什么规律呢？人是环境最大的破坏者。古人是宇宙万物中被赞美的一类，叫"天地之间，人为万物之灵"。现在人类让整个宇宙越来越不谅解，是所有动植物共同提防和害怕的对象。以前打猎，就打一部分，现在是整体射杀，许多物种因此灭绝；以前捕鱼，就捉一些，现在却是竭泽而渔，甚至连鱼苗都吃。真是可怕啊！

"率性之谓道"，我们按照老天爷给人的本性去行动，便是人生大道。顺应人的本性去走，可以走出一条大道，叫作"人道"。走旁门左道，走邪道，那人还像人吗？

"修道之谓教"，教导人遵循人生的大道修身行善，便是教育。教育就是教我们走上正道，教我们好好做人，好好做事，把道理实践出来。

但现在许多事情不是这样。许多当老师的不敢训学生，那你要当什么老师呢？做父母的不敢训孩子，那你当什么父母？就是因为被四个字搞垮了，叫作"爱的教育"。我不相信什么叫"爱的教育"，不要乱打孩子，这谁都知道，但是如果连训都不能训，那怎么教育他们呢？老师不敢管学生，还算老师吗？父母不敢管子女，那要这样的父母干什么呢？这是我们目前所面临的问题。许多人就是为了两个很空泛的字：自由，结果让整个社会完全乱了套。

人只享有有限的自由、合理的自由，不是漫无节制的自由。"爱他就是给他限制"。你看一男一女在一起，男人的眼睛到处去看，如果女人没有一点表情，表示她可能不爱这个男人了，你爱看谁就看谁。如果这个女人问："你眼睛看谁呢？你怎么乱看呢？"表示她爱他。爱他就要限制他。许多人却是爱到不能骂，爱到不能打，那就不叫爱了。你会给人限制，就表示你对他关怀，对他有爱心。你说"你爱怎么样就怎么样"，随你便，"跟我没有关系"，表示你根本不爱他。爱就是"限"，他不听"限"，你就会生气，爱到不生气，那是虚假的爱。所以，"不管"不是真的不管，而是管得合理。

一切合理即为中庸之道。管理就是管得合理，爱就是爱到合理、限制到合理。什么都限制，没有用；什么都不限制，等于不关心。总有人讲小孩子天生是可爱的，我不相信；很多人说小孩就是天使，我也不相信。小孩是天生的破坏者，你只要两个小时不去管他，他会把家里搞得一塌糊涂。如果你两个小时不管他，小孩把家里整理得干干净净的，那不现实。你给小孩穿鞋子，他总是左脚穿右脚的鞋子，右脚穿左脚的鞋子，这种概率有50%，你有什么办法？所以孩子才需要教。如果孩子天生什么都会，父母根本不用教育他们了。为什么我们说教育很重要？就是孩子是天生的破坏者。小孩把书拿出来，会一本一本地摔，要想让他回去整理，那就需要大人来教。小孩想小便就会随地小便，要想让他去卫生间，就要教他。现在很多人不敢管孩子，不敢限制孩子，认为这才是时髦，才是潮流，这种观念太错误了，完全是不懂教育的结果。因为他并没有搞清楚小孩子的本性，只是认为新的观念就是对的，那就全完了。

管得合理，即是人性化管理。那什么叫"合理"？"合理"用四个字来讲更清楚，叫"恰到好处"，这是很难把握的，是有难度的。

三、中庸之道是恰到好处

我们长久以来被"不偏之谓中，不易之谓庸"弄糊涂了，许多人误认为一个人应不偏于任何一方，其实这就是骑墙派。

两个人吵架，甲来你家说乙的不对，你说"对对，是乙不对"，甲十分高兴地走了。乙又来说甲的不对，你又说是甲不对，乙也很高兴地走了。太太在旁边听了说："你这个人真奇怪，甲来你说甲对，乙来你说乙对，到底谁对？"你说太太最对。这种人还有什么是非？这就是"乡愿"，就是糊涂虫，哪里叫合理呢？孔子一生最讨厌就是这种没是没非的"乡愿"，这种谁都不敢得罪的"滥好人"。

一个人要做好人，千万不要做"滥好人"。不能顺风两边倒，那就是完全没有立场，是圆滑、狡诈与阴险，中国人最讨厌的就是这种人。往这边走合理，就往这边走；往那边走合理，就往那边走，哪里合理，就往哪里走，而不是哪里有好处就去哪里。

其实中庸是一种"恰到好处"的表现。朱子说："凡其所行，无一事之不得其中，即无一事之不合理。"无一事不合理，表示每一件事都处理得恰到好处，合乎中庸之道。天下没有一件事情不合理，就是中庸，这是高难度的。但是我再三强调，正因为它难，才值得我们用心，值得我们把它当目标来追求。何况学会了以后，我们可以用很久，所以趁年轻学得越早，对你越有利。

合理不合理，要随人、事、时、地、物等很多因素变动，这是非常重要的。所以"不易"的是管理法则，而不是管理措施。合法不合法是固定的，合理不合理不是固定的，这就是"法"与"理"不同的地方。

法是死的条文，理是活的因应措施。所以中国人最推崇的四个字，就是"随机应变"。随机应变，以求此时此地最为合理的解决，就是中庸之道。

任何人都需要学习随机应变。但是随机应变有一个孪生兄弟，与它长得一模一样，叫作"投机取巧"。怎么去区分投机取巧和随机应变呢？最方便的分法是这样的：一个人变来变去，他是为公家的利益着想，我们都认为他是随机应变；一个人变来变去，他是为自己的利益着想，是把钱放进自己的口袋里，照顾自己小家庭，就是投机取巧。所以一个是公，另一个是私，也就是"人心"与"道心"的不同。依据"道心"来变，是随机应变；依据"人心"来变，就是投机取巧。

千万要记住，让你的部属、员工做到随机应变，绝对不能投机取巧。记住这句话，一切事情就会很安心。

四、人性化的中道管理

中庸之道简称"中道"，合乎中庸之道的管理，称为中道管理，目标是追求恰到好处，以便安人。中道管理依照"老天爷赋予人的本性"来管理，最合乎人性的需要，所以是人性化的管理。

用现代眼光来看，中道管理即是"合情、合理、合法"的管理，情、理、法，以"理"居其中，一方面求合情合理，一方面求合理合法，都以合理为中心。

近年来，反对"情、理、法"的呼声此起彼落。大家似乎都很怕"情"、厌"情"，一味想提高"理"或"法"的地位，"以理制情""以法厌情"，好像忘记了"人而无情，何以为人"，这是非常糟糕的事情。这种片面的否定态度，是不了解我国先哲安排"情、理、法"的真义。事实上，情、理、法的管理是永远不会过时的。

首先，我们要指出"情、理、法"的重点，不在"情"而在"理"。

我国哲学最为繁茂的一枝，便是宋明理学。而其根源，则来自《诗经》《易经》《大学》《中庸》《论语》，以及《孟子》等书。我国先哲早已认识到宇宙确有独立存在的"理"。不过，在宋明理学家之前，孔、老、墨、孟诸子喜欢讲"道"，因为"道"是事物形成所必须走的路，其实就是一种原理。朱子说："道字包得大，理是道字里面许多理脉。""理"可以光用嘴巴说说，"道"却必须实地去行，先哲们不但希望我们讲理，尤其要求我们重视实践，一切按照道理去做。

既然"所重在理"，为什么不依序组合，排列为"理、情、法"或"理、法、情"呢？这就牵涉到中国人特有的"以中为吉"的次序观，"情、理、法"三者"理"居其"中"，所以"大吉"，正是我们所重视的。

我国哲学有一个根本一致的倾向，即是肯定"变是宇宙中的一种根本事实"。孔子站在大河旁边感叹"岁月的消逝也就是这样吧！昼夜一息不停！"老子说："它（道）广大无边而周流不息，周流不息而伸展遥远，伸展遥远而返回本源。"无非在解说"宇宙乃是逝逝不已的无穷历程"。《易传》更认为，唯有变化，才可以不穷而久。在这种一切都在变化当中，中国人深深体会到"物极必反"的道理，因而产生以"中"为"吉"的原则。一直到现在，拍摄团体照的时候，习惯上都会把中间的位置让给职位较高、年龄较长的长辈，便是明证。

我们从实际生活来观察，也不难证明中国人在"情、理、法"之中，最重视"理"。我们说"读书要明理"，而没有说"读书要讲情"。俗语说："有理走遍天下，无理寸步难行。"任何公司检讨得失的时候，大概都侧重在评"理"，却绝少有人公开求"情"。

但是，"理"不易明。宋朝张载说："天理者，时义而已。""时义"即是合时宜，天理不是固定不变的，是随时适应的。中国人十分讲究变通，便是"用变以求通"。儒家重视经权，淳于髡向孟子提出一个难题：

男女授受不亲，是当时社会应该共同遵守的道理，一旦遭遇特殊的情境，如嫂子溺水，那该怎么办？孟子告诉他要本于仁爱（恻隐）之心，立刻予以援救。平时"授受不亲"合理，特殊情况时"援之以手"才合理。

太多的例证，使得中国人满脑子都是"话都是你讲的"的念头，因为"公说公有理，婆说婆有理"，个个都有理，而各人所说的理并不相同，可见理是由人编造出来的。讲理往往流于"有理则有气"，"气充则理正"，形成"强者有理"。中国人很讨厌"强权即是公理"，因此演变为"官大的有理"。

公司里的职员如果犯了错，你告诉他："某事做得不对！"他大概不会直接去关心那事有否错误，却比较关切"是谁说的"，这便是"强者有理"的心理表现。只要告诉他，"董事长说的"，他俯首认错的概率相当大。

理是相对的，有上即有下，有此就有彼。西洋人因此用法来讲理，一切依据法律来判断，谁合法便是有理。由于法律的条文比较固定死板，所以讲起理来，也较为简单而方便。

我国先哲，并不是不重法。有些人指称儒家不重法，只有法家才重法，这绝非事实。重视礼法乃是孔子最重要的主张之一。中国宪政理论的先驱萧公权先生认为孔子政治思想的起点，乃是"从周"。"从周"就是"遵照周朝的典章制度"，实行的具体主张为"正名"，便是"按照盛周的制度，调整君臣上下的权利与义务"。孔子所说的"吾学周礼"，不限于冠婚丧祭，或仪文节式，他所说的"礼"，包括社会全部的制度。他主张"克己复礼"，劝人"非礼勿视、非礼勿听、非礼勿言、非礼勿动"，当然十分重视法制规范。

"法"在企业管理上谓之"制度化"，非常必要，却层次不高。今天过分强调制度化，很容易令人产生制度化便是良好管理的误解。典章制度是一种普遍形式，制定这些规章制度的时候，不可能照顾所有特殊情境中的应用，何况个人时常出现新的实现方式，而无法事先预知。儒家主张，人一旦面临特殊处境，就不必拘泥于礼的形式，却应该本着人道以提高规范的适应效率。人是典章制度的主人，不是典章制度的奴隶。法是人订定的，必须依理改变，才能因时制宜。我们常见某些主管，口口声声制度化，自己却经常破坏制度而振振有词，便可以看出这些理念的影响，既有力又深远。

荀子说："以义变应，知当曲直故也。"他认为，人应该以义变通应事，随时视情况的不同，变化其应付方法，以适其宜。人在特殊环境中，有时可以违反明显而确切的规律去做决定，他这样做，并不表示对规律的全盘否定，而是依顺了另一层规律（理）之后，才放弃或违反了原先的规律（法）的。

用法来讲理，固然简单明了，实际上却无法应付"两可"或"例外"事件，难免因坚持"法"而变成"不讲理"。朱子说："羞恶之心本是善，才过便至于残忍。"现在有些正义之士，目睹社会上违法犯罪的人很多，因而产生羞恶之感，极力主张不择手段地运用重法以求消除恶人和暴行，结果流于残忍而不自知。用法来讲理，动机是好的，结果却造成许多无理的行为。

于是，我国先哲把"依法讲理"安排在第二层次，把"由情入理"提升为第一层次。"由情入理"叫作"敬酒"，"依法讲理"便是"罚酒"。所谓"敬酒不吃吃罚酒"，即是"好好同你讲理的时候，你最好讲理，否则动起法来，也不怕你不讲理"，目的依然是"讲理"。

由此说明，中国人把"法"摆在肚子里面，心中有数，我不违法，但是我不会讲。因为谈法伤感情。在机场、海关等很多地方，你都可以听到，当执法人员告诉一个人说不可以这样的时候，他就会问："为什么不可以？"执法人员回答说："这是我们的规定！"他马上说："你少用规定来吓唬我。"中国人最不服的就是规定。所以嘴巴都讲的是情，"没有关系"、"不会怎么样的",脑子里却在想到时候应依法办理。中国人嘴巴很宽松,但是执行时却很严格。

有的人嘴上讲依法办理的时候,心里是在想合理解决。中国社会依法办理是高度困难的事情。我们把有些人抓来,经常找不到法律的依据,不知道根据哪一条去惩办他。

中道管理要顺乎天命,应乎人性,是一种"顺天应人"的"天人合一"管理。法是不得已。中国人先由情入理,先"敬酒",情理行不通的时候,翻了脸,再"吃罚酒",依法办理。到了依法办理的时候,情都摆在一边。所以我们常讲"法律外人情",那就是"卖人情"了。当法一出现,是没有情的,这才是懂得情、理、法的人。我先给你面子,你要不要听?我给你面子你就听,很好,我给你面子;你不听,再给你面子,你还不听,翻脸,就没有什么人情了,依法办理,我才不管你那么多。

中道管理代表中国人"由情入理"的人情味管理。懂得情、理、法的人,才是真正懂得管理的人,否则我们于法与人情就会经常纠缠不清。外国人批评我们不守法,是很不合理的事情。

"理"有背有面,顺之则是,背之则非。管理者讲理,最好顺着下述的理,以求其"是":

(一)建立共识。

凡是"要脸"(讲理)的同人,我们务必给他"面子"(表现出"看得起"、"珍惜"、"关怀"的"中节之情")。对于"不要脸"(不讲理)的人,我们一定不给他面子(表现出"看不起"的冷漠)。

(二)循序渐进。

"情、理、法"的顺序,固然是"所重在理",但是"理只是情之中节",所以实施管理,最好先动之以情,用关爱员工的理念来感应,使员工发出无过无不及的情而自然合理。管理者当然应该"坚持原则"(理),不过在此之前,也应该"广结善缘"(情)。以广结善缘来坚持原则,员工必然口服心服。平日广结善缘，员工充满信心，了解管理者是讲理的，一旦坚持原则，员工在情绪上不至于产生不信任的反感，当然更有利于讲理。

（三）自己守法。

遇着不讲理的员工，一定不能轻易放过他，否则就是自己破坏法纪。管理先动之以情，再晓之以理，如果仍然不能产生正面效果，势必绳之以法，让他知道不讲理的后果，而且没有规避或逃脱的可能性。管理者往往找出许多理由，甚至把它归咎于"情"，其实是自己不守法，未能切实维护法制的威势，一旦执法不严，无力感就跟着来了。

"情、理、法"的安排是要实际讲理的。管理者讲理，依照"以情为先""所重在理""情理讲不通，必然绳之以法"的道理，应该没有行不通的。

五、M 理论合乎人性化管理准则

既然中国式管理即为中道管理，我们不妨用 M 理论来代表中国人的管理之道。M 是"人"（man）、"中庸"（medium）与"管理"（management）的首字母。人性化管理重人，它是以人为中心，一切追求合乎中庸之道。这样的管理，当然是以 M 理论为主要依据。

从 M 的字形看来，四平八稳，左右均衡，十分切合"中"的特性。仔细观察，我们会发现中国人有三个基本要求：第一，对称；第二，均衡；第三，动态。中国的古代建筑，都有条中线，左右对称，两边均衡，维持动态，不能静。很可惜现在很多建筑设计师没有注意这些，设计的建筑既没有中心线，两边也不均衡，左右也不对称，风水都破坏了。我必须要说明，风水要科学，不能迷信，如果搞迷信的话，那人类是完全没有前途了。M 的字形很符合中国人的三大基本要求，显得四平八稳。

中 道

M的平稳均衡，象征中国人很喜欢的"不倒翁"精神，可以立于不败之地。中国有一个玩具，叫"不倒翁"。我们小时候都玩过，是一个圆圆的东西，你压它，它不会抵抗，但是你一放手，它又弹回来，你往左边压，它往左边倒，你往右边压，它就往右边倒，你一松手，它又站起来了，这是标准的中国人的精神。人在屋檐下，不得不低头，中国人不太抗拒，你压我，我就听你的，看起来很顺从，实际上只要你一松手我就起来了。

M理论不像X理论和Y理论那样各偏一方，不会把人性看得那么好，也不会把人性看得那么坏，正好是不偏的执中理论。人是可以塑造的，而塑造的黄金时间段是三岁到六岁。三岁看大，六岁看老。其实一个人有没有自信，是在出生后10个月到18个月塑造的。我们要懂得用合适的方法来塑造合理的人性，这才叫人性管理。

在20岁以前，几乎每个人差别很有限，但在20岁以后，有的人进步很快，有的人进步很慢，所有的变化几乎都是在20岁以后发生的。一个人进入工作职场，会从工作中去成长，会以领导作为模仿对象。所以领导者其实只有两个责任：一个是教育下属，要求下属，让下属不断成长；一个就是给下属机会，让他好好表现。

一个人碰到好老板，他会成长很快；碰到不好的老板，他就会很倒霉，即使本来很有能力的也越来越萎缩。员工会不会成长就看他有没有好领导。一个好领导的最大责任就是让员工都能够很顺利地成长。

我有两句话供大家参考：第一句，与其早成功，不如晚成功；第二句，与其晚失败，不如早失败。

年纪轻轻怕什么失败？失败了爬起来再来。现在许多人观念很有问题，总认为不到30岁就当总裁是一件了不起的事情。其实我每次看到这种情况，我真替他担心，他下半辈子怎么过呢？当然他可以撑，但是要撑那么久很辛苦，如果50岁才当总裁，了不起撑个十几年，还是可以的。

一个人最可爱、最可贵的感受，是在不断成长的过程中体验到的，这也叫中道。

许多人很可怜，很迷惑，由于不了解自己，也不检验到底适不适用，就把西方那套东西很盲目地引进来，然后一头钻进去，好像是天经地义的东西，其实没有那回事。东方人和西方人，各有各的道，"道不同，不相为谋"。

M理论是合乎中道的人性化管理准则。我们要走中国人自己的大道，这是我们要讲M理论的原因。我们中国人顺着这条大道去走，就会很愉快，很幸福。

六、M理论的三个要点

世界上有没有放之四海而皆准的管理模式？没有。因为每个国家不一样，每个公司不一样，每个地区不一样，管理模式自然不同。把M理论拿到全世界去用，却是都可以有效果的。

既然我们讲约法三章的精神，那么M理论的"约法三章"是什么呢？M理论可以归纳为三个要点：

（一）人性可塑，员工是可能改变的。只要用心塑染，员工可以变得十分理想。

我们不要先入为主地认定说，员工是不行的。很多人就是这样对待员工的，他们常说："你们这些家伙，真是没用！"结果员工就真的变成没用的了。人与人之间，其实是一面镜子而已，你看他，他看你，就像你在照镜子一样，你去照镜子的时候，你笑镜子里面那个人也对你笑的，你很生气，镜子里面那个人也对你很生气。

这在心理学上叫作期待（expectation），意思就是说你期待他好，他自然就会变好，你根本就不期待他好，他怎么会变好呢？所以从事管理的人，一定要对员工持有一种期待的态度。我们每到年底对新的一年都有一份期待，希望来年更好。

管理如果合乎人性，你就要期待员工是可以改变的，不是不能改变的。人基本上是有阴有阳的，每个人都有很好的念头，也有很坏的念头。有时候往好处想，会把自己想得非常好，但有时候往坏处想，会把自己想成是世界上最坏的人，人性的善变就在这里。你认为员工会好好工作，他就真会慢慢好起来；你认为他样样不行，他就真的越来越不行。有太多的管理者抱持一种看不起员工的态度，认为他们算什么？他们能做什么？员工会随着管理者的期待而调整。这就是"心想事成"的一种表现。

"相随心转"还不够，"境随心转"才厉害。现代科学证明，所有的环境都是随着你的心来改变的。你坐上餐桌，每一道菜端上来时，如果你说好吃，它就真的很好吃；如果你说这菜怎么这么难吃，它就真的很难吃。一个做馒头的人，如果他很健康，常常笑容满面的，你吃他的馒头就会觉得很甜，你也会跟着健康起来；如果这个人整天愁眉苦脸的，他做的馒头就不会太好吃，你要少吃这种馒头。这不是迷信，是很科学的。

我们对客户要有一份期待。一个客户进来，我们认为生意做得成，它就真的做得成。如果认为今天的谈判不会有结果，它经常就没有结果。我们对员工有一份好的期待，知道他是可以改变的，只要我们好好待他，他就会有好的表现，这是用之四海而皆准的管理。

员工到底是否理想，就看你怎么看待他。所以管理的第一招就是要看得起员工。你要看得起他，尊重他，多听他的意见，一切好好商量。

（二）员工如果关心工作，就会自动随机应变，以便寻求此时此地的合理解决方案。

无论你怎么管员工，其实都是没有用的。因为你管得了他的人，却管不了他的心。他心里在想什么，永远不会对你讲，你也无法掌握。如

第二章 约法三章

果我们能让员工自己去关心工作，能让他把心放在工作上，他就会自动随机应变，自然会做好工作。

很可惜，大部分员工是不关心工作的。他们会认为自己总共才挣这几个钱，再怎么奋斗，也不可能成为富翁，有必要关心工作吗？所以有时候管理者对员工说："好好干，你有前途！"员工心里都觉得很好笑，我有什么前途？一天到晚做那些重复的事情，谁都讨厌。现在的生产线，其实是非人性化的。以前做鞋子的人，边做鞋子边唱歌，很开心。现在做鞋子的工人不会唱歌，他是不快乐的。因为以前的工人是从头到尾把一双鞋子做出来的，是有乐趣的，顾客试穿很满意，他更有成就感了。现在的制鞋工人是完全没有乐趣的。你看下面的问答，就一目了然了：你在哪里工作？我在皮鞋厂工作。你会做皮鞋？不会。那你做什么？我专钉鞋后跟，而且只钉左脚，右脚从来没有看过。这种工作有什么乐趣？

皮鞋厂的工人没有一个会做皮鞋的，汽车厂的工人没有一个会造汽车的。这就是现代化带来的现象。当把工作分解得特别细的时候，工人就重复着很简单的动作，他是完全没有乐趣可言的。但是我们为了生产方便，为了提高生产效率，不得不这样做，然后使得人没有兴趣，没有能力，没有技术。所以分工是一种必要的罪恶。

现在的生产线，让每个人只做一样工作的情况已经越来越少。想方设法让一个人同时做好几件工作，而且还可以定期换一换。让员工的工作有变化，他才有乐趣，才会用心工作。

想办法让员工关心他的工作，必须要让他安心。一个人的心安定下来，他就会专心。他心不安，就不会专心工作。电脑打字员如果在工作的时候，想着中午到哪里吃饭，要到哪里排队，打字就容易出现错误。他不关心工作，因为他自己有烦恼；他不关心工作，因为自己有问题不能解决；他不关心工作，因为他遭遇到困难了。管理者要从心理上帮员工把这些问题化解掉,他自然就关心工作了。

(三)管理者和被管理者都是人,彼此都需要被了解和同情。

我是人,他也是人,谁都是人。管理者要把被管理者当作人,就是要了解他,要同情他。西方人一直强调"同理心",我们许多人一听觉得这很有道理,然后就想变成我们的东西,我是不太赞成这点的。

中国人是非常有意思的,我花了30年时间去研究中国人,现在才搞清楚我们为什么这样。我相信一般人是搞不清楚的。西方人是你有道理,他就听你的,比较理性。中国人是你越有道理,他越不听你的,因为他觉得没有面子,恼羞成怒。因此中国人对也骂,错也骂。我访问过很多总经理,我说你的部属说错了你骂他,我可以谅解,你的部属说得很对,你也骂他,这是为什么?他说你没有发现,部属越对,我越没有面子,我不骂他,我下得了台吗?所以中国人讲话,讲得很对的人是很吃亏的。中国历史上为什么忠臣都死得快呢?就是因为他们说的、做的让皇帝坐卧不安,让皇帝觉得自己越来越不像皇帝了。

你去销售产品,你讲得越对,客户越不想购买。我们要小心这一点。我在大学当总务长时,专门负责采购东西,当时各种各样的商人到学校来推销东西,我一观察就知道,凡是到大学来展示产品、介绍得越清楚的商人,越卖不成东西。什么道理?因为大学的教授对这些产品都很内行,商人不介绍便罢,一介绍教授就知道全错了,还能买吗?我发现有的业务人员真是能干,他把东西打开后,并不介绍,只是说老板特别交代,大学的教授是行家,是权威,所以今天不是展示和说明产品,而是请行家检验有什么缺点,告诉他们,他们回去改。这些教授一看,产品还可以,就买了。所以我们常常讲一句话:"关老爷面前耍大刀——不自量力。"

业务员碰到行家,最好少说话。你不开口,他不知道你错在哪里,你一开口,他就知道你差得很远了。"真人面前不说假话","关公面前不要大刀"，"孔夫子面前不背四书五经"，这些都体现了中国人的修养。

千万要记住，道理是对方讲的，不是你讲的。你讲的道理是没人听的，他讲的道理才算数。管理者应少讲话，让对方讲，这样管理才会很有效。善于做领导的人，在订立公司制度规定的时候，要让员工去讲，这样的制度才算数。

从这三个要点来看，我们将M理论推广到全世界去，几乎都是可以通用的。因为我们站在人性的角度谈管理，就能够把最高的原理找出来，其实就三句话而已：

第一句话，你要承认他是人。

第二句话，你要把他当人看待。

第三句话，你要想办法让他自己改变。

你不可能改变任何人，但是你可以让他自己改变。想用高压手段去改变别人，最终不会实现，因为威胁利诱改变不了任何人，但是如果他自己想改变，他就改变了。所以很多家长对我讲，你看我改变了我的儿子，我说你错了，是你儿子自己改变了自己，不是你在改变他。一句话，除非你的儿子愿意改变，否则你拿他一点办法都没有。同样，除非你的部属愿意改变，否则你改变不了他。人只有自己愿意改变，才可以改变；如果你不愿意改变自己，谁都拿你没有办法。

人是可以改变的，具有可塑性，但是要靠自己。所以孔子告诉人们要自己反省，要自己修养，还是有道理的。求人不如求己，要求别人来管你，不如自己管好自己；要求别人来改变你，不如自己改变自己，这就是中国哲学。

上面这三个人性的要点，就是M理论的主要依据，依据这三个人性的要点来实施管理，便是人性化管理。按照这三个人性要点来管理，可以管得合理而且提高效益。

我们现在对人性其实有很多成见，好像人都是自私的，人都不想工

作,尤其对中国人的误解更多。可以归纳为以下两点:

(一)认为中国人很被动,其实错了。

中国人主动起来,是很可爱的,但被动起来也是很讨厌的。当一个中国人与你计较的时候,他就是被动的,当一个中国人很大方的时候,他就是主动的。你看他主动送给你东西的时候,即使很贵,很难买,他也不心疼。可是当他被动的时候,就开始斤斤计较了,会锱铢必较,会说钱先到手我才动,没有钱免谈。

中国人对你很主动的时候,你是轻松愉快的。你可以什么事都不用做,他都给你做得好好。但中国人很被动的时候,你就只能消极地等待了。我们一直被灌输"中国人被动,推一步才会动一步"的说法,这不是事实。

(二)我们认为中国人是很自私的,没有社会公德,这点我也不赞成。

孔子说过,人性是不能改变的,但是习惯是很容易改变的。我们经常把一些行为当作我们的民族性,认为中国人不能改掉这个习性,这是不对的。习惯和民族性有什么关系?习惯是后天养成的,人性是先天带来的,两者是不一样的。如果你一直认为中国人没有社会公德,他就真的会越来越没有社会公德了。中国人是"愿不愿意做"的问题,他愿意做,什么都做得到;他不愿意做,你拿他一点办法没有。所以我们要想办法让他很乐意去做,不能用高压的手段,不能一天到晚讲大道理。

第四节　M理论有三向度

"安人之道""经权之道"和"絜矩之道",构成了中国式管理的三个向度。一切管理措施,均以安人为衡量标准;原则确定后,视企业内外环境的变迁而持经达权,以求制宜,谓之"经权";衡量及变通时,将心比心，称为"絜矩"。"安人"是"仁"的表现，"经权"是"义"的方法，"絜矩"为"礼"的态度，三者密切配合，才能合乎中道。

一、仁、义、礼三向度

我国管理思想，以儒家为主流。孔子"摄礼归义"，更"纳礼于仁"，构成"仁、义、礼"一贯的思想体系。孟子重仁、义，并不忘礼；荀子重礼、义，也不忘仁。儒家"仁、义、礼"的管理理念，便构成M理论的三个向度。

孔子论道，大抵以仁为主，仁就是爱。员工的人性，要以关怀、关心、珍惜、真情、爱心来塑造和感化。仁必须合义，关怀、关心、珍惜、真情、爱心都应该合理，不可以过分，以免造成溺爱、滥情的恶果。因为仁如果不合于义，则爱之很可能适足以害之，可见徒仁不足以收到理想的效果，必待有合于义，后始能保其有益而无损。

仁就是"人"与"二"的结合，就是要慈，要善，要有真情。但爱是要受到约束的，不可以过分。

西方人是赤裸裸地讲爱的，中国人很少把爱挂在口头上，我们不讲爱，都讲仁。因为中国人是很深沉的，讲求要在心里感谢，而不是挂在嘴巴上。中国人是不相信"我爱你"这句话的，相信自己的感觉。这个人爱不爱我，我最清楚，不用你讲的。一个女人假如相信"我爱你"这句话，说明本身就是很浅薄的。

义就是合理，也就是"宜"。M理论主张爱得合理，不能够以情害理，只顾人情而损及义理。中国人不崇拜英雄豪杰，只崇拜仁人志士。就是你有善心，但是你要知道如何把它表现得合理。合理不合理，最好先用礼俗、制度来加以规范。

礼就是礼俗、制度、典范，本身也要力求合理。

二、仁为安人之道

"仁"引申为安人之道，只有爱心的管理，人才能安。管理的一切措施，均以安人为衡量标准，能安才做，不能安便不要做。

仁是义和礼的基础。要求员工权宜应变，扮演合适的角色，首先要使其能安、得安。因为个体或群体的不安，是管理失效的根本原因，所以孔子希望我们用"患不安"来测试员工所处的状态，使其由不安而安，然后由敬业而乐业。

管理的目的很单纯，就是两个字：安人。只要团体里面有一个人不安，这个人一定会捣乱的。有人认为，一些人天生喜欢打小报告，我不这样认为。如果一个人能安下来，他就不喜欢打小报告，他不安的时候，就开始打小报告了。凡是在团体、组织里面捣乱的人，都是不安的人。人是追求自身价值的，当一个人有正经事要做，而且受到大家重视的时候，他就不需要捣蛋了，当感到自身没有价值的时候，他就坐立不安，开始作怪了。

一位女性同胞，如果长得很美，就不会作怪；如果长得很丑，她就开始作怪，叫作"丑人多作怪"，因为她不作怪，别人不会看到她。所以我觉得孔子很了不起，他总问人安不安。"安"就是"安顿"，就是把人安顿好的意思。

员工能安、得安，才肯自愿接受塑染，配合组织的要求，尽心权宜应变。我们和西方人不一样，一名新员工进来后，我们不会立即让新员工开始工作。我们会问他家庭的状况，要帮助他把生活安顿好，然后再带他到各个部门去转一转，让他和其他人打打交道，彼此熟悉熟悉。这样做的目的是让他情绪稳定下来，让他能安下来。

管理的目的就是要安人，人不安，其他的其实都不太管用。使员工由不安而安，是管理者最主要的责任。因此，安人之道是管理成功的先决条件。

三、义为经权之道

"义"引申为经权之道。唯有合理的管理，员工才会自动应变，以求制宜。管理的一切措施，都必须因时因地而制宜，才有成效。

"仁"必须合"义"（宜），否则爱之适足以害之，徒然把员工宠坏了，增加管理的困难，更使人对仁失去信心。欲富贵而恶贫贱，这是人情，孔子主张君子必须得之有道，去之亦有道，取舍的标准在"义"。员工好逸恶劳，趋利避害，也是人之常情，孔子提出"唯仁人为能爱人，能恶人"的原则，管理者要视员工表现的善恶，善者爱之，不善者恶之。对能够自动"安而行之"的成员，用爱心来关怀、珍惜；对于尚未自动自发的同人，要用"以德报德"的奖赏来激励，使其"利而行之"；至于少数表现欠佳的人，应该"以恶报怨"施以适当的惩戒，使其"勉励而行之"。

管理者能够使好人好得恰到好处，恶人亦恶得恰到好处，便是合义的仁，才是合理的爱。

"经"是根本的管理原则，不可轻易改变；"权"指权宜应变，按照管理法则来应变，叫作持经达权。持经达权就是持经达变，按照经来从权应变。儒家重视"经权"，即是希望管理者有一颗仁心，而持经达权，以求合义。

持经达变最要紧的，是在变得合理，也就是一切权变，务须"义之与比"，依义理而应变，才能确保变而能通。因此，经权之道是管理的应变过程。

四、礼为絜矩之道

"絜矩"的意思，是一切作为都应该站在他人的立场来设想，将心比心，才能合理。人同此心，心同此理。大家都是人，想法大致是相同的。

拿尺来度量，使上下四方一切事物都能够合理，便是絜矩之道。

"礼"引申为絜矩之道。礼包含法，管子说："法出于礼。"法是成文的礼，产生于礼之中。礼重在预防，法则侧重于应报。管理者强调法治，实在不如礼治。因为法治能够发挥作用的基本条件就是子贡所说的"我不愿意别人对我无礼，我也不愿意对别人无礼"。法治只能循法守法，礼治才能进一步对于非礼的不法行为防患于未然。子贡这一番道理，充分表现"我不愿意别人凌驾我，我也不愿意凌驾别人"，正好符合《大学》的"絜矩之道"。

作为组织成员，大家所喜爱的事情，他也喜爱而乐于去做；大家所厌恨的事情，他也厌恨而把它摒弃。每一个人，只有合理地将心比心，设身处地，遵循"己所不欲，勿施于人"的道理，才能够产生合理的规范、制度。

孔子的管理思想，以"礼"为起点，首先倡导"管理制度化"。但是他深知制度的制定"不可多也，不可寡也"。多则"法令滋章，盗贼多有"；寡则简陋而造成自由心证的流弊。"礼"必须"唯其称也"，便是合乎"时""位"而得其"中"。不过环境变迁，制度日久僵化，必定产生许多不能适应的毛病。于是孔子发挥"不停滞"的精神，认为管理制度化只是管理必经的阶段，却不是最好的管理形态。他主张管理制度必须"义之与比"，亦即依"理"而适时修订，同时在未修订之前，要赋予适当的弹性，使管理者得以持经达权，因时而制宜。

孔子"摄礼归义"，表示管理制度化之后，还应该进一步合理调整，做到"制度合理化"。制度合理，大家比较乐于遵从。絜矩之道是管理必备的态度，也就是制度合理化。

"义"是"正当性"，正当与否是一回事，而组织成员接受不接受，则是更为重要的一回事。孔子说："苟志于仁矣，无恶也。"（《论语·里仁》）人如果有仁心，则大公无私，便能够明辨是非，所以仁为义本，孔子更由义推到仁。孟子说"居仁由义",以仁为"人心","义"为"人路"。组织成员立有"道心",则其态度行为,必力求正当,而凡是合理的,也就由肯定而欣然接受。管理合理化之后,再进一步,即是管理人性化。

人性化与合理化是制度化顺利有效的基础,管理者不重视人性化而追求制度化,乃是舍本逐末。孔子说:"克己复礼为仁。"管理者"克己"(去私)"复礼"(循理),便是返显仁心。具有仁心的管理者,在创立、修订与执行制度时,成员才会信服。

五、三向度要合一

安人之道、经权之道和絜矩之道,构成 M 理论的三个向度(见图 2-1)。安人是管理的先决条件,经权是管理的应变过程,絜矩则是管理的必备态度,三者缺一不可。

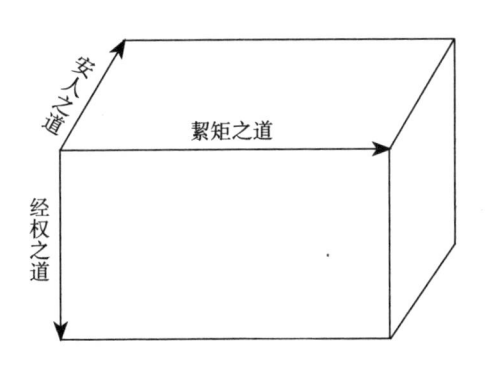

图 2-1　M 理论的三个向度

安人是仁的目标,经权是义的方法,絜矩则是礼的心态,管理要掌握这三大要件,才能收效。

管理以安人为衡量标准,原则确定后,依内外环境的变迁,而持经达权,以求制宜。衡量及变通时,务须遵循絜矩之道,将心比心,己所不欲，勿施于人。安人、经权、絜矩三向度，运用时要合而为一。

管理者以安人为目的，持絜矩的心态，以建立合理的典章制度，作为组织成员遵循的常道。常道就是组织成员必须共同遵循的管理法则。同时灵活运用经权方法，将这些管理法则应用到管理实务上面，以收变而能通的效果。

三向度合一，便是 M 理论的妙用。

安人是目标，经权为方法，而絜矩是态度。这三个向度，为什么必须合一呢？因为管理是整体性的运作，在过程中必须环环相扣，密切配合，而且互相依存，构成一个有机的完整系统，才能够顺利有效。

先说安人。怎么才能实现呢？当然需要依据将心比心的絜矩之道，分别站在股东、员工、顾客和社会大众的不同角度，本着设身处地的原则，好好体会安或不安的平衡点，以寻找安的合理标准。由于外界环境和内部条件的变动，管理者必须持经达变，在动态中求取合理的调整。可见安人有赖于絜矩和经权的配合，才能真正发挥安人的功能。

然后说经权。怎么持经达变才算是合理的应变，而不是乱变呢？安人的大原则必须确立，成为管理者心目中不可改变的经，然后配合时空的变迁，依据各种内外环境的变数，秉持絜矩之道的原则，做出合乎此时此地的合理调整，这才是大家所欢迎的经权之道。变得合理，股东、顾客、员工和社会大众都能安宁。

最后说絜矩。管理者将心比心的时候，应该以安人为不变的目标，这样的设身处地，才能获得众人的认同。否则名为絜矩，实则完全基于自己的一厢情愿，未必符合对方的实际需求，当然效果不佳。因此，管理者以安人为目标，配合各种资源和条件适时地持经达权，以求合理展现絜矩的诚意，必然能够提升管理的绩效。

三者合而为一，每一部分都不能够脱离整体，以免有失周延而减少成效。

安人、经权和絜矩，怎么才能三者合一呢？一切生命有一个共同的原动力，那就是"诚"。《中庸》说："诚者，天之道也；诚之者，人之道也。"意思是"诚"为宇宙的本质，它充满天地之间，但是我们看不见，也摸不着，必须由人来表现，它才能够产生作用。管理者具有"诚"的修养，就比较容易把持平常心，在多种可供选择的方案当中"择善而固执"。也就是"以此时此地合理的为善，一旦决定，便坚持一段时间，不再变更"，犹豫不定，或者朝令夕改，都不是好现象。

允许成员之间的竞争，有时也不失为安人的一种方式。这虽然对部门之间的协调一致有一些不利，但是如果成员之间完全不竞争，长久下来，也可能会丧失斗志。人类的精神力量，以一张一弛为适宜。长期紧张而缺乏弛缓来加以调剂，必然会因疲惫而最终衰竭；长期弛缓，完全不紧张，也将由松懈而至于麻木。所以适时地持经达变，只要絜矩得宜，便应该加以制宜。

人多意见也杂乱的时候，可以"中人"的标准来进行思虑。因为智慧特别高或特别低的人，各有偏执；中等智慧的人，反而容易合乎中道要求。组织成员是经过筛选的，这时候大多数人的意见，应该值得重视。但是在思虑和应用策略与权变时，仍然以贤者多高明。究竟是听取多数人还是少数人的意见为宜？这也是管理者必须三者合一，才能够求得合理答案的重要课题。

第五节　M理论三大要项

西方的管理强调把对的事情做对，所以，西方是以事为中心。中国的M理论强调通过合适的人，把合理的事情做好，所以，我们是以人为本。我们强调有人才有事，所有的事情都是事在人为，只要把员工安顿得好好的，他自然会动脑筋，会把事情做好，不用管理者太操心。

一、M理论的基本构架

M理论的基本架构，包含下述三大要项：

（一）人性可塑，员工可能加以改变。

管理的条件是：了解员工的人性，既不如X理论所描述的那样懒惰，不负责任，以自我为中心，不愿意改变，没有抱负，容易受骗；也不像Y理论所说的那样勤奋，希望负起责任，既有野心，又有想象力，还能够发展自己的能力，朝向组织目标。员工是可塑的，管理者的责任，即在安排良好的工作环境，形成良好的工作风气，把慎选而来的员工，都塑造成忠诚、肯干的优秀员工。

（二）员工如果关心工作，就会适时应变。

管理的过程是：确立目标和标准，赋予应有的责任，使成员适时应变，以求制宜。这种持经达变，原是中国人的民族性，亦即权变必须合义（宜），保持权不离经，否则即为离经叛道，那就"权与经反"了。

（三）管理者和被管理者都是人，彼此都需要了解和同情。

管理者的态度是：将心比心，设身处地；己所不欲，勿施于人。组织成员各自扮演不同的角色，而礼就是角色期待，每个人都能够按照角色期待好好地扮演自己的角色，即为合礼的表现。

孔子倡导"仁以安人"，仁发展为管理上的安人之道，才是符合人性的管理。义引申为管理上的经权之道，才有把握变而能通，促成真正的授权与潜在变通能力的发挥。礼化为管理上的絜矩之道，彼此互谅互信，便是互助合作的基础。

安人之道、经权之道和絜矩之道，是M理论的基本构架。一切都以互谅互信、互助合作为基础。

管理者首先要考虑：你到底要安什么样的人？这很重要。

我曾访问过很多企业的老总，我问：你希望用什么样的人？希望你

第二章　约法三章

的部属怎么表现？他们的问答很有意思，答案是肯干的就好。但我不这样认为，如果你认为中国人真是肯干的就好，那是非常危险的。

其实一个人最要紧的是忠诚。仅有忠诚还不够，还要持久。今天忠诚，明天忠诚，后天却叛变了，那有什么用？一个人肯干不肯干，其实也不是很重要，肯干的先决条件是一定要能干。你看不能干的人，越肯干你越怕，因为他一动事情就全乱套了。我们最怕就是不能干的人却肯干。我们要安的是忠诚、持久、能干而又肯干的人。

西方人只有对工作的忠诚，没有对人的忠诚。中国人不容许你对公司不忠诚，不容许你对顶头上司、对领导不忠诚。同样的忠诚，中国人是对人的，西方人是对事的。对我们来说，最重要的是忠诚。忠诚不持久，就成了最讨厌的叛变。同时，一个人要把自己的能力合理地表现出来。所以，中国人不太讲能干，我们讲肯干。肯干就是你会动脑筋，如何把自己的能力表现得合理。你很莽撞，没有关注别人的存在，一表现就会得罪很多人。

所以，人才的条件其实有四个，缺一不可。

这样的员工要靠我们去塑造。怎么做呢？我们会从他对父母的孝与不孝来琢磨。所以，在选拔干部层级的员工时，多半会去拜访他的家庭，看看他和父母相处的状况，来判定该信任他到什么程度。一个人连自己的父母都不放在心里头，怎么会把老板放在心里头呢？

我们要的是一个纯真的人，可以同甘共苦、可以共患难的人。事业发展顺利的时候大家相处得很好，万一碰到难题，他也不会马上就跑，我们喜欢这样的人。同时，一个人能干不能干，必须要不断学习，才会长期能干。

这样的人塑造出来以后，我们可以要求他，并把重要工作交给他了。一开始，我们不会交代他太多工作，但是，会看他有没有用心投入。我们最关心的是他有没有用心，而不是有没有努力。西方人只要努力就够了，他们认为看得见的部分才算数，有没有用心是看不见的。中国人专门从看不见的部分去琢磨一个人，他会看你对他的诚意，而不是嘴巴讲的话。

一个人很关心工作，是不会不动脑筋的。一个人按照前例办理，说以前就是这样做的，现在当然也这样做了，这就是不动脑筋。现在情况变了，你还能这样做吗？这就是敷衍了事，按照规定把条文调出来，无论什么情况都是按照同样的方式去做，不管其结果如何。中国人最怕的就是这种。我们要的是办事的人，因为环境在不停改变，是不能一味按照前例办理的。要根据情况变动，不断去调整、修改前例规定，这才是真正的用心。

培育出来的员工，如果能够主动用心去把事情做好，你就很放心，还操那么多心干吗？但他不用心，你操心都没有用。以前因为环境变动不大，我们还可以让员工照规定办理，现在环境变化加剧，几乎每天都不一样，就要让员工用心工作，这样他才会适时应变。

我真心希望大家对部属交代工作的时候要约法三章。如果没有约法三章，他是没有办法配合的。一般管理者的做法就是简单地对下属说："你给我写个计划。"这是不对的，为什么呢？他可能写到三更半夜，写了两三千字，第二天他把计划交给你的时候，你可能会很生气："写那么多干什么？我有时间看吗？"这对他的打击太大了。他心里想："如果你早说，我就不用写到那么晚了。"我们交代事情指示太空洞，没有抓到要领，团队上下经常为这些问题搞得很不愉快。

我在当领导时，一定会交代部属三件事：第一，我需要一个计划，是给董事会看的，或者是给银行看的，或是要给客户看的。因为看的人不同，写的计划从内容到形式也不可能一样。第二，大概写300字就够了，最多不要超过500字。他就不会费神写一大堆，也不会因为写得少而挨骂。第三，第二天中午12点以前放在我桌子上。因为那时他不一定能找到我，不必亲自交给我，放在桌子上就可以了，桌子是不会跑的。

这样的交代清清楚楚，不会让部属不高兴，我也不高兴，这就是约法三章的好处。

抓住三个要点，员工就能很好地适应你，很好地配合你。现在的管理者总是交代得很随便、很随意，下属搞不清楚上司到底让他做什么。他又不是神仙，怎么会猜中上司的心思？那是不可能的。

许多管理者经常弄得部属无法做事，这一点管理者应该自己反省。许多部属本来是很好的，到最后却不想做事情了，就是因为领导没有替他想，没有掌握约法三章的精神。因此，我们要员工关心工作，就要帮助他把心投入进去。我们应该让他好做事，而不是搞得他无法做事。因为他无法做事，最终倒霉的是我们。

大家都是人，人的人格上是平等的，地位可以是不平等的。这是谁都不能否认的事情。《大学》中讲："所恶于上，毋以使下；所恶于下，毋以事上；所恶于前，毋以先后；所恶于后，毋以从前；所恶于右，毋以交于左；所恶于左，毋以交于右。"意思是上面的人对我这样做，我很不高兴，就不要用这种态度去对我下面的人；下面的人对我这样的态度，我一肚子火，我就不要用这种态度去对我上面的人；左边的人对我这种态度，我很不高兴，我就不要用这种态度去对我右边的人。其实用四个字就讲完了："将心比心。"从现在开始，我们要站在他人的立场上来思考任何事情，不要仅仅站在自己的立场来思考。

将心比心说起来很容易，做起来相当困难。因为一般人从小都是只知道有自己，不知道有别人。人都是相当自我的，只照顾利害关系，只想到自己的方便，不太考虑别人。所以，我们要记住儒家最了不起的"推"，一定要学会推己及人——想完自己，再推出去想别人。

管理者要部属三个小时把报告写出来，是为了管理者的方便，但是站在部属的立场去想，三个小时内是根本写不出来的，因为他要去找数据，还要计算、归纳分析，三个小时怎么够呢？所以，管理者交代部属做事情的时候,部属往往是一头火,他心里想:"你自己做过没有?你没有做过,当然认为很快就能写出来了。"他更不会安心做事情。领导一定会交办事情给部属,这是天经地义的事情,但是一定要考虑到时间因素,然后规定他在你要求的时间之内完成,让大家都觉得很合理。

一个主管做得好不好,就看命令能不能被顺利执行。这不完全是部属的事情,与主管自己有相当大的关系。上司对事情很着急,但部属心里想为什么昨天不做呢?今天才着急,我能做得出来吗?上下级之间经常有这种矛盾。

如果互信互谅,彼此站在不同的立场,互相包容,互相尊重,事情当然就做得好,而且做事的过程才不会草率,员工有时间按部就班地把事情做好。这样久而久之大家养成习惯了,这套管理才可以长期有效。

二、安有各种不同状态

安有不同状态。

(一)依程度而分,安有"小安"和"大安"的区别。

有小安才有大安,如果没有小安,哪里来的大安?"让少数人先富起来"就是小安。可是永远是少数人富起来,社会就会乱,所以要让大多数人也可以过上富足的生活,这才是我们要努力的目标。没有小安就不可能一下子大安,但是也不要固定在小安上,要推到"中安",再推到大安。这就是推己及人。

(二)按范围的广狭,安可分为"寡安"和"众安"。

寡安就是少数人安,众安就是多数人安。我们一定先把部属安顿好,部属才有办法去安顿员工。如果只是部属很好,员工一定会不安的。如果董事长、总经理开的车子太豪华,经理心里就不平,就想取而代之,董事长、总经理就会感觉受到威胁。少数人安时,我们要考虑到多数人会有什么感想。

我们由小安推到大安，由寡安推到众安，要慢慢地去推，把差距逐渐缩小。孔子说："不患寡而患不均。"大家都穷也没有什么，有人太富裕，有人太穷了，社会就不安定了。

（三）从维持的时间长短来看，安有"暂安"，也有"久安"。

（四）从效果的虚实来判断，安又有"虚安"和"实安"的不同。

有的安是虚的，是经不起考验的。虚安会带来更大的不安。有一个女歌手很有名，但她无论走到哪里，只要身边没有保镖，一定会挨揍。她年纪轻轻的，却离不开保镖，后半辈子的日子是很难过的。但是很多人崇拜她，认为她了不起，从效果来看，她得到的就是虚安，不是实在的安。

管理要"安内攘外"，这是中国一个很古老的思想，但是在今天同样很实用。我们不能过分强调内部竞争。对内怎么可以竞争呢？内部一有竞争，大家就开始笑里藏刀，然后完全不帮对方的忙，本位主义色彩就会越来越浓厚，部门之间的距离也会越来越大，越来越不团结。因此对外要竞争，对内一定要相互辅助。同业之间应采取什么态度？一句话，既联合又竞争。不能同业之间完全竞争，到最后你死我活，同归于尽。但是完全联合就是垄断市场。所以要两边兼顾，既联合又竞争，那就没有错了。

企业的安内攘外，务必以大安、众安、久安、实安为目的，切忌以小安、寡安、暂安和虚安为满足。管理者所有措施，应该以大安、众安、久安与实安为衡量的标准。

但我们是没办法一步做到大安、众安、久安与实安的。事实上，小安有时可以导致大安，寡安乃是众安的基础，暂安足以延伸成为久安，而虚安又是实安的一种手段。我们应由小安慢慢地变为大安，由寡安然后推到大家都安，但必须时时警惕，勿因小安而害大安、因寡安而害众安、耽于眼前的暂安而危害了长远的久安，或者误认虚安为实安，因而讳疾忌医、粉饰太平，一朝幻象消失，已经急救无方了。

三、虚安也是一种手段

领导可以对部属讲实在话吗？领导可以对一般员工讲实在话吗？如果我们把员工集合起来，说我们这个行业竞争非常激烈，依目前的状况来看，恐怕我们连前十名都挤不进去，目前公司是非常危险的，如果大家不好好做，说不定什么时候就倒闭了，恐怕第二天员工就可能全跑掉了。他本来不想走，被你吓走了。忧患意识是中高阶层的事情，绝不是一般员工的事情。我们是不能对一般员工讲这种实在话的。你要激励他，安慰他，给他愿景，给他希望，他才会留下来。

我们对一般员工讲公司的美好前景，给他期待，给他信心，这不是欺骗，而是虚安，这是非常重要的。只要大家认真工作，齐心合力，公司就会一天比一天好，这也没有骗人。虚安就是打气，是安慰，是激励，是给他信心和希望。所以，虚安也是一种手段，我们不要认为它是骗人。

在管理实务上，我们有时不太可能一下子就达到成就大安、众安、久安和实安的地步。得一步一步来，只要不停滞就可以了。

儒家有一个很重要的精神，叫作"不停滞"。要求一个人每天要有一点点进步，永远不停滞，"停"就是停顿，"滞"就是滞留。所以人不可以自满，就是这个道理，一满他就停滞下来了，就要倒退了。为什么说"不进则退"呢？因为人会遗忘，学三样忘两样，再不学连一样也忘光了，所以要不停前进，只许前进不许后退。但是我们不能对自己要求太高，只要慢慢朝向目标前进就可以了，急是没有用的。

小安有时可以导致大安，有时则会造成不安，这才是我们要小心的。例如，公司要派人到日本企业去观摩学习，每次最多派两个人，不可能一下去十几个，或者谁愿意去就去。管理面临最大的问题是数量是有限的，不是无限的；机会是不足的，不是充足的。因此公司要轮流安排人员，先去的人就会很高兴，这是小安，但后去的人就很生气，因为经常是前面去的人观摩学习以后，发现没有太大作用，于是活动就停止了，后面的人员不能去了，他窝一肚子火，这就造成了不安。

在各行各业中，医生用虚安的手段最多。我们有病去看医生，特别是患上重病绝症，医生一般是不会对你讲实话的。大部分医生诊断以后会说这病是小事情，吃几服药，回去调养一段时间就会好起来的。听了医生这样说，你的病就好了一半。假如医生说这病我以前没有见过，或者说你还有几个月的寿命，恐怕你真的离死不远了。因此，虚安有时候是很管用的，因为人是精神的动物。

在管理运作上，更是经常会用到虚安。例如我们明明要开除一个员工，唯恐打草惊蛇，不会马上叫他走，而是先安慰他，再相机开除他，这并不是欺骗，而是一种虚安。

西方人看员工不行，马上就叫他滚蛋，我们不会这样做。我们会把他"冷冻"一段时间，让他自己提出辞职，我们还要挽留他，让他很有面子地离开，这是最上策。

四、经权为致安的途径

持经达权的目的，如果不是为了求安，就会导致不安的后果，反而有害无利。权宜应变是为了求安，所以经权的运用，是安人的途径。

如果要变，一定要越变越安，才可以变；一变就不安，千万不要变。为什么很多人不喜欢改变？原因就是他的既得利益会受损。有些人最不喜欢薪资结构调整，按照旧办法，你比别人的工资多，按照新办法，你比别人工资少，你会心安理得吗？所以，人们常常讲中国人很不喜欢变动，稍微有点创新就开始抗拒，主要是考虑了既得利益。我们一定要想清楚，如何变才不会使员工既得利益受损，这是非常重要的。

权宜应变是为了求安，要不然变它干什么？越变越安，大家都欢迎。

变了以后如果有人不安，不安的人就开始反击，会千方百计不让效果出现，这是人之常情。

一切管理措施都需要权变，非变不可。但是变的结果大多是愈变愈糟。变来变去，只有20%的结果可能是好的，另外80%可能很坏。这是西方人至今没有摸索出来的道理。我们中国人常讲："人生不如意事，十常八九。"为什么呢？就是因为我们天天在变，但变了之后80%的结果是不好的。创新有80%是失败的，新上市的产品有80%是卖不出去的，获得收益的只是那20%的部分，所以为什么创新的风险性很高，道理就在这里。变的结果，有80%是不好的，只有20%是好的。非变不可，却越变越糟，因此大家必须谨慎应变，不可乱变。变，并不是容易的事情。

中国人是不太讲变的，因为我们变怕了。《易经》原本就叫《变经》。现在我们受西方文化的影响说求新、求变，创新是唯一的道路，变革是硬道理，但一定要谨慎，要记住：不可不变，也不可乱变。因为不变是死路一条，乱变会死得更惨。

经权指有原则地应变，也就是不可乱变的意思。趋吉避凶，即在力求愈变愈好，把经权当作致安的途径。

五、变时要以安为前提

管理法则，原无肯定的可或不可、好或不好的分别。甲公司行之有效的法则，乙公司不一定就行得通。甲组织甚受欢迎的措施，乙组织却可能相当排斥。安或不安，并非固定，所以才需要持经达权，依据管理法则来随机应变。

持经达权是中国人最了不起的观念。经是不可变的部分，权是可变的部分。如果不能持经达权，可能就是乱变。我住过各式各样的酒店，发现许多酒店的设计都是乱变的，例如夜灯本是安装在床底下，现在却安装在天花板上，让客人晚上无法睡觉；卧室和洗澡间之间不再有隔板，而是透明玻璃；厕所里的灯好几个，一开全开，一关全关，这种"求新求变"，就是乱变。任何事情都有一个常态，常态变了，功能也随之丧失了。

应变的目的，在求制宜，因此要以安为前提。能安的，才变；可能导致不安的，不要变。

对于日常用品来讲，一切变应以使用者的安为前提，应以使用者的安全、方便、有效为先决条件。例如一台新机器生产出来以后，要让顾客很快就会使用，这才是对的。如果你的机器生产出来，说明书却无法让人看懂，这就是让顾客不安。

暂时的不安如果终能长安久治的，当然可变。如果没有办法把暂时的不安变成安，宁可拖一下，也不能急。所以我们有时候在时机不到、没有好办法，或谁也不敢保证效果的时候，把事情暂时搁置一下是对的，急于变化，就会越变越糟。

六、随时都应将心比心

我们随时都要变，但也随时都要将心比心。此时可行，并不表示时时可以通行无阻。

管理的最终目的在求安人，这是不变的常道，称为经。安人的条件和方法，随时空而变迁，这种权宜应变，叫作权。

持经达权，主要在求安，所以才要随时应变。衡量的标准，放在"将心比心，设身处地"上。管理者随时将心比心，比较容易择定判断的尺度。对于一切新产品的创新，我们应站在使用者的立场来考虑，而不是站在设计者的立场。仅站在设计者的立场，自己爱怎么变就怎么变，那就是乱变。

任何事情，一定要用使用者、当事人的感受来衡量你的改变对不对，

"己所不欲，勿施于人"，依絜矩之道来互相感应，这是非常重要的。

我在台湾地区买卖房子的时候，到交易所去办理手续。办理员给我一张表格，我却怎么看都看不懂。我就问他："我好歹也是一个大学教授，连我都看不懂，别人看得懂吗？"他说："如果你们大家都看得懂，我靠什么挣钱呢？"他就是故意将表格设计得让别人看不懂，然后委托他们，乖乖给他们掏钱。这是不对的。我们一定要尊重使用者，一定要"将心比心"，因为是使用者来决定企业的命运，是使用者评判产品的创新是否成功，而不是我们生产者自己。

第六节　M 理论实际运作

一、管理必须制度化

很多人都认为，中国人不重视制度，好像西方人的管理是很制度化的，中国人的管理是不需要制度化的，这是很大的误解。管理一定要制度化，而且要使制度行之有效，不是空有其名，这才是我们应该共同努力的方向。

没有制度的管理，必定是乱七八糟的管理，这是没有例外的，全世界都一样。"制度"的意思是什么？是制定的法度，一个是"法"，一个是"度"。我们要有一套方法，而且要大家共同来掌握"度"。制度化管理，便是制定一些法度，让大家都愿意遵循这些法度去运作。这样大家分工才有办法合作，各部门才有办法协调，而共同的目标，才可能达成。

很多人一直用二分法的思维，认为世界上有的国家是"人治"的，有的国家是"法治"的，我们反对这种说法。这种思维方式，不但不切合实际，而且容易陷入一己之偏见，极为不可取。

世界上没有一个国家完全是人治的，再怎么以人为本的国家，也有自己的一套制度；再独裁的统治者，也懂得用法律来掩盖自己的无法无天。世界上也没有完全法治的国家，因为"徒法不足以自行"，制度最终要由人去订立和执行，不可能不受个人影响。政治学家萨孟武先生说过：法家主张法治，却无不言势、术、法。这三者都和人主有关，居势者君也，用术者君也，制法者亦君也，一切关键均在人主，于是法治最后又归于人治了。

其实国家只有两种模式：一种是法治大于人治，一种是人治大于法治。一般来讲，西方是法治大于人治，而东方国家是人治大于法治。因此人治和法治必须并重，不可偏向人治，也不能过分强调法治。

法是死的，人是活的。"徒法不足以自行"，订立了一大堆法规，没有人来执行，法也是没用的，就形同虚文。法规定得太严格，所有人都会受不了的。

制度要人性化，要合理化，否则制度只是形同虚设。我们中华文化里面有法家这一大流派，但是在中国历史上任何朝代，法家都不是主流文化，而且更可怕的是，那些主张法治的人，最后结局并不理想。商鞅就是最好的明证。我们不是不重视法，法往往是很僵化的，是没有弹性的，是不合时宜的。

有制度可资依循，但是仍然有待于"人"的权宜应变。所以为什么有人会觉得，中国人的执行力不够？就是因为中国人知道法是法，在执行的时候，应该依理变法，做出合理的调整。完全依赖制度，使管理僵化而不能应变，并不是良好的管理。

二、制度一定要合理

订定制度的时候，一定要求合理。大家只愿意接受合理的制度，不愿意接受不合理的规定。

　　制度要怎么样订立才合理？我有个建议，让员工自己订出来的制度，才合理。我在辅导公司时，都会这样说，生产部门订生产部门的制度，销售部门订销售部门的制度，因为它们有不同的工作性质，不适合订同样的制度。所以订定制度时，必须将心比心，设身处地。各订各的制度比较合理。

　　营业部门，一般是以业绩来考核的，我不管你上不上班，到时候把业绩做出来就好，做不出来统统减薪。生产部门必须要求员工同时来，同时干活，才有办法正常运作。销售部门，根本就是个人跑个人的，没有必要一起上下班。所以我不主张，一套制度去管全公司。

　　不要寄望于用制度来管理员工，使其接受不合理的制度。管理一定要制度化，但制度化的管理，绝不是好的管理。典章制度日久疲弊，到最后都变成形式的、表面的、官僚的。

　　管理制度化能不能顺利推行，能不能收到预期的效果，应视制度的合理程度而定。制度合理，是管理制度化的先决条件，也是顺利推行的必要基础。

三、制度要自生自长

　　要想让制度能够顺利推行，是要花一番工夫的，不是说制定了制度后公布出来，它就有执行力了。我们的建议是：

　　（一）制度要自生自长，不可以移植。

　　典章制度，不可以盲目从其他组织引进，以免水土不服。我常常看到很多新公司去同行那里抄一大堆制度回来使用。凡是抄来的制度都没有用，因为它水土不服。制度必须自生自长，按照组织员工的实际需求，来制定合理的制度。制度要由员工自己来定，决定权在管理者手中。

第二章 约法三章

（二）有多少需求，就建立多少制度。

不可抄袭一大堆制度，徒有形式而起不了实际作用。也不要一次就想把制度制定得很完备，那绝对是行不通的。假如公司一共只有三个人，你定一大堆制度给谁看？如有需要，才来定制度，如果没有需要，宁可让制度空着都无所谓。一家刚成立的公司刚，是没有必要把出差办法、休假制度等统统定好的。公司慢慢人多了以后，才要定这些制度。

（三）将心比心，依据员工的需求来制定制度，员工自然心悦诚服，乐于遵从。

制度应当由员工自己来定，而且让有需求的人去定。有的人一定会怀疑，他们会不会只定对自己有利的制度？其实不必害怕员工自私，只顾及自己不考虑大局。因为如果真正让他自己去定，他反而不好意思不讲道理，不好意思将制度定得过分。因为制度最后要拿给别人看，大家如果都笑他说："你们这几个人搞什么鬼？"他也没法应对。

我在做领导时，凡是员工自己定出来的制度，我一般都会说看不懂，然后让他们自己拿给大家看看，大家比较客观，他们就很紧张，说不要给大家看了。他们自己赶快回去调整制度。管理者如果能妥善运用员工之间的这种平衡力量，工作是比较轻松的。我会把生产部门订立出来的制度交给财务部等其他部门去看，看合不合理，他们彼此之间会有一个制衡与协调，最后制度慢慢就会合理了。

我们在审查制度的时候，最要紧的，是站在接受制度的人的立场来看这些条文。我举个案例，有一家工厂与意大利人合资，意大利方就派了一个总经理来。但意方的总经理来了以后，和所有的员工、部属都闹别扭，关系搞得很不愉快。意方总经理提出，员工11点半吃午餐，每天少工作半个小时，公司损失太大了，宣布改为12点进餐厅吃午餐。结果中国员工真是12点才进餐厅，但是11点半就在外面排队了。意方总经理气得要死，却又无可奈何。他就问我，他该怎么办？其实很简单，按照中国公司的习惯去做，不要把午餐时间算在成本里面，就可以了。我很少看到中国公司准时才允许员工进餐厅的。

（四）大家好商量，是安人的第一步，也是制度化的起点。

中国人是你越看得起他，他越讲道理。我们说"你看着办"，他就会认真去想、去做；如果我们说"你照着我说的去做"，他就会糊里糊涂地去做。"你看着办"就是你要花尽心思，用心把事情做好。

所以中国的管理者越轻松，员工就越紧张。大家好好商量，什么事情都是通过商量去解决，不要轻易否定，也不要轻易赞成，要把这种氛围慢慢创造出来。这既是安人的第一步，也是制度化的起点。

四、制度要适时修订

所有法度，要加上一个"日落条款"，说明终止实施的日期，好比一天中的太阳下山，代表着一天终了。哪有制度可以永久使用的？所有规定，大可明订有效期为一年，届时再行修订。

我建议大家在规章制度，最后一条明确最后期限："本规定到××年×月×日自动失效。"这样做看起来很麻烦，实际上很简单。期限将至时，把规章制度拿出来仔细检讨，往往不需要太大的修改，便可以再沿用一年。

规章制度常常调整，就会一直合适，两三年没有调整，就寸步难行了。规定的适用期不要超过一年，因为一年里的变化比较小，一年后将规定调出来，看怎么修改，规定修改后又是新的，这样年年修改，年年新。制度如果长时间不修订，与现实之间就会有很大误差，这个时候我们反而不知道怎么去修订，而且修订起来会更费时费力。

适时修订典章制度，以求切合时宜，是管理制度化的有力保障，使制度可以顺利施行。一年一修，稍修即可，既方便又能合乎时宜，大家遵行起来，也比较乐意。因为环境是一直在变的，这是不可否认的事情。

五、依制度权宜应变

管理制度化，并不表示所有管理措施都一定按照规定实施。我们在执行制度的时候，也要做到权宜应变。这是西方人对我们最不理解的地方。西方人认为，我们一切都没有按照规定去做，都是在变来变去。其实我们中国人是按规定变来变去，不是不按规定变来变去。

制度永远不够周延，办法永远不够齐全。因为每个人的情况不一样，每一件事情的性质不大一样，所产生的后果也不相同。"百密必有一疏，百虑必有一失"，无论我们认为制度多么周全，真正遇到问题时才知道根本无法可据。但无法可依据，还是要解决。这时候只好"依理而行"。

任何法令，都是小系统，都应有足够的弹性。没有弹性的法令，是根本执行不下去的。管理者明定制度，一定要明白所有制度都是死的，人却是活的，必须"在法令许可范围内，衡情论理"，然后加适当的调整，合理地解决问题，这也是管理制度化的应变行为。

依制度权宜应变，是一种经权运作，同样需要将心比心，设身处地。因为人与机器相比，是相当情绪化的。人在情绪良好时，什么都不在乎；在情绪很坏时，什么都抓得很紧，自然也就严格得多。我们权宜应变时不可能有固定的模式，要考虑对方的情绪和感觉。

六、务求人人都能安

制度化管理只是管理的开始，但要合理制定一些制度，使组织成员都很乐意遵循，能顺利互动，这是很难的。

制度化管理，重点即在大家共同守法。但是制度由人创立，亦由人修订，看起来好像固定，却仍随着人事而变动。制度初订立的时候，必有其外在的需要与内在的用意，此二者又皆是变动的。可见制度如果不能因时因地而制宜，那就会僵化，形成"官僚管理"，难以应付两可及例外事宜。制度为求合宜，必须"应时而造道"，不可不持经达变，为求经权得宜，就应该依理变法，把"制度化"提升为"合理化"。

管理者一切求合理，必然合法，如果发现合理而不合法，便证明此法已不合理，有修订的必要，可见制度的适时调整，确有其实际需要。

所以我们要谨慎订立制度，同时吸纳大家的意见，仔细修订，然后试行三个月。如果三个月以后，大家都觉得可以，才可以公布。过一阵子，由于种种变数，制度不一定合理了，又需要规定一年的有效期，届时再行修订。制度本身要列入有效的管理。如果制度本身没有进行有效化管理，就只能流于形式了。

制度化管理同样需要合理化，因而追求管理合理化。在制度内追求合理化，便是持经达权。但合理不合理，应依人来解释，并不依制度而受到限制。因为人的感受，安与不安，才是合理不合理的判断标准。

管理合理化，要从管理人性化而来，人人都能安，才是真正的合理。事实上，管理是离不开人情的。空喊制度而未能合理，即是"恶法"。标榜合理却不能为同人认可，便是未得人心，大概有违人情。典章制度日久疲弊，变成形式而缺乏生命，只有束缚作用，会和人性发生冲突，造成矛盾。如果管理者动机不纯正，再合理的规定，大家也会将它看成是不合理的。所以安人，才是管理的最终目标。"安"就是"大家好"，管理者以"大家好"的"公心"来感应员工，员工才能有好的心情，对于一切理、法，自然接纳。管理人性化，其实就是合乎人情的管理。

第三章

安人之道

中 道

导 言

很多人关心我们中国的管理有没有一套自己的思想体系，实际上用一本书就可以回答了，它就是《大学》。从大学之道里，我们可以引申出安人之道、经权之道和絜矩之道三个向度，建构适合中国民族性的 M 理论。但是"道"是要行的，不能当作一种理论来看。所以管理者必须清楚安人之道、经权之道和絜矩之道，然后把它们当作企业共识，大家按照这个方式、方向来走。这样才能做到易知易行，知行合一。

安人之道是什么？就是以人为本。所以如果你真正想把以人为本作为信念，而不是口头禅，那你首先就要安人。

经权之道是什么？经权就是与时俱进。任何方法与规定，过一段时间就不适用了。因为时过境迁，合理性要随之调整。与时俱进的意思就是时间一分一秒地过去，我们如果不进步就退步了。因此真正的与时俱进，就是要持经达变，原则不能变，方法一定要随着时间而变。

什么叫絜矩之道？就是我们今天常讲的"和谐社会"。我们这个"和谐社会"是要讲给全世界的人听的，要让全世界都对我们中国有信心。

许多公司整天说要做强、做大，我不认为这是一个好现象。因为如果这样说，就表明我们接受的观念就是西方的两个字，叫作"富强"。把企业做得很强很大，但员工不安，又有什么用？其实很多知名企业，员工是很不喜欢待在里面的。但是员工为什么没有走？就仅仅是因为待在里面挣钱多而已。

富国强兵，历来不是中华文化所追求的最高目标。我们求的是安足，心安理得，那才是中国人最喜欢的。其实强大和安并不是互相排斥的。我们把企业做强做大，要问安不安？做大时很安你就大，做小时很安你就小，为什么一定要做大呢？企业的规模大小根本不是问题。大有大的好处，小有小的优点，各得其安。有人说企业做大才是好的，我不太赞成这种观点，其实倒闭的往往是那些做大而不安的企业。

一个人要知足常乐。不知足，你永远不会快乐。企业发展的重点应该摆在"安"和"足"上，不要摆在"富"和"强"上。但是这样一来，有的人可能会说，我们是不是看不起有钱的人？因为很多人有这种解释："中国人看不得人家赚钱。"我认为没有这个必要。富也可以安，但是是有条件的。富了自然安，穷也能安，所以富和不富其实不是主要因素。一个人能够随遇而安，那才是最高境界。

有一个做小点心的人，他喜欢做时就多做一点，不爱做时就少做一点，完全自己做主。他也不开设店铺，做好就拿出去卖，卖完就回家。我就问他："你技术这么好，做出的点心大家都喜欢吃，为什么不开个店铺呢？"他说："我为谁辛苦、为谁忙？"这一句话就讲完了。而且他告诉我："真正做大以后，我的东西就一定不好吃了，因为我不可能做得又大又好吃。"他很有智慧，也很快乐。

许多人强迫自己工作是为了做强做大，然后到处去求人，显得可怜兮兮的。"有条件我就做大，不需要的时候，我就做小"，这才是聪明人的想法。

"足"是什么？足就是可伸可缩。中国人的可爱之处，就是能屈能伸。该委屈的时候就委屈，可是会很"足"，因为我们不和别人比，只同自己比。中国人有绝对的自主权，自己爱怎么样就怎么样。人的尊严就体现在自己可以做决定。

中国人是可大可小，可长可短，可强可弱。孔子说："无可无不可。"并非是毫无原则，与世浮沉，这样也可以，那样亦无所谓。管理者无所拘泥，无所固执，凡事"无可无不可"，才能够因时制宜，以求恰到好处。

我们必须要了解，每个人的条件是不一样的，每一个地区的发展环境是不相同的，每个人有不同的背景，没有必要走上同一条路。各自发展，各走各的路，只要自己觉得心安理得，觉得知足常乐，这不是很愉快吗？

"安"是人生的根本要求。我国心理学家陈大齐教授生前对于"安"的研究非常深刻，他指出："人的一生，自出生至死亡，可谓无时无刻不在寻求安宁。"我们早上相见，互道早安，祝福整日安宁；晚间告别，亦各道晚安，以互祝整夜的安宁。送别亲友，祝其一路平安；书信往来，也免不了祝其"康安"或"近安"。

企业伦理的根本要求，也不外乎一个"安"字。现代企业经营的安人之道，主要体现为以下四点：

（一）安顾客。

顾客不安，就是对产品或服务不满意，企业再怎么做都是没有用的。中国人喜欢说"顾客如云"，表示顾客像云一样飞来飞去，说走就走，说不买就不买，说翻脸就翻脸，是最不固定的。长期顾客突然就变心了，这都是可能的。顾客安了，你就知道你的产品不错、服务态度不错、销售渠道不错，还有最近市场也不错，样样都知道了。

（二）安员工。

员工会跑掉，即使不跑也有人想挖走他。只要你的公司做得好，就有人看中你的员工，要挖走他。所以员工稍有不安，他就走了，有可能把企业的机密、核心技术，甚至整个管理队伍都带走。

（三）安股东。

股东是企业的投资人，他最不放心的就是把钱放在别人口袋里面。股东有不安，就会抽走资金或要求减少出资，企业不得不重新组合，可能面临员工离开、信用下降、形象受损等一系列打击。企业就会由此垮掉或被对手吞并。

（四）安社会。

我们要考虑社会大众对公司的形象安不安，信不信赖。老实讲，凡是经常改组董事会的企业，社会大众就开始怀疑了，认为一定有问题，对企业的产品就不信任了。反企业的情绪高涨，即是社会大众不安的迹象，企业唯有善尽社会责任，才得安然长存。

企业管理的最终目的是"安人"，即是"把握正当的方法来消灭企业内外的不安"。所谓"正当"，系指为所当为而非为所欲为，也就是本着"企业是为了贡献于社会而制造商品或提供服务"的宗旨，自觉履行其责任。一方面"安内"，使全体员工与所有股东都得其"安"；一方面"攘外"，使社会大众与顾客皆安宁并乐于支持或爱用，减少外界竞争或各种变迁所产生的压力。

企业的"安内攘外"，如果采取不正当手段，或许可以获得短暂利益，带来眼前的安宁，但这是小安、暂安，也是虚安，因为不久的将来，一旦真相暴露，立即陷入更大的不安。

中 道

第一节　管理和伦理合一

管理和伦理要合一，全世界只有中国人要求这一点，其他国家很少这样做。只有中国人会讲："凭他那副德行，也想管我吗？"这就是把管理与伦理合在一起了。西方人的私生活是个人问题，品德修养是个人问题，和管理没有一点关系。而中国人如果要管别人，首先要把自己管好，因此常说"你连自己都管不好，凭什么管我"这样的话。

一、管理不可偏离伦理

伦理思想，为我国所固有。儒、道、墨、名、法诸家，都以伦理学说为主，中国自古称为"礼仪之邦"，便是因为中国人普遍具有伦理观念。但在日常谈话中，到处有人提及"良心"和"道德"，一般人不太常用"伦理"两个字，以"良心""道德"来代表伦理。

有人会说："良心很不可靠，良心根本看不见。"还有人说："良心在哪呀？"老实讲，说这种话的人，就等于在告诉别人他自己没有良心。因为作为一个中国人，与生俱来就知道什么叫良心。良心就是照道理去走。所以在中国社会，你否定良心，开良心的玩笑，就是开自己的玩笑，对自己是非常不利的。

一个人半夜醒来，觉得自己白天有些事情做得不对，于是内心很不安，然后下决心明天要改。什么是良心？就是半夜醒来让我们内心感到很难过的那一点东西。可是第二天起床后，如果又被外面乱七八糟的东西控制住了，继续胡作非为，就说明他的良心有问题了。现在许多人变得白天没良心，晚上有良心，晚上睡不着觉，也不敢睡觉，这就是自己要小心的地方。

法律对西方人很管用，对中国人不太管用。如果一个中国人认为只要合法就可以做，这个人往往是没有良心的。因为法律不可能规定得那么周全，不能够多如牛毛，经不起时空的变化，也相当有弹性。法律永远是不足的，伦理和法律不同，伦理可以用来弥补法律的不足。

这样你才知道，为什么中国人十分寄望于良心。一个人只有自己管自己，才最切实；只有自己让自己厉行合约，那才是最有效的。

企业伦理对我们而言，就是"企业良心"或"企业经营所应遵循的道理"，也就是"凭良心来经营管理"。中国的一切学问，无不以伦理为范围，企业管理也不能例外。我们所施行的，乃是一种伦理管理；而我们所求的，则是各凭良心的企业伦理。

管理是外在的伦理，是由内在的良心道德发而为合乎伦理的管理。伦理完全是内心世界的东西，我们如果把伦理变成外在的礼貌，那就糟糕了。西方人有时很有礼貌，但是他可能一点也不关心你，中国人有时没什么礼貌，但是他可能很关心你。因此西方人重视形式化的礼貌，跟内心没有关系，中国人不重视形式的礼貌，却非常关心内在的东西。所以一般中国人不相信别人的话，但是他会相信自己的感觉。他感觉到你很可靠，就相信你了。你再三保证"我很可靠"，他又不相信你了，因为他觉得强调自己很可靠的人，就是存心要骗他。所以在中国，口才好的人，人际关系经常不好。

伦理是内在的管理，管理者的良心道德，足以左右管理的安或不安。一个人把自己管好，就叫作伦理；把别人管好，就叫作管理，这是不一样的。

人是不能"管"的，所以管理就是"管自己""理别人"，对别人要"理"不能"管"，对自己要"管"不能"理"。我们把"管理"两个字分得非常清楚，"管"就是给他压力，约束他，要求他，"理"就是看得起他。凡是你对别人用"管"的态度，大概都没有太大的效果，因为那是对自己的。人要管自己，要约束自己，要告诉自己不可以这样，不可以那样，而不是对别人的。对别人要"理"，要看得起他。只要你看不起他，用什么激励办法都没有效果。

二、伦理首重良心道德

中华传统文化最大的特色就是讲求伦理。不讲伦理，那就不是中华文化了。伦理对中国人来说，等于家常便饭。"良心"一词，几乎是到处可闻的口头禅。因此我们常说"凭良心来经营""凭良心来管理"。

伦理是什么？就是你内心安不安。你能够心安理得的事情，大都合乎道德的要求。一般人把伦理叫作"良心道德"，所谓"凭良心"，就是要站在对方的立场，想一想他的感觉是什么样的。

真、善、美中，西方人最重视"真"，一切以真实为主。中国人最重视"善"，认为"善"可以涵盖"真"和"美"。所以西方人有话直说，可以说真话。中国人很少说"真话"，都在说"善话"。如果你没有抓住这一点，会觉得中国人总是在撒谎，在讲骗人的话。某一天太太问先生："我年纪一天一天大了，是不是一天一天老了？"先生是不可以回答说"是"的。如果讲了这句真话，晚上恐怕就不能好好睡觉了。家里夫妻两人不管哪一个做饭，只要一个人问另一半："常常上饭馆，你觉得我烧的菜怎么样？"假如你回答说："我们怎么能跟人家专业的厨师比？"恐怕下一顿你就没饭吃了。所以大家经常说，中国人很真诚，中国人讲实在话，其实没有人真的做到，因为我们脑海里面的"善"就是"真"。

伦理指人群的道德，道德则主要表现为个人的良心，所以伦理首重良心道德，因此我们把管理定义为修己安人。西方没有一本书写修己安人，都告诉你管理就是"通过别人的手去完成工作任务"。我不知道中国人听了这句话有什么感想，"通过别人的手去完成工作"，通俗就是"害别人去犯错"。如果你认为管理就是如此，恐怕没有人会听你的话的。

修己安人就是每个人把自己管好，让所有和你在一起的人都安。安就是不吃亏，吃亏就不安了。中国人天不怕、地不怕，就怕吃亏上当。一个人让别人吃亏上当，最后倒霉的是自己，因为吃亏上当者一定会报复，所以我们才说"害人如害己"。和你在一起的人都不安，你是最不安的。

修己安人是一种耕耘，而良心道德才是它的收获。我们要了解，做事业、有成就都不是人生的最高目标；凭良心、心安理得才是人生最高的目标。富强不一定安足，安足可富强，也可不富强，都无所谓。

良心是先天的，道德可以经由后天学习获得。后天养成好的习惯，良心就出现了，你不要再去追究看不见的良心，告诉自己"我要养成好习惯"就可以了。比如说我们做任何事情，先考虑别人的立场，先考虑别人的感受；想到自己时，马上想到别人。"将心比心"，推己及人，这是一种好的习惯。

凭良心管理，可以兼顾管理和伦理，做到二者合一。

三、伦理是合理不公平

伦理是一种不公平的状态，但要加上"合理"两个字。伦理的"伦"

字,含有参差不齐的意思。人与人之间,人格是平等的,但地位是不平等的。

伦理表示人间各种各样的关系,本来就有亲有疏,有长有幼,有上有下,参差不齐。人与人之间理想的情况当然是一律平等,大家都公平。实际上却是人格平等,而机会、薪酬、成就都不公平。因为毕竟资源是有限的,机会是不够充足的。

伦理社会所追求的是"合理的不公平",而不是"不合理的公平"。因为绝对公平是做不到的。如果现在让大家选,一个是"不合理的公平",一个是"合理的不公平",你会选"不合理的公平"吗?一定不会,那只有一个选择,就是"合理的不公平"。

绝对公平只是理想,"合理的不公平"是实际,是做得到的。管理面对机会不充足、资源很有限的情况,只能公正,却实在很难公平。公正不一定公平,即是"合理的不公平"。公平是很难做到的,不公平只要合理就好,所以叫作"合理的不公平"。

四、亲疏有别长幼有序

伦理所讲究的,是亲疏有别、长幼有序,而不是一视同仁。西方人比较主张一视同仁,中国人最不能忍受的就是"没大没小"。长上就是长上,身为部属、子女、学生、员工,对上司、父母、老师、老板,当然要礼让三分,不可能平起平坐,不分上下。因为机会有限,资源不充足,只能够由亲而疏,推己及人,称为"合理的不公平"。

领导可以对部属讲,"大家不要客气",但是身为部属,一定要学会礼让三分。如果部属不让上司三分,是根本没有办法管理的。西方社会的道理很容易讲得清楚,中国人的道理是讲不清楚的。我们只有靠"我让你三分",才有办法把"理"找出来。中国人只要说"我跟你平起平坐"，那就没有一个是非结果。

管理必须兼顾伦理，所以有亲有疏。但有亲有疏的时候，一定要公正，否则就有私心。出于公正，有亲有疏处理到很合理的地步，参差不齐是应该的。我相信每一个人都可以接受。

长幼之间、领导与部属之间，会讲究一个合理的不平等，而不是完全的平等。一般来讲，懂得道理越多的人，说话越不敢用肯定的语气；懂得道理越少的人，说话越武断。如果两个人平起平坐，那一定是没有道理的人的声音特别大，有道理的人反而不好意思，显得比较含蓄。这是我们在整个社会到处都可以看到的情况。

我们希望"能者"能够积极表现，而不是袖手旁观。如果在一家公司里，有智慧、有能力的人采取袖手旁观的态度，这家公司可能很快就垮了。为什么他有能力却不表现，有智慧却不说出来呢？因为管理者没大没小，他就不敢了。

伦理的精神，立足于中国特有的交互性。彼此彼此，将心比心，并非出于片面的要求。亲疏、长幼之间，都要将心比心，各凭良心。

五、安不可能没有区隔

安一定要有区隔。换句话说，先小安，才能大安，先局部的安，然后整体的安，由短暂的安，再推到长远的安。理想的情况，当然是一下子获得大安、久安、众安与实安。然而一下子全部都安，那是不可能的。实际的情形，则是逐渐由小安而大安，由暂安而久安，由寡安而众安，也可能由虚安而实安。

有时候我们会觉得，总是去安少数人，这样不公平。其实先安少数人，才有办法去安多数人。所以邓小平讲，"让少数人先富起来"。我们十几亿中国人一下子都富起来，那是做不到的。必须接受先小安少数人，然后去推至大安、久安、众安。现在要做的就是一个"推"字，怎么把少数人变成多数人，怎么让寡安变成众安，这是我们当前要共同努力的。

安有逐次演变的过程，不可能一下子达到安的理想境界。换句话说，这种逐次演变的过程，如果秉公处理，出现若干区隔，应该是正常的现象。有先有后，有轻有重，有急有缓，于是亲疏有别，长幼有序，就成为合理的次序。

公的区隔，是合理的不公平；私的区隔，便是人为的不公平。公是什么？就是不会为私人的利益盘算。因此，安不可能没有区隔，但是不可出于私心或成见，必须秉持公道。

六、依层次按顺序求安

待人要先从"一视同仁"做起，然后视实际工作表现，走向"亲疏有别"（见图3-1）。我经常在不同场合画两个图，然后问大家："你是喜欢一视同仁呢，还是喜欢亲疏有别？"居然没有一个人说"领导要一视同仁"，可见我们脑海里面都是亲疏有别的。

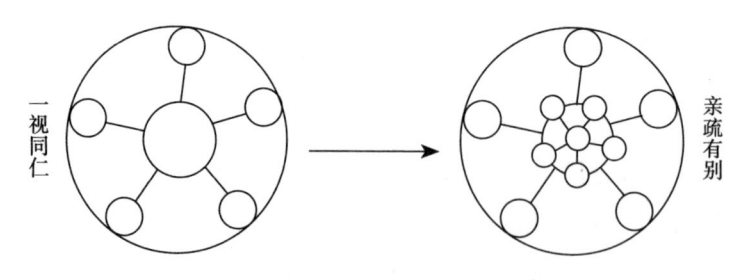

图3-1 由"一视同仁"到"亲疏有别"

一位领导者只能亲自带少数人，让这少数人再去带更多的人。一层一层地去带，而不是一个领导带领所有人。老实讲，一家公司的员工超过百人，老总是不可能记住每个员工的名字的，也没有必要记。领导者只能自己带第一层，让第一层人去带第二层，这样一层带一层就可以了。

公的亲疏有别，就是"合理的不公平"；私的亲疏有别，便是"人为的不公平"。本来已经没有办法绝对公平了，再加上人为的不公平，那是绝对不可以的。所以一个好领导，做到三个字——"利公心"就可以了。"利公心"就是"我的心是公正的，不会有偏的，但因为资源实在有限，机会有限，不得已有不公平的情况，否则我希望满足每个人的需求"。

站在公的立场，从工作表现、所做出的贡献来分亲疏，而不是从私人的亲戚、朋友关系来分亲疏。工作场所，不讲求私人关系，只依据职场所需要的上司部属、工作表现、所做贡献而评判。

第二节　安顾客第一优先

我们为什么把安顾客摆在第一优先位置？因为顾客能安，自然爱用我们的产品，时时不忘赞扬我们的声誉，形成良好的口碑，对我们有很大的助益。

一、顾客是衣食父母

企业要求生存发展，必须获得顾客的支持。顾客使企业生生不息，是企业的衣食父母。企业所有的收入几乎都是依靠顾客，没有顾客，企业就有可能结束营业，节衣缩食，甚至宣布倒闭。

可是我们要记住，一般的散客，偶尔跟你打一次交道，下次不再光顾，不能算是顾客。只有老主顾，或者是长期订约的客户，才算是顾客。

企业主要依靠这些老主顾或订约客户来维持。光凭散客，十分危险，因为不可靠。好的饭馆都有些老顾客，俗称"回头客"。老顾客不一定是一个人，可能是一家公司，也可能是旅行社。

维持着企业的是常客，不是散客。有时候散客进来时，饭馆表现得不够积极，也是可以理解的。你心里想"我是客户"，他心想"我要是只依靠你早就饿死了"，两方的感觉是不一样的。如果不是常客，企业一般是不会特别重视。

顾客是衣食父母，只有顾客能安，经营管理才有靠山。顾客不安，常客就会走掉，老总就很难当。

我们对顾客要亲疏有别，对老顾客一定要更好一点，优惠都首先考虑老顾客，而不是只考虑新客户。我们在坐飞机购买机票时，航空公司都会给一个会员卡，然后累计的点数多了以后，会给我们很多价格、服务方面的优惠，这就是亲疏有别的一种做法。

二、顾客最冷酷无情

顾客是最冷酷无情的，所以我们必须要去了解顾客所需要的是什么。一般来说，顾客所需要的，是"货真价实、供应不断、态度友善、更新产品"。

（一）货真价实。

人最不喜欢的是吃亏上当，顾客发现吃亏上当以后，会认为你货不真价不实，以后你再讲什么，他都不会听了。让客户失去信心，是我们最大的祸根。

（二）供应不断。

为什么顾客需要供应不断呢？假如他发现一种酱油很合自己的口味，用习惯了的产品突然没有供应了，他就会很不高兴。所以常常强调求新求变，其实是很有问题的。比如爱吃某种零食的人，他有自己喜好的牌子，吃几年以后，习惯就固定下来了，假若这个品牌突然不生产了，或者改变口味了,甚至改变包装了,他都会很不高兴的。

(三)态度友善。

顾客最讨厌的就是四个字,"花钱受气"。顾客花钱受气,是因为许多企业的服务态度不够友善。为什么态度不够友善?因为"顾客重要"的观念只在老板、主管的头脑里,一般的服务人员对待顾客根本没有这样的观念,他们还会烦顾客,认为"你们少来算了,最好不来"。他们总以为工资是老板给的,根本没有想过工资是顾客给的,就这一念之差。

(四)更新产品。

这与"供应不断"的需求并不冲突,就是说企业的老产品要一直保持下去,直到顾客都不想要了。但同时还要不断做出新的产品来,让顾客有更多的选择。如果顾客觉得新产品好,就会取代老产品;如果觉得不好,还保留老产品。

换句话说,更新产品的自主权在顾客,不在生产单位。现在许多企业的产品说断就断,零件说停止生产就停止生产,以致很多东西坏了没有更换的零件,顾客能不生气吗?嘴上讲服务,讲"客户第一",实际上还是生产本位,而不是顾客本位。

顾客心怀不安,就开始对企业抱着不信任的心态。顾客不信任哪一家企业,就会像云一样散掉,这家企业很快就枯萎了。

顾客是很绝情的,说翻脸就翻脸,动不动就会拂袖而去,稍微不高兴,下次就不来了。我们上饭馆也是这样,有时候吃完了,会想这种饭馆下次绝不再来了,有人打听我也不会推荐。同样开饭馆,记住一句话:天天有人开餐馆,天天有餐馆倒闭。

顾客容易变心,原来喜欢的,突然不喜欢了;本来想买的,忽然不买了。每个人都是这样,想去买东西,最后往往空手回来。原因有很多,第一没有看上的,第二价钱太贵,第三杀价不成。所以我们要知道,当顾客想走的时候，你要笑脸相送，千万不要惹他生气，因为他很有可能又想买了，很快又会回来了。

顾客固然绝情，随时可能拂袖而去，但是企业只要保持"货真价实、供应不断、态度友善、更新产品"的良好信用，消除顾客"花钱受气""遭受毒害""害怕上当"的不安，则市场占有率仍可确保领先的优势。

三、要搞好人际关系

顾客是很绝情的，所以最好搞好人际关系。要让一个中国人不杀价，其实很容易，只要和他关系很熟，他就不好意思杀价了，所以企业为什么"杀熟客"，就是这个道理。

我们要和顾客主动寒暄、打招呼、问好，以建立并保持良好的关系。对顾客的资料最好有记录，但不能当着顾客的面做记录。第一次你不方便问顾客的名字，应先记录他大概身高多少，穿什么衣服，什么特征。他第二次来，你就比较有把握了，可以问"先生你贵姓"，他也多半会告诉你。他会常来，你每次问一点，很快就能做出完整的客户记录了。

我们和顾客打交道，必须主动积极，但是不能存心只想让他掏腰包。如果我们整个眼睛就看顾客的钱包，其他都不管，最后大多是做不成生意的。尽管表面上十分诚恳，内心却毫无诚意，顾客还是马上会觉察出来，他们是不会感动的。

我是不赞成员工见到顾客就喊"欢迎光临"的。日本人最喜欢这样做。我们很盲目地去学，让服务人员站在门口喊"欢迎光临""谢谢惠顾"，这是搞形式主义，做表面文章，对大多数中国人是没有用的。我们要先注意顾客有什么值得关心的地方，这是对待中国人最好的方法。

顾客光临，是我们的荣幸，心存感谢，尊重顾客，才是待客之道。

当顾客受到尊重的时候，他会管好自己，不会乱杀价，这也是保障我们自己的方法。

设法认识顾客，记住他的尊姓大名，和他结交成为朋友，他才可能变成我们的老主顾。中国人和朋友是不计较的，却和生意人很计较。所以如果把顾客变成朋友，那是最大的财富；始终和他只是顾客和企业的关系，他是会斤斤计较的。

要记住：交易不成，人情永远在。如果我们说，"我跟你是见面就有缘，你要我做什么，如果我能做，我都替你做，你买不买我不会很计较"，他反而会不好意思，心想："麻烦你那么多事情，多少买一点吧！"因此，搞好人际关系，顾客就不会那么计较了。

四、保持定期的接触

我们如果忙着寻找新顾客，就会忽视老顾客。为什么要有售后服务？很多人并不了解，一般人会说顾客已经买了，还要为他提供售后服务，岂不是傻瓜！特别是销售房子的更会这样认为，他的理由很简单，认为一个人一辈子购买房子的次数有限，买了一次以后，就很难再成为顾客了，所以没必要进行售后服务。这种想法其实全错了。

售后服务有很深刻的意义，是说要定期和老顾客接触，他会告诉你很多市场变化的信息，告诉你很多亲戚朋友对你产品的关心，你会得到意想不到的收获，这样有助于提高销售业绩。

通过直接访问、电话访问或书信访问，都能了解顾客对公司、商品或服务的满意度。这样顾客也会时常想起你，会自动变成你的推销员。如果老顾客都能变成你的推销员，销售队伍就会无形中变得很庞大。

管理者要把顾客纳入管理，就要做好顾客的资料记录和整理。过一段时间，要把顾客的资料更新一次。同时，适时寄送生日贺卡、节假日贺卡、优惠券、购物券等，以保持经常性的联系。

顾客的名片，必须随时整理，随时归档，随时更新，以便适时问候，表达关怀。其实这对我们是很有利的事情，只要让顾客觉得我们在关怀他，他就心中有我们，他就不好意思不为我们做点事情，这是中国人很可贵的地方。

五、发掘再推销机会

顾客如果真正对公司、对产品或者服务有好感，就会主动向亲戚、朋友去介绍，这才是企业提高销售业绩的最大动力。

因此，通过售后服务，和顾客保持定期的接触，就可以发掘许多再推销的机会，不一定是顾客自身，还可能获得其亲友的青睐。

依据估计，一个人终其一生，可能介绍、给他的亲友推荐多达300人次。所谓的"300法则"，便是"看见一位顾客，要想到他的背后还有300位潜在顾客，真是得罪不起"。这是非常重要的。所以一位顾客如果真正相信、欣赏你的产品或服务，即便他自己买过一次后不可能再买，但他一生还是可以替你介绍300个顾客，推荐300个亲戚、朋友成为你的顾客，而且他不会有任何额外的要求。

当一个中国人愿意不收取任何报酬替你做事情的时候，你便得到了他的真正信任。一分耕耘才有一分收获，不是说我们发几张宣传单，做几次电视广告，就可以提升销售业绩了。

其实商业广告已越来越没有用了。人们看电视的时候，只要一播放广告就换台，广告时间就是换台时间。很多企业并没有注意到花钱做的广告根本没有人看。一般来说，西方人会相信广告，中国人是不太相信广告的。因为中国人很聪明，他知道凡是出钱去打广告的企业，就是赚了顾客很多钱的企业，不然广告费从哪里来？谁都知道电视广告费用是非常高的，是按秒计算的，而钱最终是出在顾客身上的。可见，出钱去打广告的企业，要么产品不太好，要么产品很贵。

要通过一次又一次的访问接触，让老顾客对你越来越信任，因为刚开始，他认为你赚了他的钱，你当然对他好，慢慢地你不再赚他的钱了，仍对他这么好，可见你是真的对他好，他就会很积极地介绍新顾客，这样也可以促使顾客变成老主顾。

把握顾客增购或汰旧换新的时机，也是再推销的方式之一。在这方面，开米店起家，后成为"台湾塑胶大王"的王永庆是做得最好的。

那时，小小的台湾嘉义已有米店近30家，竞争非常激烈。当时的王永庆只能在一条偏僻的巷子里开一个很小的铺面。他的米店开办最晚，规模最小，更谈不上知名度了，生意十分不景气。但他就是把我们上面讲的东西做得头头是道，生意才越来越好，越做越大的。

王永庆是怎么卖米的？他送米的时候，并非送到顾客家门口就了事，还要将米倒进米缸里。如果米缸里还有陈米，他会自己带一张报纸，把报纸铺在地上，将陈米倒在报纸上，把米缸擦干净后，将新米倒进去，然后将陈米放在新米上边，这样，陈米就不至于因存放过久而变质了。顾客看到他主动做这种事，觉得他真是替自己着想，很感动。

王永庆给顾客送完米，顺便问明顾客家里有多少人吃饭，几个大人、几个小孩，每人饭量如何，据此估计该顾客下次买米的大概时间，并记在本子上。到时候，不等顾客上门，他就主动打电话，将相应数量的米送到顾客家里。

这样做，顾客怎么可能从他身边跑掉呢？顾客还会向邻居介绍，这样所有嘉义人都知道在米市马路尽头的巷子里，有一个卖米送货上门的王永庆。就这样，王永庆从小小的米店生意，开始了他后来问鼎台湾首富的事业。

六、消减顾客的不安

我们向顾客提供产品或服务，要站在对方的需求角度，目的在于消减顾客的不安，而不能站在自己的角度，想怎么做就怎么做。人永远是不安的，不安是不可能消灭，只能消减。

首先我们要弄清楚顾客对公司、产品或服务的真正感觉。所以要去问购买的顾客，"你为什么选中我们公司的东西"？也要去问那些不买的人，"你为什么不喜欢我们公司的东西"？两边一对照，我们就可以知道真正的原因在哪里了。

只问一面是得不到真正答案的。不买的人，认为你的产品太重了；买的人，认为你产品很漂亮，这两个答案根本不相关。他认为产品做得很漂亮，那你又问他："我们把重量减轻一点，可以吗？""那更好啊！"你就得到了答案。这样，一方面外表要漂亮一点，另一方面东西不要太重，你才得到了一个比较整全的答案，否则都是偏一面的，顾客永远不会满意。

我们要不断通过访问、打听、体会，找出顾客不安的重点。一般来说，假如我们不能及时提供产品或服务给顾客，顾客是很不安的。我们去饭馆吃饭，经常发现顾客对餐厅老板或者伙计发脾气的原因，就是嫌菜出得太晚，"为什么后来的人都先出菜了，我们先到的还没有上菜，你想把我赶跑？"这就是一种不安的表现。

有一家餐厅挂个牌子，上面写着：如果客人订餐后15分钟之内没有上菜，今天免费。这就是一种消减顾客不安的服务态度。

中国人在餐厅外面排队，是因为餐厅里面客满，没有位置了。美国人在餐厅外面排着长队，餐厅里面顾客却稀稀拉拉，但服务生就是不让排队的人进去。我曾问过美国人："里面有空位，外面那么多人在排队，为什么不让他们进来呢？"他们回答说："因为我们要保证服务的质量。"

假如顾客全部进来，正吃饭的人就很不安，服务生也忙不过来，服务质量就差了。

这就是经营理念的不同。一个是真正关心客户利益，以客户的满意度为第一；一个是先拉住顾客，不要让他跑掉，至于服务好坏再说。这完全是两种不同的理念。

你能够服务到什么地步，就做到什么地步，不要勉强，一勉强，服务质量一定差。要不要这样做？那就是你经营理念问题了。

我们也可以采用问卷调查的方式，来做顾客满意度调查分析。千万记住顾客的满意度是非常重要的。一家企业如果想做成百年老店，一定要注意这一点。顾客越来越满意，你才有办法持续经营，否则，企业一阵风就不见了。

我们要针对顾客的不安提出消减不安的具体方法，然后逐一评估这些方法，并加以改善。真正付诸实施以后，要视其成果再加探讨，并力求改进。

第三节 安员工以厂为家

西方人最重视的是个人，因此他们比较公私分明，白天上班以公司为主，到了自己的私人时间才去考虑家庭的事情。但中国人最重视的不是个人，而是家庭，所以许多人不管在什么地方，心里念念不忘的就是家庭。家里有事情，在公司里往往是不安的，为了家庭的事情，常常要请假。

我们中国式管理，就是要把家庭扩大化，扩大到"员工以厂为家"，"化外人为家人"。只要员工把公司、工厂当作家，就会把心交给公司。什么叫家？就是我们交心的地方。

如果随便问一名员工："你的心是在家里，还是在公司？"假如他开口就回答："我当然在公司了。"那他是在骗人，是假惺惺的。假如他告诉你："如果我家里安下来，我自然会专心专意在公司工作。"这才是真心话。

中国人常讲，一个人一定要没有后顾之忧。后顾之忧，指的就是家庭。家庭能够安，他就能够专心工作；家里不安，他上班的情绪就会受到影响。所以西方的人事管理，只是管员工上班的情况；中国的人事管理，除了管理员工在单位的表现外，还要管员工家里的状况。在中国当老板的人，对企业员工，特别是领导干部，如果他的家人生病了，要去看一看；他家里出了什么事，也要去看一看。

我们要以厂为家，但这个"家"绝不是指小家庭，而是指家族。一个工厂像一个家族，不能像小家庭。许多人把家都当作小家庭来认识，那是错误的。中国人所谓的家，是指家族，由多个小家庭组成。小家庭就相当于部门，而公司就相当于整个家族。一个人如果能够把家族事务处理得很好，就可以当总经理。所以中国传统家庭的族长也是很难当的，无论家庭发生什么事情，都要找族长出面解决。族长往往把有关人找来，说几句话，问题可能就化解掉了。如果我们把公司只是看作小家庭，是没办法管好公司的事情的。

公司能不能经营好，看员工有没有齐心协力，是不是一条心。我们"化外人为家人"，把不是我们家人的员工，统统变成家族里面的人，让员工都认为公司就是"白天的家"，很多问题就可以迎刃而解了。员工身安心乐，自然可以精诚团结。我们中国人只要团结，所产生的力量是很大的。

一、各阶层都患不安

现在许多企业的各个阶层都患有不安症（见图3-2）。

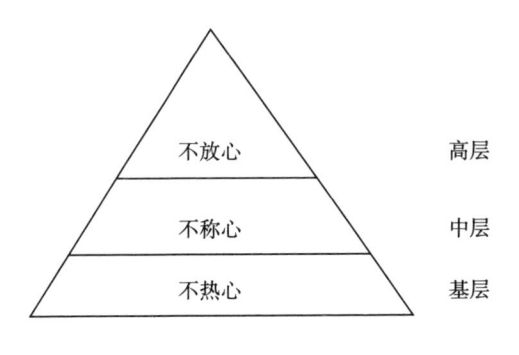

图 3-2　各阶层都患不安

（一）高层不放心。

他们不敢授权，不信任部属，仍然事必躬亲，既苦了自己，又缺乏效率。

（二）中层不称心。

遭受"上压下顶"的困难，大多不能称心如意地发挥能力。他们跟上层领导讲不通，跟下面员工也讲不通；下面的事情不敢向上汇报，上面的事情也不敢向下传达，承上启下实在不容易，常有力不从心之感。

（三）基层员工不热心。

他们自我感觉没有人真正地关心他们，似乎在自生自灭，当然热心不起来。所以基层员工宁可上网聊天、玩电脑游戏、不断抱怨，或者互相逗乐开玩笑，也不认真做事，我们随处都可以看到这种表现。

高层不放心，中坚干部不称心，基层员工不热心，都是不安的现象。

高层都知道要授权，但就是不敢授权，为什么？因为一旦授权出去，部属很可能会叛变。在中国历史上，皇帝常称自己为"孤家寡人"，就是在告诉自己，靠一个人管不了天下。所以他一定要依靠别人，但靠宰相，宰相叛变；靠宦官，宦官作乱；靠外戚，外戚干政。所以中国人不敢轻易授权给别人。

但一个企业要想做强做大，就必须考虑授权。因为企业规模很小的时候，自己还可以管得很好；一旦规模大了，再靠自己就完了。如果有几个可靠的部属，企业就可以做大，如果没有可靠的人才，是很难做大的。我们要把人摆在第一位，找到合适的人，就跨出了一步；找不到可靠的人，一切免谈，这样做是最踏实的。

而且一个人最多只能同时管七个人，这在管理学上叫作"管理幅度"。因此如果超过七个人，就要分出层次来。比如，可以将公司的全国性业务按地区划分，分为华中区、华南区、华东区、西南区、西北区等，往下可以再多一个层次。但也有一个特殊的情况，如果每个部门的性质都很相近，管理幅度可以适当加大。

如果完全按照西方授权制度，不是很适合中国，我们中国人要走自己的路，要学会重视"心"，就是无形的东西。

中层会发现，基层员工敢顶撞自己，却不敢顶撞高层。基层员工对高层领导毕恭毕敬，回答任何问题都是"是、是、是"，"好、好、好"，"没问题"。但对中层干部却是毫不客气的。高层领导看到基层员工时很客气，却专门给中层干部难看，中层干部简直就是老板的"出气筒"。

所以三个阶层中，员工好当，老板好当，中层干部最难为。我常常听很多人在讲，如何做好中层干部，其实他完全没有体会到其中的难处。中层就是"夹心饼干"，无论怎么做，都不容易令上下满意。

如何做好中层干部呢？我有三个建议：

第一，把自己当中层，你就会做得很好。一旦把自己看作高层，就做不好事情。

第二，要想办法走曲线，而不是走直线。走直线的路，就是顶撞上面，欺压下面，那谁都不会服的。

第三，切记"欲速则不达"。很多事情是快不得的，过分求快的结果就达不到目的。

基层员工为什么不热心？因为他觉得工作没有前途，认为好处都被上面的领导拿走了，功劳被干部抢走了，好处轮不到自己，那么费心干什么？因此，基层员工常常是一肚子火，最后往往成为最不关心公司的人，即使他最清楚公司的问题在哪里，也不会讲出来。

我们不能让员工自生自灭，要教给他们技能，让他们对未来充满信心，让他们不断成长。

因此，基层不安、中层不安和高层的不安性质是不一样的。要分开来看，基层不安在哪里，中层不安在哪里，高层不安在哪里，然后才有办法逐个击破，去改善。

针对大家普遍很不安的现况，安人之道其实就是努力把这三个"不"字去掉。也就是说，如果基层员工热心、中层称心、高层放心，很多管理问题就迎刃而解了。

二、常见的员工不安

我们常见的员工不安，主要表现在以下六个方面。

（一）在人的方面，和上司处不好，和同事不融洽，或者觉得人伦关系不理想。

一个人和上司处不好关系，他会不安。老实讲，如果上司不支持你，你有天大的本事都是没有用的。该你做的事情他不让你做，你有意见他不听，你就完了。和同事的关系不融洽，人也会不安，一看到有同事到领导办公室，就认为是在打自己的小报告，做什么事情都不顺，都感觉到别人在找自己的麻烦。

一个人只要感觉和上司处不好，和同事相处不融洽，很快会换工作。这也是员工平时经常换工作的最主要原因。

（二）在事的方面，难以胜任而心生畏惧，或者可以胜任而不想尽力，都可能产生不安。

员工在做事情方面觉得力不从心，做不好工作，就会害怕。然后他就开始敷衍了事,做表面文章,这是最可怕的。凡是做表面文章的人,都是工作做不好的人。

凡是喜欢打小报告的员工,都是内心不安的人。如果工作做得很好,他是没有必要那样去做。他工作做得不好,别人连看都不看他一眼,自然要通过作怪来引人注意了。因此在我们面前作怪的员工,不要骂他,这样他心里会更加不安。

(三)在时的方面,总觉得不容易掌握,常常错过时机或者看不出适当时机。

员工感觉到时间一分一秒地过去,却掌握不住,不是错过时机,就是耽误事情,开始不安了。

(四)在地的方面,场合和身份常常搞错,以致后悔不已。

中国人最怕搞错场合,搞错身份。对员工来讲,有老板在场,就没有开口说话的必要。因为你不知道老板到底要讲什么的。

老板往往是这样的:如果客人是从银行来催款的,他就说现在企业利润很低,赚不到钱,这样才可以延期还款;如果客人是银行负责贷款的,他就说我们这行业发展还不错,利润是很高的,这样才能借到钱;万一客人是税务局的,他说我们的利润还不错,那就完蛋了。如果员工不知道是税务局的人,还是银行来的人,随便开口讲话,那不是坏了老板的事吗?员工要养成习惯,不管谁问,只要在场有人的职位比自己高,就轮不到自己开口。

(五)在物的方面,用错材料或者浪费材料,也是不安的根源。

一个人出了错,是不会安的。但为什么员工用错材料或浪费材料,觉得不安又不敢讲?他一报告,主管会骂他。一个员工本来是很诚实的,有什么问题都会向上报告,后来他挨了骂,就不再报告了,结果大家都倒霉。

在员工用错材料或浪费材料时,我们要原谅他,他才敢讲出来,然后大家共同来处理。

（六）在心态方面，不敢多做，不肯多做，不愿意做，生怕做错挨骂受罚，都可能导致不安。

许多人满脑子都是"多做多错，少做少错，不做不错"。这是事实，不能说是错误的观念。

我们经营管理者要把错误当作一种成本来计算。只要员工不是有意的，不是存心的，错误的成本不是大得无法承受，要允许员工犯错，并告诉他们以后记住教训就好，这才是会当领导的人。

三、用患不安来测试

总有一部分员工会做，但是不愿意做；能做，但是不敢做；可以多做，但是他可少做。管理者只是看到这样不对，却没有了解员工内心的不安。所以我们要用"患不安"来测试。

"患不安"是一种测试员工不安的方法，其实就是进行"员工工作满意度"调查分析。只有找出员工不安的现象，才能分析其产生的原因，明白员工不安的真正根源。其实有很多问题是很容易解决的。

思考与分析

员工不满意的地方，一般来说，就是不安的根源。比如一到中午11点多，他就开始不安了，他不晓得中午到哪里去吃饭，餐厅会不会很拥挤，饭菜会不会是冷的，这就是不安的根源，然后他就开始分心，工作的品质自然就不好了。

公司的责任，就是化解员工不安的根源。若是少数人的不安，就在少数人范围内解决，不要扩大，不要让所有人都知道。有些公司经常把一部分人的问题当作大家的问题，结果越搞越乱，越搞越糟糕。

有时候公司的一个措施不妥，员工就走了。其实员工是不会都走的，但最可怕的一种情况，就是好人都走了，坏人却留下来了。如果坏人都走光了，公司还不用怕；偏偏好人都走光了，留下几个越看越眼红的，这样就麻烦了。因此员工为什么走，公司要分析。

员工对工作和环境不满意的地方，我们要分开了解。员工对环境不满意，他会走；对工作不满意，他会恐惧，因为怕你让他走。一个是他自己想走，一个是怕你让他走，都会感到不安。

员工的工作做得好，他对环境不一定满意；员工对环境很满意，他不一定能胜任工作。所以公司一定要了解员工，看他能不能胜任工作。因为人对有挑战性的工作，胜任力是有限度的。

员工为什么满意，为什么不满意，都要调查，对比员工为什么满意和为什么不满意，就可以找出员工"患不安"的真正原因。

四、使员工身安心乐

管理的目的，就是使员工身安心乐。员工身安心乐，表示对工作和环境都相当满意，乐于在此长期努力工作，是没有理由离开公司的。

员工对工作和环境都满意，身安心乐，情绪就相当稳定，会专心工作，全力投入，工作当然很有成果。

"尽力而为"和"全力以赴"两个词的意义是不同的。"我尽力"，其实是应付应付；"我全力以赴"，是不顾一切地投入。如果领导只能做到让大家尽力而为，你就要小心了，因为员工会越来越不尽力。但是我们没有办法勉强一个人全力以赴，除非他自己愿意。员工自动自发、自己愿意全力以赴，是谁都挡不住的。所以最好的管理办法，是细心找出员工不安的原因，想办法加以改进，使员工能安，才谈得上身安心乐。

只有员工身安心乐，三个阶层才能够各得其安（见图3-3）。我们的目标，就是高层放心，中层称心，基层热心，大家都安。

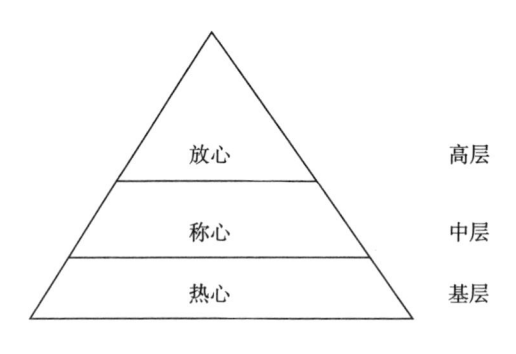

图3-3 三个阶层各得其安

在三个阶层中，只有中层先称心如意了，其他才能安。中坚干部能够称心如意的时候，高层才可以放心。中层不称心如意，高层是不敢放心的，基层员工也是不会热心的。因此一切安的关键，是建立在中层的称心如意上的。中国式管理的重点在中层，不在高层。美国式管理的重点在高层，日本式管理的重点在基层，是不一样的。

第二步才是基层员工的热心。基层员工会全力投入、全力以赴了，高层才可以放心。

中国式管理是以中层干部为核心的。老实讲，企业最应该培训的是中层干部。花太多时间培训高层，其实是不正确的。高层重理念，培训不需要多少时间，听懂了就通了，听不懂就是不通，而"听不懂"的人永远听不懂，是没有办法的。而且高层不要学得太多，学多了反而乱了，部属没有办法做事了。要花更多时间去培训中层干部，告诉他怎样承上启下，怎样才能够圆满完成任务。中层做好这一点，称心如意了，基层员工自然就热心，最后高层才可以放心。

五、有效的安人之道

综上所述，一个人身体要安，心要快乐，自然就做得好工作。要使员工身安心乐，必须做到以下各点。

（一）营造愉快的工作环境，分派可以胜任的工作。

领导者的责任之一，就是营造愉快的工作氛围。一个聪明的管理者，不会鼓励内部竞争，而是提倡大家互助合作、彼此关心，然后指派他们可以胜任的工作。

员工胜任愉快，自然能安；太工作多、太重、太难，或过少、过轻、过分简易，都会带来不安。

（二）给予适当的关怀与认同，促成同人之间的融洽与合作。

彼此关怀，大家都安；失去关怀极易引起猜疑和反感，形成不安。

我们关怀和认同员工，该接受的接受，不该接受的还是不能接受。这样彼此会磨合得比较好。人与人之间、人与事之间的融洽与合作，就是靠不停地磨合推进的，有一个过程。

（三）订定合理薪资制度，提供适当升迁机会。

员工薪水太低了大家会不安，太高了引起同业和社会大众的怀疑和指责，亦不能安。该升的升，不该升的不升，大家自能心安；升迁不当或不合时宜，均将导致不安。

合理的薪资制度多半是橄榄球形的。年轻人刚进来时，薪资是比较少的；随着年龄增长，薪资会逐渐升高，然后到了某一个年龄后，薪水又开始减少了。为什么？因为一个人年龄大了，身体弱了，没有地方可去，要留下来做义工。这种薪资制度是有缺陷的。企业的薪资水平太低，就无法吸引优秀员工，而且就算来了，也会提前走掉。

（四）考虑合适的福利，给予安全合理的保障。

工作有保障，心即能安；动不动就解雇，或存心排挤，员工便不能安。人最怕的就是临时失业，发生意外，没有人照顾。所以企业要配上一些福利制度，让干部、员工都感觉到有保障。

（五）建立合理的管理制度，实施合乎人性的中道管理。

我们推行人性化的管理，目的就是使大家都感到在企业里受到尊重。

中国人特别重视面子，得到尊重，就能心安；否则便会不安。但是对于只爱面子不要脸的人，则千万不可以姑息通融，不然就是"乡愿"作风，也会引起组织成员的不安。

员工最大的希望在于获得"良好工作环境、合理工作报酬、公平升迁机会、适当工作保障、表达意见机会"。企业必须努力做到全面照顾，消除员工"随着年龄的增加，痛感自己价值年年降低"的不安，才能要求员工"以厂为家"。

六、视员工有如家人

在安人之道方面，首先要把员工看作自己的家人。家是小的国，国是大的家，家与国都是一样的。家是互相协助、互相激励的"利害共同体"，而不是简单的"利益共同体"，因为它不完全是利益的，有害处谁都跑不掉。现在是太强调"利益共同体"，结果大家只想好处，不想承担坏处。公司所有的员工要同甘共苦，尤其是共患难。

领导者的重要工作，就是"化"，把外人化成家人，把不是自己家人的员工化成自己的家人。如果你把组织领导得有如一家人，自然血浓于水，精诚团结。员工会常常替公司着想，自然会尽心尽力，以厂为家。

我们希望员工以厂为家，首先要视员工如一家人。把外人都化成家人，是管理的最高成就。

家人之间，先有合的意愿，才可以有分的念头。光是想分，那不像家人；一切都想合，依赖心太重。为了合作而分工，这是家人的观念；

为了分工而分工，这是外人的想法。只管分工，其他都不管，就不是家人，而是外人；家人是虽然分工，但是一定要合作，家人与外人，就差那么一点点。站在合作的立场来分工，这是家人；只管分工而没有合作的概念，那是外人。

因此在喝茶之前，先看看别人是否需要喝茶，你就是家人；如果"你要喝茶自己去倒，我喝茶我自己倒"，那就是外人。当你要做某一件事情的时候，一定要看看别人有没有需求，有没有不足，然后才考虑自己。

一个人有"合"的观念，再来分，大家很愉快；一个人只会分，不会合，结果只能是众叛亲离，孤家寡人一个。

大家好，自己才会好。没有国哪有家？没有家哪有个人？西方人是不会接受"没有国哪有家"的观念的，他们认为"没有家哪有国"，先有个人，然后才有家庭，家庭多了以后才有国家。中国人则认为，如果没有国家的保护，一个家庭有什么用？一个人又有什么用？因此，我们学习西方的管理科学，应该弄清楚文化背景，再来选择哪些是可以学的，哪些是不能学的，哪些是应该调整的，这样才有好处。

第四节　安股东持续发展

股东愿意投资，企业才能够生存发展；股东如果急于回收资金，企业发展就会受到很大的限制。

一、股东是企业的投资者

股东是企业的投资者，企业希望生生不息，持续经营，股东的安或不安成为关键。当股东觉得企业发展很有前途时，他是乐意投资的，他会劝企业不要分红,应把盈余投进去,甚至要求进一步增加投资,把事业做大。如果他一开始就十分关心"几年可以回收资本",那么企业是做不好的。所以股东的态度,对企业能否持续发展,能不能生生不息,有着十分重要的影响。

股东最关心的问题,不外乎财务和业务状况是不是正常?股息的发放能否平稳而较为优厚?投资的安全有无保障?股息能不能按期发放?股东和经营者常常发生矛盾,其实就是以下两个问题而已。

第一,钱的流向。股东关心钱的问题就是两个:一是企业有没有赚钱,二是企业赚的钱到哪里去了。如果他发现企业赚了钱不分给股东,都弄到经营者的口袋里去了,那他不翻脸才怪。

第二,人的来路。股东会关心企业用的是什么人。为什么用来用去都是你的人?为什么不能用一两个我的人?你安的是什么心?你准备把我换掉?股东对经营者最不放心的地方,就是企业赚钱了,却隐瞒股东。

股东和经营者之间相处不好,最主要原因就是人和财的问题。

企业要持续发展,好好经营下去,首先就要安股东。因为股东安了,他才不急着把资本收回去;股东不安,就会把股票卖掉,或者要求退股,把投资的资金撤出。股东要求退股或者不愿意继续投资,企业就很难生存发展。

当企业生意不好的时候,资金反而不是大问题;当企业的生意好的时候,财务往往开始有困难。因为当把市场开拓出来以后,就发现产品供不应求了,就开始增加生产线,增大进料数量,加大仓库容量,这时候资金就紧张了。客户是不可能先把钱给你,再拿货的。

所以往往是企业经营很顺利,感觉到很赚钱的时候,才发觉资金不够了,就开始考虑增资问题了。企业增资了,才有办法扩大生产,增加市场份额,企业才有很好的前途。假如这个时候,股东不和我们配合,不愿意增资，企业怎么办？恐怕只能"望洋兴叹"了。

因此，股东是企业所需资金的主要供应者。股东对企业有信心，才肯继续投资，企业才能持续生存发展。

二、国有企业政府是股东

世界上很多国家的国有企业，经营状况是非常好的。当企业需要很大的投资的时候，如果不是国有企业，谁办得到？比如开办大型炼钢厂，仅靠私人的资金是不够的。最好的办法，是由国家来投资，然后开放一部分股权给民众。

国有企业有存在的价值，民营企业有灵活性，也有存在的价值。所以，国有企业老总的心态不应该和民营企业的经营者一样。

我遇到过很多国有企业的老总，说自己这么辛苦干活，把企业的利润提高很多，把事业扩展得很大，一个月才领这点钱，心里非常不愉快。其实这完全错了。你既没有投资，又没有冒险，都是国家在支持你，凭什么去跟民营企业的老总拿相同的钱呢？如果能这样想，心理就平衡了。老实讲，国有企业老总也有享受的地方。有形的所得不多，但是无形的所得相当多，还讲什么不平衡？一切都是心态的问题。

我也见过很多内心很安的国有企业老总，他认为有今天的成就是国家政策好，是大家共同努力的结果，不完全是个人的功劳。所以他工资不高也很知足。知足的人就很安，不知足的人就会动脑筋，想要去赚一些外快，最后就有可能走错路。

国有企业如果没有股东观念，就会把企业当作政府机构看待，忘记了赢利的任务。政府应该扮演股东角色，对国有企业给予投资，也提出一些具体要求。股东不要过分干预企业经营，但股东是有监督权的，应该参与企业重大决策，不能说完全相信经营者。很多国有企业老总，认为民营企业是营利机构,所以不受政府节制。其实,民营企业也有股东会、董事会,老总也是必须受到制约的。

国有企业将政府看成股东,才能够将自己当作企业来经营。政府不把国有企业看成政府机构,国有企业也不可以完全依赖政府支持,以公务员心态来经营企业。国有企业只有把自己当作企业看待,才能安然顺利发展。

三、报告财务与业务实况

股东最担心的是血本无归,一切投资都被别人在不知不觉中挥霍耗尽。股东最关心的是公司的财务和业务状况,他们总是凭借资产负债表和损益表来评估企业的业绩,只要这两方面运作正常,就比较放心。

公司应该加强财务管理,做好资金分配、运用和管制工作;也应该适时拓展业务,保持合理的市场占有率;同时把有关财务和业务的状况编成简明扼要的定期报告,如期寄发给股东。

为了方便股东阅读与了解,这些报告都要简单明了而且不用专业术语,这样大家才看得懂。

四、分配优厚平稳的股息

股东一方面害怕血本无归,一方面则希望获得较为优厚的资本报酬。企业必须按期发放平稳而较优厚的股息,股东才会感到安全的保障。

股东最希望的就是企业能够如期发放股息,如果股息刚开始很优厚,一段时期后,不见踪影,没有任何动静,也会使股东害怕,担心是不是股息被吃掉。因此股息分配一方面要优厚,一方面要平稳有保障,才能使股东心安。

股东希望公司不但要赚取优厚的利润，而且要稳定经营，持续发展。因此，投资者往往希望经营管理企业的人随机应变，却非常担心他投机取巧。我们都希望公司是正派经营的，就是这个道理。公司正正当当按照政府政策法规运作，按照市场调研结果去研发产品，然后脚踏实地地去求发展，投资者会比较放心。

分配比较优厚而且平稳的股息，是安股东最好的方式。当然股东也可以说现在都不缺钱，不要分红了，把股息再投资进去，这是可以的。但是一定要说清楚，让股东自己自愿去做这件事情。

我们不主张把股利全部分掉。公司应该让股息平稳，以调节盈虚，保持股息的适当水准。所以有一个"股息平衡"原理，就是说今年股息多了，就留一部分下来，不完全计算在盈余里面。

五、给予投资的安全保障

企业经营当然具有风险性。股东的要求，是投资要有安全保障。公司的决策，必须戒慎恐惧，根据完整资料，加以周详分析，一切力求合理，才能减少风险，保障股东的投资安全。

股东不希望公司投机取巧，却盼望公司能够随机应变。所以做决策的时候，我们不可以盲目冲动，当然也不能过分保守。如何做出合理决策，这是对经营者智慧的考验。

我们建议对任何事情，慎始、三思、随时机动调整，股东才能安心。

（一）慎始。

刚开始就要小心，千万不能大意。第一步走错了，整个方向都错了，虽然可以调整，但是太费劲了。所以中国人常说"谋定而后动"，就是说要先做好计划。

我们先进行可行性分析，看看到底有多大风险，能不能承受风险，这是很重要的。承担得起，就可以试一试；承担不起，干脆放弃算了。我们承担不起，别人承担得起，那就让他去做好了。不必争这一口气说"别人能做，我一定能做"。很多人有这种观念，其实在经营管理上并不需要这样。

（二）三思。

任何事情都要"三思而后行"。"三思"不是说想三遍，而是想想最坏的结果。如果最坏的结果是投资失败了，大家都觉得无所谓，那就可以决定投资。人有时候是不能不冒险的。完全不冒险，连第一步都走不出去，还能发展吗？

想完最坏的结果，就开始想最好的方面，结局不可能那么坏，也不可能那么好，这样就可以掌握决策的精髓。

（三）随时机动调整。

计划不是定下来就不能变了。中国人计划归计划，做归做，听起来好像乱七八糟，实际上不是，计划如果可行，当然按照计划去做；万一计划遇到了障碍，无法继续按原计划走下去，就要调整。这就叫作随机应变。但是随机应变很容易变成投机取巧，这千万要注意。

六、如期按时地发放股息

股东最期待的，是如期按时发放股息的实际行动。空言不如实行，股息如期按时发放，既可以让股东预先做打算，股息再做有利运用，也能够证明公司的财务、业务报告真实不虚。

如果企业结算后确有盈余，但现金不足，不能按时发放股息；或者有盈余，却希望抓住机会，用来扩展业务，也不能如期发放股息。但是股东并不知情，以为"言而无信"，引起怀疑。

上述情况，都应该及时向股东说明，征得大家的同意，改发财产股息或期票股息，使股东安心。因为我们是内行，股东大部分是外行，搞不清楚公司到底在干什么。我们对股东要有一致的口径，这不是骗，而是让他不要起疑心，认为我们的说法好像彼此矛盾。

多和股东沟通，尊重股东的意愿和权益，是安股东的有效途径。因此，我们向股东报告的时候，要站在他的立场，在他听得懂的情况下，具体说明公司的财务和业务状况。

第五节　安社会形象良好

21世纪，人类要幸福，就必须学会分享财富。世界上如果只有一个国家富有，其他国家贫穷，人类是不可能幸福的。我们在20世纪已经得到足够多的教训了。一个国家或企业穷的时候讲分享，不太现实，可是国家或企业富有的时候，仍不讲分享，就会变成众矢之的，一定会被搞垮的。

一个人有钱以后，要和别人分享才会安全。千万记住，富有后不要神气，不要骄傲，因为你的富有大部分是因为"祖上有德"，小部分财富是你辛苦劳累得来的。我们应该拿出来和大家分享，才会给子孙后代积德。许多人稍微有一点钱，就去帮助贫困地区，捐助上学困难的孩子，这就对了。如果有钱只是自己用，到国外去消费，去度假旅游，表现出很神气的样子，那这种富有是不可能持久的。

一个人穷有穷的快乐，富也有富的快乐，这才叫真正的快乐。当我们富有的时候，要记住：分享是一种美德。中国人发财了，往往会回去造福自己家乡，在家乡修桥、造路，然后盖学校，这就是分享。

一、善尽责任带来良好印象

企业是有社会责任的，为什么说"无商不奸"呢？是因为有的企业只顾自己赚钱，不想其他社会责任，不考虑对周围环境的影响。

"无商不奸"的恶劣形象，是企业发展的致命伤。企业形象不好，员工出去没有面子，想留人也留不住，员工和顾客迟早会心生反感而跑掉。唯有善尽社会责任，才能塑造良好的企业形象。

如何塑造企业的良好形象呢？要与社区分享。现在许多企业发展起来以后，要修缮社区的道路，帮助建设城市。企业既然从一个地方赚到了钱，就应该拿一部分出来，回馈这个地方，这个地方发展起来，反过来对企业的未来发展也是有好处的。

会分享的人，会受到尊敬；懂得分享的人，领导对他比较放心。企业懂得和社区分享，社区会帮助企业，到处宣传推广，帮助它树立好的社会形象。但我也发现一些企业，不管杂志、电视等媒体怎么吹捧它，一到当地，就会听到很多对它们不满的声音，这就是不懂得和社区分享的结果。

一个社会，如果反企业情绪高涨，就表示社会大众对企业失去信心，心有不安。我们迟早要面对这样的抗拒。现在越来越多的地方对企业的审查越来越严格，甚至制定法令来限制某些企业的设立。

一个社会，如果大家看不起工人，看不起商人，也是工商企业给大家的印象不好所带来的不良后果。企业必须善尽社会责任，改变大家对工商企业的看法，才能获得大众的尊重、支持与欢迎。

二、共同为国家而创造财富

企业赚取利润，必须居于"共同为国家创造财富"的理念。一定要诚信纳税，这是非常重要的。为什么国民一定要缴税？其实是为了分享。为什么高速公路要缴费？也是为了分享。国家是靠税收才有办法建设和改善公共设施，开展社会福利项目的。社会有太多人需要帮助，所以我们一定要分享。

我们国家目前正处于经济快速发展时期，财政要拨付大量资金去搞经济建设是有很大困难的。中国目前的公路发展速度，是全世界最快的，从来没有一个国家可以在如此短的时间内，修建那么长的高速公路。所以很多人对中国很好奇，问："你们是怎么做到这一点的？"其实我们的做法太简单了，就是你负责这一段，我投资那一段，社会力量集资建设，高速公路不断向前延伸。

在短时间内取得如此巨大的进步，只有中国能做到。所以中国人团结起来，就是全世界最团结的民族。在21世纪，中国社会发展要取得更大的成就，也必须依靠每一个中国人、每一家企业共同为国家创造财富的努力。兹说明如下：

第一，首先要配合国家的政策，经营与国计民生有关的正当企业，不可从事非法、害人的不正当业务。

第二，遵守政府的相关法令，依法缴纳各种税款，以充裕国库。

第三，按部就班地、有计划地发展企业，以增加国家的税收。

第四，把所赚取的利润，一部分投资在正当的事业上面，一部分投入公益慈善事业。

第五，积极开发和利用资源，以提高核心竞争力，为国家创造更多财富。

中国人强调"救急不救穷"。他一辈子很穷，你不用救他，那是他自己不争气，你救了他，他一辈子都依赖你，这种人救他干什么？假如他是一个很有志气、很有前途、很有发展潜力的孩子，只是因为一时经济窘迫，缴不起学费，或者即使学费免了，还是没有办法去上学，这是

"急",不是"穷"。我们给他帮助,他就会茁壮成长,会自己站起来,将来再去帮助其他人,这种人值得我们去救助,去投资,就算送给他大量钱物,也是很愉快的。

三、为社会增加就业的机会

企业一方面为国家增加财政税收,一方面为社会增加就业机会,这是非常重要的。

人民充分就业,人尽其才,国家才富强,人民才安居乐业。社会失业率增加,无业游民增多,就会不得安宁,会变得动荡不安。小偷的数量增加,各种诈骗方式翻新了,到处很可怕。

所以一定要降低失业率,增加就业机会。我倒觉得"小康"这两个字,意义非常深刻,值得大家好好想一想。我们当然不愿意再过饥寒交迫的生活,但是我们的目标也不是要过富人的生活,而是要过"小康"的生活。"小康"是指中等生活水平,也就是生活过得去,但是不奢侈,也不能奢侈。所以有些人说:"等我赚了钱,一餐饭吃它个十几万,怕什么?"这样想就不对了。为什么?你会败坏社会风气,社会风气可能会被你污染了,仅这一点责任,你就担负不了。

如果无业游民增加,他们会四处流窜,我们居住也很不安全。

现在有很多人一下子捐献了很多钱,目的是想让良心安一些。我不同意这种做法。因为这样做,很可能是钱财的来路不正。中国有一个很好的处理叫作"无名氏"。大家做好事时,写上"无名氏"就可以了,表示你有恩不图报,动机是很纯正的,否则有沽名钓誉的嫌疑。

创立公司、经营企业,可以增加就业机会,对安定社会有很大贡献。有能力的人,最需要的就是工作机会,这样才能够表现自己的能力。国民有充分的就业机会,人力资源才得以有效运用,国家就会逐渐安定、进步、发展起来，社会也会越来越和谐，越来越进步。因此，为社会增加就业的机会，是企业家对社会的最大贡献。

四、让家长放心子女来就业

家长希望子女顺利就业，能够学以致用，帮忙维持家计。家长更希望子女从事正当行业，不要去做不正当的事情。

中国人习惯于这样做：子女去就业的时候，家长会告诉他，要听老板的话，要服从公司的规定，要跟同事处好关系，不要乱出主意……我很少听到父母对子女讲："你去就业，如果搞不好就回来，不要干了。"

企业为了让家长放心让孩子来就业，必须目标正大，业务相当有意义，对人们日常生活所需的衣、食、住、行、育、乐等有帮助。

子女就业以后，如果养成很多坏习惯，对家长来说，当然十分痛心。他本来不会赌博的，到了公司之后学会赌博了；他本来不会抽烟、酗酒的，到了公司不久也学会了。这是谁的责任？自然是公司的责任。

企业要管理得当，让员工养成良好的习惯，家长才会安心。让家长放心子女就业，企业必须管得合理，一切走上正轨。

五、替社区营造良好的风气

企业的风气好不好，直接影响到社区的居民。员工时常闹情绪，和上司吵架，和顾客争吵，和左右邻居搞不好关系，社区居民就会心生反感。企业经常发生劳资纠纷，甚至牵涉整个社区的安宁，当然更不是好现象了。

企业有这样不好的氛围，难道经营者没有责任吗？很多人早上起来，一想到要上班就开始头痛，星期天他就不头痛，就很健康、很高兴，去医院也查不出什么具体病症,这就是典型的"工作倦怠症"。原因就是经营者对工作氛围、环境没有好好整顿,没有好好改善。

企业管理良好,用心教导员工,员工便会养成好习惯。他带动自己的家人,也形成好习惯,整个社区的风气也会慢慢受到影响而愈来愈好。

所以我一再说,企业不只是学习型的企业,它应该是教育型的企业。学习只是企业的一部分内容,教育是企业要扩大影响。企业不只是供应产品,还应替社区营造良好风气。如果企业的员工很有礼貌,很守规矩,回家后很重视家庭教育,那么即使赚钱很少,我相信也是很有成就感的。

企业以盈余来回馈社区,表示"取之于社区,用之于社区",做好敦亲睦邻的工作,大家互相尊重,皆大欢喜。替社区营造良好风气,是企业回馈社会的重要工作。

六、成为民众欢迎的好企业

21世纪企业发展的方向就是要成为受民众欢迎的好企业。目标正大,经营的业务正当,产品经得起检验,管理效果良好,自然会成为很受民众欢迎的好企业。

有的餐厅,厨房是开放式的,四周不仅安装了玻璃让顾客观看,顾客甚至可以直接进到厨房里参观。其实工厂、车间也是可以开放的,让顾客来看生产的整个过程。

好的企业应该每年定期找出几天,向社会大众开放,欢迎他们来参观,实地了解企业。然后这些人自然会向社会传播,企业的形象会越来越好。在这样的企业就业的人,会认为找到了正当职业,亲友邻居也都看得起正当就业的人。

企业管理良好,员工就不会闹事、扰乱秩序,更不会危害社会治安。员工在这里就业,又可以学到许多东西,使自己继续成长,自然身安心乐。企业与社区相处得很好，家长也很放心让子弟在这里就业，自然会千方百计地帮助企业发展。

成为民众欢迎的好企业，才是国家、社会所需要的企业。

第六节　安人之道五要领

我们做任何事情，一定要掌握要领，这样就简单、方便而有效。安人之道，要从观念开始，从建立共同认识开始。一个团队先要建立共识，然后一步一步去合理调整，就会越来越好。

安人之道，可以分为三个阶段，必须掌握五要领。要点如下所述：

（一）第一阶段：建立共识。

务求大家有共同的理念和评估标准。企业成员共同以安人来取代利润目标。举凡一切言行，都以整体安宁为依归。大家切实体认仁是推自爱的心以爱人，自己要求安，也要使别人能安。唯有安居乐业，员工才能由向心而同心，产生信心之后，更激发其忠心，于是业绩提高，工作士气高昂，不言利而利自来，乃是安的具体效果。

（二）第二阶段：探究不安。

各阶层主管要尽力了解、关心部属，用"患不安"的测试针来探究显露的或潜在的不安。想办法把员工、顾客、股东，以及社会大众不安的地方找出来，明了他们不满意的原因。

（三）第三阶段：消除化解。

可以消除的不安，应该及时设法消减；一时无法解决的，也应该表达关怀和歉疚，使其充分谅解，不致积压抑制，以求安员工、安顾客、安股东，以及安社会大众。

除了以上三个阶段的要领之外，还要加上"讲求方法"和"注重效果"两种要领。

（四）要领一：讲求方法。

爱是珍惜、关怀，不是讨好、施恩。我们要看得起员工、敬重他们，而不是一味地顺从他们，以致"爱之适足以害之"。在领导、沟通和激励方面，我们应该用中国式的方法，才更合乎中国人的性格。方法对，我们就会越来越轻松；当我们感觉越来越劳累时，方法一定有问题，这时就要改变方法，而不只是抱怨。

（五）要领二：注重效果。

任何措施都应该追踪考核其效果，发现不理想，立刻反省所采取的态度和方法，是不是有什么不妥当。否则为什么说了老半天，费了很大劲，大家仍然爱理不理的？千万不要抱着"我已经说了，已经厉声痛骂过了，听不听由你"的态度，因为一次无效果会带来更多次的无效果，必须尽快扭转此形势才好。

安人之道的第一到第三阶段都需要讲究合理的方法，并且追踪考核，不停地去改善，以确保良好的效果。因为合理是变动的，它不可能停顿下来。

一、首先建立共识

企业组织与国家不同。组织应该是"少数志同道合的人"所组合成的团体。企业可以选择"少数志同道合的人"，而国家无法选择，因为它要照顾到每一个人。

既然企业是由"少数志同道合的人"组成的，那么大家就应该有一致的认识。大家依照共识来办事，才称得上志同道合。企业不是"闹革命"的地方，为什么很多年轻人在职场不受欢迎？就是因为他们有太多与别人不相同的理念，"道不同，不相为谋"，只好让他们离开。

所以在"理念导向"的时代，企业在选择员工的时候，要挑选那些理念与大家相同的人，而不只是能力高强的人。他能力很强，却专门跟你唱反调，要这种人干什么？因为企业目标是很明确的，员工数量是很有限的，他们是来工作的，不是来唱反调的。

大家也不要认为，这样是不欢迎有意见的员工。如果真的了解企业，你可以提出意见；如果你不了解企业，提一大堆意见干什么？当上司欣赏你的时候，你可以有意见；当上司根本不把你当一回事的时候，你有意见只能让他生气。

要站在"合"的立场，再来"分"，才能分得很好。一见面就要分，那最后就是"裂"。我们要"分而不裂"，这才是企业管理。一分就裂，那就是"闹革命"。

大家有共识，安人的理想才会一致，标准才会相同，才有可能成为同甘苦、共患难、荣辱与共、互利互助的利益共同体。如果理想、目标不一样，连标准都不一样，那还是分道扬镳、各走各的路比较好。

所以我常常劝年轻人：你到一家公司，应先问自己能学到什么东西，而不是先问能赚多少钱。你选择一家企业，第一要先问"我在这里能不能成长，能不能学到东西"；第二要问"我出去后，人家会不会看不起我"。如果会，那赚再多的钱也没有意思；人家看得起我，表示这家企业形象不错。你可以学到很多东西，企业发展又有前途，不要轻易跳槽了。

我们对管理的意义、功能、目的取得共识。有了共识以后，大家步调才会一致。当然步调有人快，有人慢，这时候就要调整，快的人慢一点，慢的人加快一点。大家同心协力，才能产生强大的组织力。

我们对大安、小安、久安、暂安、实安、虚安、众安与寡安有共识，大家才能够互相体谅，共同向前迈进。让少数人得到好处，其他人必有不平的感觉。员工感觉不平，就会觉得自己委屈。一个人受委屈后，就要报复，要申诉。不管申诉也好，报复也好，都是制造不安的因素。

安人之道的第一要项是建立共识，把大家的观念慢慢地拉近。

企业老总应该做的事情，就是有事没事把部门经理找来，坐在一起谈一谈。很多老总办公室有一整套泡茶的茶具，有时候老总会叫部属到办公室，泡茶、聊天、建立共识，顺便谈谈当天发生的事情，让老板完全了解企业的动态，老板才知道怎么做决策。

二、其次探究不安

建立共识之后，大家对"安"与"不安"有了比较清楚的区分，界定的标准也比较一致，可以根据"安"与"不安"的标准，把"个人的不安""部门的不安"，以及"整体的不安"寻找出来。

员工个人有什么不安，就和员工个人谈；部门有什么不安，就和部门员工谈；整体有什么不安，就把相关单位都找来，大家一起谈。所有的不安都不要放过，因为小的不安会变成大的不安，少数人的不安可能会变成多数人的不安。

要让部属去了解员工的不安，老板的责任是看部属有没有尽到责任，而不是告诉部属怎么做。属于部属工作范围内的事情由部属自己解决，这是最上策。领导者只是旁观者，看他做得合理不合理。如果做得不合理就指点他，这样做，后面的问题怎么办？他一听就懂了。高明的领导者就是让部属自己决定，而不是领导者决定。

我们要分别追究不安的原因，追根究底，连续追问几个"为什么"。凡有不安，都应该列举出来，当作一种线索。有时候探究下去，才发现原来不是因此而不安，是另有其他原因。企业经营有许多正待改善的"不安"，举例说明如下。

第一，经营方针不明确的不安：经营者没有明确经营的目标和方针，只是盲目投机，抱着"捞一把"的心态，形成一窝蜂的不正常现象，造成企业界不安，连带使得员工也不得其安。

第二，缺乏技术开发能力的不安：祖传秘方加上仿制技术，使得企业界难以快速引进外来的新技术，逐渐因技术升级缓慢而不安。

第三，不能重视人才的不安：中国传统最重视"知人之明"，也最讲究用人之道，竟然由于"奴才好用"，以及过分相信考试、测验的功能，把好好的一套识才、觅才、聘才、礼才、留才、尽才的宝贝丢掉了，如今更寄望于机器人及电脑，难怪人才越来越不安。

第四，小资本经营缺乏竞争力的不安：中国人其实并不是个个想当老板，却由于"明主可遇不可求"，再加上企业不重视培训，未曾让伙计们了解老板难为，以致"初生牛犊不怕虎"，个个力争成为创业者。大企业只想伺机吃掉小企业，小资本经营者投靠无门、合并无望，虽然悔之晚矣，却又为了面子问题，不得不苦苦支撑，几番风雨，真是朝夕难安。

第五，家族式经营的不安：家族企业事实上有很多好处，也十分符合中国人的民族性，可惜经营者不是不知授权，而是不敢授权于外人；不是不想增资扩展，而是外人不想轻易投资；不是不希望借助外力，而是不知如何让外力为其所用。在这种情况下，家族式经营，当然容易产生代沟，形成"进也不是、退也不是"的不安。

第六，人力未能开发的不安："千里马"多的是，只是潜力不能得以充分发挥。企业界误用一些不尽符合中国人性格的领导、沟通、激励方法，结果越管越糟，也越来越招致更多的不安。

第七，劳务对策未能因应时代潮流的不安：企业管理者，单凭一句"我们以前哪有这么好的命"就忽视了"劳动时间的缩短、效率的提高、工作环境的改善"等劳务对策的调整，以致员工情绪不安，逐渐引发劳资纠纷。屡次冲突的结果是不但企业界自身，甚至整个社会都不得安宁！

第八，未重视整体发展的不安：企业危机是多元的，无论人事、财务、销售或生产，任何一环遭遇重大困难，就会立即陷入危险之中。对于整个社会来说，企业的发展也是多元的，每一行业，都和其他行业有所关联。如果行业之间不讲求均衡发展，企业自身也不重视整体改善，那就是"见树不见林"的不安。

三、然后消除化解

找出不安的原因，还要针对这些不安，设法化解。但是我们要小心，并不是所有的不安，都要化解掉，也不是所有的不安，都可以全部化解掉。有时候，员工稍微有点不安，反而是一种激励的能量。因为人太满足了，就不求上进了。

我们至少要将不安分成三个层次，分别予以消除化解：

（一）能够做的，马上做，不要拖，让大家觉得你很有诚意，也很有决心和魄力。

比如，员工感觉中午要跑很远的地方去吃饭，太不方便了。为员工设个食堂，让他们自己去管，是很容易做到的。但记住一点：公司千万不要插手去管，否则员工就会产生怀疑。让员工成立伙食委员会，让他们自己去管，想外包就外包，想自己做就自己做。

（二）实在做不到的，要明白说出来，让大家死心，另外想办法。不要吊大家的胃口，结果大家灰心，失去信心。

中国人是非常愿意好好商量的，但你不能骗他。因为中国人很聪明，你一骗他，他马上就知道了。如果你告诉他，你的意见很好，但是坦白讲目前解决有困难，至少三年内不行。他就死心了，会退而求其次，另外想办法。

（三）需要一段时间才能够解决的，给大家一个时间表，大家会耐心等待，不再烦躁不安。

既然是一家人，没有什么不能说的。比如，员工天天挤公交车，搞得精疲力竭，要求上下班有公司的车子接送。我们就说："这个想法很好，公司也有这个计划，但三年以后才有办法实现，现在没有办法做到，因为目前公司财务负担不了，而且大家住得很分散，上下班接送会浪费太多时间。"我们这样说，员工是能够理解的。

由此可见，消除化解不外乎三种状况：一种是马上可以做的，一种是实在做不到的，一种是需要一段时间才能做的。其中没有一种是在欺骗、敷衍员工。但许多企业经常是在欺骗、在敷衍员工，所以闹得员工很不高兴。

四、随时讲求方法

我们无论建立共识、探究不安，或是消除化解，都要讲求方法。只有方法适当，做起来才会轻松愉快，确保有效。

（一）建立共识，要多沟通，少用强迫的方式，多启发，多诱导，使大家自动建立共识。由内心发出。

我举个例子，公司如果想制定一套薪酬激励制度，有好几种方法：一种是请外面的专家来设计；另一种是领导自己设计。其实这两种都不是好办法，因为员工不会认同。完全可以把制定薪酬制度变成一种活动，让全体员工都参与。首先问问大家："公司需不需要薪酬激励制度？"让员工发表意见。如果多数人说不需要，就暂时不要去制订了。如果多数人都说需要，完全可以让他们去制订。参与的结果，就是他会很关心；关心的结果，就是他会认同；认同的结果，就是他很乐意地去执行。

能够让员工参与的，尽量开放给员工，让他们有参与感，效果是非常好的。如果不能全员开放，最起码也要请大家选出一个委员会，让委员会去做。

（二）探究不安，要多方思考，务求找出真正的根本原因。

（三）消除化解，更要有一套有效的方法。不但有效果，还要避免消除化解所带来的后遗症。

我们随时讲求方法，务求有效，这是安人之道的第四要领。管理要求安人，方法是不固定的，要因人、因事、因地、因物做出不同的选择，不能一套方法通用天下，那是不对的。安人的方法，必须因应时空的变迁做好调整。

例如生产部门与销售部门平日偶有意见不合，只要彼此能够协调解决，相安无事，总经理就应该装作不知。切忌摆出法官姿态，让双方当面对质，以辨孰是孰非，这样便是制造不安。但是假装不知道，并不是真的不知道，还是要暗中设法消除两部门相争的根源。此时务须充分照顾有关人员的面子，以免引发其他的不安。

化解纷争却带来严重的后遗症，是以制造问题的手段来解决问题。唯有化解问题于无形，才是合理的解决，不致再度制造不安。至于非常时期，举凡是生产、销售之间的争执，足以导致机构整体不安，总经理必须挺身而出，审慎处理，以求团体的安。事实上，这就是管理上"例外原理"的应用。

五、样样注重效果

建立共识，探究不安，消除化解，固然要讲究方法，更应该追踪考核，评估其效果。有效的管理，才是大家所需要的管理。

管理的有效性十分重要，发现效果不理想，要马上反省所采取的态度和方法是不是有不妥当。

样样都要注重效果，是安人之道的第五要领。

中国人到底是重视过程，还是重视结果？我们有两句话，一句话叫作"不以胜败论英雄",表示我们不太重视结果,比较重视过程。但另外一句话"成者为王,败者为寇",又表示我们很重视结果。因此,我们是过程和结果并重的。

中国人常说"听天由命",只要你尽力了,就什么都不必计较了。我觉得这正是聪明之处。只问你有没有尽力,结果好坏都没有关系。如果你没有尽力,那你就要对结果负很大责任了,连孔子都讲"尽人事,以听天命"。

"听天命"是一种"知命而不认命"的态度,"命"不可不知,因为孔子说:"不知命,无以为君子也。"管理者深知企业必有其"风险性",而预测亦有其"不确定性",却不能因此而"认命"。管理者要竭尽所能,以证明是否有"成功"的"命",这是头脑清楚的做法。

我觉得中国人的人生哲学是非常圆满的。每个人做所能做的部分,只能决定过程,至于结果,那是老天在决定。这样想岂不是很愉快吗?

现在要正本清源,恢复《大学》的本来面目。我们要走正道,不要走偏道,要清楚管理的最终目的是修己安人。我们很重视效果,也非常重视过程,从头到尾,都要照顾好,只要存在一个缺点就是不好。

我们要慎始善终。"慎"就是谨慎,"善"就是好,是合理。有始必有终,任何事情刚开始要很谨慎,最后只要合理,你就心安理得。所以我们"不以胜败论英雄",相反的,胜的人要去照顾败的人,"安"的人去关心"不安"的人,才能收到圆满的效果。

第四章

经权之道

导 言

中华文化的总源头，即是《易经》。陈立夫先生也认为：儒家思想来自《周易》，道家思想来自《归藏易》，墨家思想来自《连山易》，春秋战国时期其他各家如阴阳家、纵横家、法家、名家、兵家等思想和儒家、道家一样，也同《周易》有着密切的渊源关系。

不要把《易经》当作一本书来看，那太可惜了。其实《易经》是一个非常完整的思想体系。我们很喜欢讲整体观，而全世界最早阐述整体观的就是《易经》。这种讲整体观的传统被一代代中国人不断加以发扬光大。所以，中华民族是世界上唯一懂得一统天下思想的人，大部分西方人是没有整体观的。

现在学管理的人真的很倒霉，一会儿一个理论，今天学美国式的，明天学日本式的，那就表示他没有找到管理思想的真正根源。就像身为一个总裁，工作已经够忙了，还要有时间就去学新的东西，结果累得心力交瘁，却不知道到底该干什么。中国人的一言一行既然都源于《易经》，那么，我们学《易经》，就是一辈子都管用的，而且我们的管理，也要依据易理而行，不可以偏离《易经》的道理，只要偏离，最后一定受害。

《易经》实际用八个字就讲完了，前四个字是"无所不包"，大家很容易了解，它涵盖了天文、地理、科学等知识。但后四个字是"不知所云"——如果我们把它当作笑话来听，就要提高警觉了，这样会害了自己。许多人认为《易经》难读、易理难明，就是因为它"不知所云"，才能够"无所不包"。一个人把话讲得很肯定的时候，就已经是错误的了。

一直到近现代，西方的爱因斯坦才把相对论发明出来。一切都是相

第四章　经权之道

对的,怎么说都是对的,但是怎么说又都是错的。不用把话讲清楚、说明白。

《易经》有三个很重要含义。第一个叫作"简易"。如果你觉得一件事情很复杂,就表示你没有理出头绪来,没有抓到要领。你一旦理出头绪,抓到要领,就会觉得它本来是很简单的。就拿跳舞来说,你看不会跳的人,觉得跳舞好复杂,不知道怎么学,但当学会跳舞的时候,就觉得太简单了。我曾经见过一个舞跳得很好的人,问他怎么跳舞,他说会走路就会跳舞。因此当你觉得事情很难、很复杂的时候,要提醒自己,你还没有找到窍门;当你找到窍门之后,你会觉得世界上事情原来是非常简单的。

《易经》另外两个含义,是"不易"和"变易"。许多人认为这两个含义是矛盾的,不易就很难变易,变易就不太可能不易,其实不然。"不易"的含义,并非不变,而是"变易"中有"不易",也就是变中有常。《易经》告诉我们要同时把握"变易之易"和"不变之易"。"变易"就是"流""变","不易"则是"常""住"。

我们一方面讲"不易",一方面讲"变易",西方人就很难理解了。因为西方人没有中国人这种智慧,他们最后就抓住了管理这门科学。西方人有了权变理论,觉得自己了不起,其实有什么不得了的,就是"变易"而已。可是他们只见其"变易",却忽略了"不易",仍旧脱离不了头痛医头、脚痛医脚的偏颇作风。

可以预见,在不久的将来,西方人的问题会越来越严重。因为老子已经讲得很清楚,只懂得"变"、而不懂得"常"的人,最后是"凶"。所以,不要以为学到西方那套权变理论就很得意了,问题还在后头,而且会越来越严重。

《易经》的这三个含义,其实一句话就讲完了。老子说:"简易"的叫作"道","不易"的叫作"阳","变易"的叫作"阴",所以《周易·系

中 道

辞上》说："一阴一阳之谓道。"真正懂得管理的人，就是明白这句话而已。天下事，统统可以用这句话来概括。

例如"你要不要投资"有两个答案：一个要，一个不要。还有第三个答案吗？难就难在到底要还是不要，这就是决策。一位高明的总裁，大概不会马上说"要"或"不要"。只有不懂事的人、没有决策能力的人，才会马上说"要"或"不要"。很快就下结论的人，其实都是不懂得管理，把他看作很有魄力的人是很糟糕的。要投资有投资的做法，不要投资有不要投资的做法，没有一定。有时候你自己不投资，让别人去投资，让别人撞得头破血流的时候，你再把他的企业收购回来，可能赚得更多。为什么你非要投资呢？没有必要。赢的人很可能是输家，输的人很可能是赢家，因为输赢是变化的。所以我们抓住"道"，就能够把"不易"和"变易"安排得很合理。

作为一个管理者，不能盲从理论，以致不明白管理体系、不了解管理行为，在决策应变时摇摆不定。我们要把自己提升到"道"的层次上来，进而充分掌握中国人的管理之道。如果你找不到管理的"道"，可能会忙碌一辈子却毫无收效；你一旦上了"道"，就会很悠闲。因为可以运用一辈子，一切都逃不出你的掌握。

中国人的管理之道只有一个，就是 M 理论。这个 M 理论不是我们创造出来的，它早就在中国人的思想体系里了。中华民族是一个早熟的民族，它已经把世界上最根本、最精华的东西都总结出来了，只是我们不会运用而已。

"道"一共有三个，安人之道、经权之道和絜矩之道，构成了 M 理论的三个向度。

经权之道，强调一个人有所变，有所不变；能变，也能不变。只求变，变到最后就没有根本；要求不变，到最后又是死路一条。

什么叫经权？"经"就是《易经》中的"不易"，也就是"常道"，是不能变的东西，一变就乱了套，就走上了偏道。中国有一个词叫作"离经叛道"，离开了"经"，就违背了"道"，没有好结果。"权"为《易经》中的"变易"，也就是"变化"或"变通"。

经与权两者结合起来，便构成了中国人持经达权的方法，使中华民族五千年来，从容融合外来文化而仍能守中道。有了此方法，才能够做到朱子解释《中庸》所说的："凡其所行，无一事之不得其中，即无一事之不合理，故于天下国家无所处而不当也。"

经权之道既从《易经》来，自须含有简易的精神。简易即"易知易行"，所以《周易·系辞上》第一章说："易则易知，简则易从。"中国古代哲人深知：平易的道理易于了解，易于了解的道理才有人亲附；简易的方法容易照着实行，才能行之有效。经权之道效法乾坤简易的道理，普遍为中国历代所推行，造成了中国可大可久的历史。

中 道

第一节　经权是安人的方法

一个人安或者不安，是随时会发生变化的。没有可靠的部属，你是做不了大事情的，可是一旦有了可靠的部属，你又要提心吊胆了，因为他将来会变成你最大的敌人。人不安，他随时会干掉你。但是安人是非常难的，所以一定要持经达变。

一、经是组织成员的共识

经是"常道"的意思，就是同事彼此之间有个共识，经常要注意的道理，不可违背的原则。

例如，我当主管时，我有个经，规定员工不管什么事情，大大小小都要让我知道。有件事情不让我知道，我就开始怀疑你，你是不是想骗我？如果没有这个原则，底下的人就可以自作主张，有的事情让你不知道。有的事情不让你知道，就糟糕了。但做主管，假如事无大小，统统都要知道，岂不是累死了吗？所以，我加了第二条原则：什么都不能管。员工大小事情统统让我知道，但是我什么都不管，这样我就可以做好主管。这与西方的原则是不一样的。

管理一定要按照规范行事，因为管理要有依据，这个依据就是共同的认识、管理的原则，也就是管理的规范。

企业应该有本公司独特的经营理念，由这些经营理念来建立一套经营管理原则，作为全体成员的共识。这套经营管理的原则是谁都不能违反的，这就叫企业文化。今天嘴上都在讲企业文化，实际上不了解什么叫企业文化。

经要大家一起来念，才会产生作用。只有一个人知道，有什么用？如果一个公司，老板有老板的想法，部属有部属的想法，员工有员工的想法，在管理原则上搞多元化，那这家公司恐怕就得准备关门了。因为一旦见仁见智，管理就会很混乱，永远没有秩序。

管理的原则，一定要组织成员共同遵守，这样公司才有纪律，员工才会产生一致力量，管理才会产生效力。否则各怀鬼胎，力量就彼此抵消内耗了。

在变动的环境中，常数是十分重要的。因为一切都在变，但你一定要有不变的原则，不管环境怎么变，我就是这个样子，慢慢信用就建立起来了。台湾地区有三家石油公司，在市场油价上涨的风波中，有两家公司的油价上涨，只有一家不涨，保持油价不变，"逆势操作"，结果这家公司赚了很多钱。所以环境越变动，你越要有常数，这叫变中之常。变中之常，才是管理的着力点。

市场是变动的，但是好卖的商品，永远有它的特性：价格便宜、品质优良、服务上乘，是不会变的。有一次我到厦门，朋友带我到鼓浪屿游玩，他说鼓浪屿有一种很好吃的点心，很多家都在卖，但每一家都标榜自己是正宗的。他说："曾老师，你看哪一家才是正宗的？"我说我不用看就知道哪一家是正宗的，你去看卖点心的人，哪个脸上表情最难看，就是最正宗的。如果东西好，他不用给顾客赔笑脸，就是东西不好才要赔笑脸。

经要达成共识，有赖于内部的经常沟通，互相影响。

二、权指配合时空的态度

权就是权宜应变的意思，我们为了适应当前的环境，不得不有所变更，做出一些改变，以求制宜。

我们要重视什么叫作"不得不"。一个人要变，应是不得已才变。假如一切都很好，为什么要变呢？现在许多人受西方影响，认为即使再好也要变，变就是对的，结果变到最后，自己穷途末路，无路可走。

一切道理，都必须配合时间和空间而调整，但不是盲目变。变和调整是有区别的。中国人重视调整。管理原则，当然也应该在时间和空间的变动中求取平衡点。根据原来的原则来做调整，而不是变。

时间或空间一改变，原则的运用也要随之调整，称为"应时而造道"。为了配合时空的需要，我们做出密切配合的调整，等于又造出一条新的通道。但新通道是临时的，在时空不需要时，我们仍应回到原道上来，因为"根本"永远是需要照顾的。变是一时应急，而不是变就是好的。

人、事、地、物、时，常常在改变，所以管理的措施，也应该时时不忘调整，以求应变。但是，调整的目的是求应变，而不是为变而变。许多人是为变而变，动不动就变，讲创新是唯一的途径。这是不对的。强调求新求变，原本就是一种偏道。

三、安人的经不应该常变

我国传统思想最重仁义。有些人认为，当今功利社会，仁义管理已属陈旧落伍，空谈而无所裨益。其实仁是求安的意志，义乃致安的途径，而功表示安的效果，利则表现了安的收获。管理者怀着"求安"的仁心，丝毫不涉邪念，走上致安的"义路"，小心翼翼，力戒步入歧途，便是

第四章 经权之道

"真功"与"正利"。

孔子用"合义""不合义"来区分"正利""邪利",企业界追求正当利润,就应该以"合义的正利"为目标,亦即必须摒弃"暴利""短利""不法之利"等"不合义的邪利"。

同样的,企业组织希望获得"真功",透过正当运作以求取"良好绩效",就必须明辨慎察,排除"近功""虚功""僭功"等"假功",才能将员工的努力导入正途。

仁义是形,功利为影。仁至而又义尽,功利即随以俱来。仁义是本,功利为末。欲求功利而鄙弃仁义,等于舍本逐末,所得不过假功与邪利,不但内心难安,最终亦将不能被社会大众容忍。

义即是安。孔子说:天下的事情,没有一件是无往而不可的,也没有一件是无往而可的。每一件事,都是亦可亦不可的,其可或不可,要靠义来裁决。换句话说:任何管理措施,如果用得其宜,便可;假若用失其宜,就不可。

管理原则,原无肯定的可或不可。甲公司行得有效的,乙公司未必就行得通;此时可行,并不表示时时可以通行无阻。仁的任务,在于求得整体安宁,但求安的条件和方法,必须因应时、空的变迁,以求制宜,也就是求其合义。

企业管理的最终目的在求安人,这是不变的常道。管理原则,务求以安人为总原则。安人的原则,是恒久不变的经。

作为一个管理者,心中时时刻刻要存有安人的念头,不断想:我这样决定,员工安不安?我这样做决定,顾客安不安?我做这个决定,股东安不安?我这样做,社区邻居安不安?否则你的决策是很危险的。

从事管理的人,一定是大家能安的事情,你才可以做;大家不能安的事情,你少做为妙。所以,从现在开始,无论做任何决定,先想:我这样做，我的心能安吗？接着想：我这样处置，对方能安吗？还要再想：这样一来，别人能安吗？

四、安人的权要随时变动

安人的原则不能变，但是安人的条件随时在变，安人的方法也应该随之而做适当改变，此种权宜应变，便是权。有钱有有钱的安人方法，没有钱有没钱的安人方法，紧急有紧急的安人方法，平时有平时的安人方法。

安是经常变动的。这个时候能安，并不表示长久下去都能安。时间、空间一变动，原本能安的，可能变成不安。时间会改变一切，包括安人在内。

随时变动，是每个人必须具备的观念和素养；要安，就应该合理地变动。所以，每个人都要合理调整，随时随地都在变，但是基本原则不能变。

安人的权，是为了安人而产生的变动，并不是爱怎样就怎样，而是应该怎么样才可以怎么样。如果我不调整，他会安吗？如果他不安，我要怎么调整呢？我调整的效果会怎么样？这样想就对了。

如果我们一天到晚只考虑经营利润，考虑企业怎样才能赚钱，最后是赚不到钱的。因为人不安，就算真赚到钱，也是不能长久的。

五、经权要以安人为目标

经和权合起来，叫作经权。也就是不管你怎么变，都要以安人做总目标，不能偏离这个目标。

我们依照管理的原则来随机应变，称为持经达变，或者持经达权，这两个词的意思是一样的。持经达变的时候，不可忘记安人的目标。为求安人而变，变得更加安人，就是变对了；为了创新而变，变得大家不安宁，就变错了。

变得大家不安，那叫作为变而变，就是乱变。变得大家不安，除非是不得已而为的一种手段，否则不可为。变得暂时不安，但可以求得长久的安，这样才值得去变。

安人的目标是不变的，但是如何安人则必须随机应变，才能够适应时空的变化而求得其宜。安人必须要持经达变，因为环境在不停变，你非变不可。可是越变越不安，就是离经叛道；越变大家越安，就是合理应变。

变来变去，不但是必要的，而且是应该的，这才是求安的必经途径。但是你要花一番心思，而不是说变就变。

每个人都不可以一成不变，都应该学习持经达变的方法，而不是爱怎么变就怎么变。如果非变不可，也不可能不变。但是要提醒自己，变是一件很危险的事情，有时候不变还好，一变就天下大乱了。持经达变就是有一套方法来变，而不是想变就变，鼓励大家变。

大家都要求安，于是都要有合理的应变力，同时还要以安人为共同目标，才能彼此配合，互相迁就，共同成全。

第二节 最好以不变应万变

中国人最高的管理智慧，叫作"以不变应万变"。这句话，现在被很多人误解和扭曲，这是很糟糕的。以不变应万变，本身是变，是以不变的经来应用万变的权。

一、以不变应万变是变

权是临时应变的方法；而经，则是千古不变的原则。有些人，将以不变应万变看作不变，这是错误的。我们必须把这种错误的观念矫正过来。

以不变应万变是变，丝毫没有不变的味道。它是告诉我们要小心地应变。我们把它归纳成八个字，"不可不变，不可乱变"，这样大家就清楚了。

本立而道生。任何事情都有本末，有轻重、大小。人只有一张嘴，只能讲一句话时，要讲根本的那句，不要去讲枝枝节节。以不变的管理原则，来回应万变的管理现象，便是持经达变的另外一种说法。

原则不可变，方法应该变，称为以不变应万变。如果一个人的原则变来变去，那别人就会觉得没有办法配合了。无论怎样变，还是依照管理原则而行，才是"万变不离其宗"，当然也是以不变应万变。

以不变应万变是管理的最高智慧，可惜有些人看错了，反而加以嘲笑，最好赶快改过来。

二、有所变也有所不变

所谓以不变应万变，包括两个部分，不变的部分称为"有所不变"，万变的部分叫作"有所变"。有所变就是《易经》里面所讲的"变易"；有所不变，就是《易经》里面所讲的"不易"。

一个人变的时候，不是完全变，也不是完全不变。人体内的绝大多数细胞，每间隔一定时间就要更换一次，而且绝大部分细胞在几年内就会被全新的细胞取代，我们的身体天天在变。可是，你会变到人家认不出来的地步吗？一般是不会的，除非你做了整容手术。再怎么变，本来

第四章 经权之道

的那个你是没有变的。

有所变就一定有所不变,这才叫相对论。因此,不变也是一种变,变也是一种不变。如果没有不变,就不叫变。清楚了这些问题,你就不会陷入死胡同里面了。

我们常说:"应该变的才变,不应该变的,当然不可以变。"这应该变的部分,叫作"有所变",不应该变的部分就称为"有所不变"。

我举一个实例。有时候你做完一件事情后,老板对你很不满意,问"你为什么这样做",你说"我是根据你的话来做的",老板就很不高兴。他会说:"我现在叫你去死,你知道不去死。我叫你这样做,你就真的这样做吗?"下次如果你没有按照他的话去做,他也会很不满意,问"你为什么这么做"?你说"我自己应变",他会说:"你就照我说的去做就可以了。你会变,不拿我的话当话吗?"你很生气,变也骂,不变还是骂,那要怎么办?老板回答:"应该变就要变,不应该变当然不要变,这还用问吗?"我们不要以为他是神经病,他脑海里面装的就是《易经》的道理。

中国人不问要不要变,只问变得合理不合理。西方人是问要不要变,与中国人是不一样的。

比如在父母教育孩子问题上,请问:"爸爸妈妈能不能打小孩?"如果说不能,那你是"洋人";你说可以,那你就是罪人。今天很难教育孩子,就是因为这样。如果有人问我:"曾教授,父母能不能打小孩?"我的答案非常简单,我会说:"能不能不是问题,怎么打才是问题。"中国人五千年来,专门研究怎么教育孩子的问题。我们现读这种书,却去读西方人研究能不能打孩子的书,完全是浪费时间。

能不能变,要不要变,都不是问题;怎么变,才是问题。应该变的,你一定要变;不应该变的,绝对不能变。

站在有所不变的立场,来探究有所变的部分,才不会乱变。一个是

中道

本，一个是作用，不要变是根本，要变是作用。因此，我们无论碰到什么事情，要先想不要变，不要先想变。不要变好不好？如果答案是很好，那就不要变。

人是具有惯性的动物。我们为什么总想去某一家餐馆吃饭？就是因为它的饭菜味道很合胃口。如果它的饭菜味道全变了，我们就不想去了。老字号的酱油，是轻易不能改变味道的。因为一改变味道，老顾客非常不高兴。但是假如老字号的酱油味道总不变，是无法吸引更多新顾客的。因为社会在改变，人们在饮食上会有更多的口味需求，你总不变，他们就会跑到竞争对手那里去了。

我们坚持有所不变的部分，大家才会产生信心，否则一切都可以变，还有什么常理可言？同时重视有所变，大家才能够安心，否则一切都不能变，怎么能够适时应变呢？

人一生下来就有个体的差异。我们要尊重，不能勉强，这才叫以人为本。一个人很会变，你要告诉他："你太会变了，要小心乱变。"一个人完全不会变，你要告诉他："你这样不行，任何事情要朝变的方面去想，才能够变得让别人更欢迎你。"对待每个人，我们要有不同的方法。管理是不能有不变的模式、固定的模型的。

三、时间朝坏方向流动

时间有一个流动的方向，是朝着不好的方向流动，而不是朝着好的方向流动。因此，事情往往愈变愈糟，而不是愈变愈好。比如：人愈来愈老，东西愈来愈旧、愈坏，风气愈来愈差。有没有例外？没有例外，老天在这方面是很公平的。如果时间往好的方向流动，随着一分一秒过去，人越来越年轻，身体越来越好，东西越来越好用，那我们统统不用工作，就躺在床上，根本不用去努力了。

第四章 经权之道

我们必须以人力使其朝着好方向而变，才能趋吉避凶。

一个人要权宜应变，最要紧的，就是用心。心在哪里？一句话就讲完了，"颠倒就是心"。把事情颠倒过来，心就出来了。比如，当你端一杯茶觉得很热，或者觉得很凉的时候，你是没有用心的。如果你在觉得茶水很热的时候，开始想是不是可以凉一点，你就开始用心了；如果你在觉得茶水很凉的时候，开始思考是不是应该热一点，你也就开始用心了。也就是说，当你朝事物相反的方向去想的时候，就开始用心了。所以一句话，"颠倒就是心"。

当我们想到要变的时候，如果马上想到不变可不可以，就开始用心了；当我们想要不变的时候，如果马上想到变会怎么样，也就开始用心了。

我和太太经常到同一家餐馆去用餐。我们去的时间，往往都是餐馆客人比较少的时候。可是每次去，服务员都会问我们要吃些什么。我觉得很奇怪，以前从来没遇见过这样的服务员，因为只要老顾客来过几次，下次来他根本不用再问，按你的口味、习惯给你端菜就是了。现在的服务员都是有口无心，只想到"问"，没有想到"不问"，就是没有用心。

还有一个例子。许多宾馆的门童在客人进来时，只会喊"欢迎光临"，不会微笑。更妙的是，有一次我要从宾馆出去，距离大门很远时就看到了门童，他也看到了我，他一直板着脸站在那里，一定要等我走到门口，才说"谢谢惠顾"。他完全没有心！如果他对客人真的很尊重，客人远远看到他时，就对客人笑一笑，等客人到了面前说声"再见"，不就可以了吗？为什么只会说，不会笑呢？为什么只会近距离假惺惺，不会远距离真诚微笑呢？

现代化管理，造就了一大批没有脑筋的"机器人"，这对人类来说是很不幸的事情。

所以逆向思考，逆向操作，做中流砥柱，是管理者的责任。什么叫中流砥柱？就是在河流的中央会有一些石头，当激流冲撞下来时，它不会被冲走，永远立在那里，一动不动。

在中国的峡江中，有一块立着的奇石，人们就叫它"对准我来"。还有一个令人深思的故事：1900年，德国的轮船开进峡江时，面对险滩恶浪，船长惊慌失措，一筹莫展，于是找来一位当地的中国人当向导，这位谙熟航道的中国人，在船开到此处时，告诉外国船长要朝着"对准我来"开去。外国船长不知此中道理，认为是中国人故意破坏，想避开怪石，于是就把船头一偏，结果只听"轰隆"一声，船头撞了个正着，眨眼间，轮船触礁沉没。

船对准它开过去，就躲过去了；想躲过去，反而会撞过来，所以叫"对准我来"。水有水性，石头有石头的"性"，人有人的"性"。

所以为什么从古到今中国人都告诉我们要用心。用心，就是朝不同的方向去想，这样心就出现了。

中国人往往同时会讲两句非常矛盾的话。要想真正了解中国人，就要从这里开始。他嘴上讲"你看着办"，心里却会告诉你：你敢看着办？试试看！他口口声声说"没有关系"，心里却想"没有关系才怪呢"。他说"你随便"，就是"不能太随便"的意思。"一阴一阳之谓道"，随时都在用。很可惜，现在许多人都不会运用《易经》了。

风气可以由少数人扭转，才有办法愈变愈好，而不是靠多数人。我们一直认为，多数人的爱好或习惯才叫"风气"。那是不对的。西方人的观念就是少数服从多数。中国人告诉你，少数人会改变多数人。我们的许多观念跟西方人是不一样的，甚至是相反的。

公司的事情也是一样的，总经理、董事长一商量就决定了。总经理要对公司成败负70%的责任。

四、凡事最好先想不变

凡事最好先想不变，而不是先想变。如果一开始就想改变，就会为改变而改变。这样一路变下去，变到最后无路可走。

不管结果如何，就是要变，这种人可能是越变越糟，越变越不好。我们凡事应先想不变，如果不变的结果很好，为什么一定要变？先想不变，再来考虑要不要变，是比较安全可靠的。

一位老客户来了，他最喜欢的就是喝一杯热烫的姜茶，你把姜茶端给他喝就可以了，干吗非要给他换一杯咖啡呢？一换他就不高兴了。

一心一意要变是非常危险的念头。不变并不表示，从此以后永远不改变，而是表示"此时此地暂时不改变比较好，当然不宜改变"。这一点非常重要。

西方人讲不变，真的会永远不变，不敢讲变；西方人讲变，他就一直变，不讲不变。中国人不会这样。我们把一件东西送给外国人时，外国人说不要，他就真的不要了；他说要，他就真的要。你给中国人东西时，他说不要不要，最后他要了，我们的厉害就在这里。

讲不变，但时机一到要变；讲变，应该不变时，也不变。这才是很灵活的人。

五、不变不行才来想变

如果不变很好，为什么非要勉强去变？若是不变不行，当然要求新求变。

变是不得已的，而不是一心一意求变。如果不变不行，当然要变。我们依据不变不行的思考，就很容易抓住非变不可的重点，根据这些重点来应变，才不致乱变。

变的时候，我们就要想怎样变才合理。重点是要变得合理，而不是变和不变的问题。因此主要不是去想能不能变或者不变，而是要想怎么变才合理。

总之，站在不变的立场来变，才会变得合理。可惜一般人一旦掉入不变的陷阱，就跳不出来，这是必须特别警惕的。

中国人的事情，往往就是既合理又不合理的。M理论的M，就是"中庸"，中庸就是合理，大家要把"中庸之道"理解为现代的"合理化主义"。中华民族之所以可大可久，就因为一切讲究合理与不合理。不管变或不变，合理就好。不变也要不变到合理的地步，变也要变到合理的地步，这样就清楚了。

对于一家航空公司来说，依据公司规定，可以合法拒绝一位身患重病的乘客搭乘航班，因为他可能会影响到其他乘客的安全。但航空公司真的这样做了，会被大家骂黑心，没有感情。因为这种做法合法但不合理，不讲人道。许多人只会讲人权，几乎忘记了人道，这是非常危险的。

六、以微调整防止突变

如果你被逼得非变不可，那就是因为你长时间没有调整了。自己被迫发生突变，那就非常危险了。

我们变到像没变，就是因为很会进行微调整。我们日常会听到某甲骂某乙，说"你这个家伙讲话不算数"，某乙却理直气壮，回答"我为什么不算数？我说这样就是这样，从来没有改变过"。

看别人都是变来变去，看自己都说"我从来没变，我哪里有变？我只是调整而已"。调整到最后，事情就变了。

我们也经常看到这样的案例。会当主管的人上任时，他会讲要调整人事吗？大概不会，那是自己找倒霉。新官上任后的第一条就是人事照旧，让人员安定。三个月内，他把原来的人员一个一个地调换了。那些"新官上任三把火"，一上来就说要调整人事、大力改革的人，往往过不了多久，别人一个没走，他却被调走了。

变革成功的中国人，是"萧规曹随"，按照前任的做法去做，但是实际上他会慢慢改变。明里一切照旧，暗地里却全部改变。

变是一种根本事实，变易是根本的，一切都在变，只有变是不变的。但是变化是有条理的，不是紊乱的，有其不易的常规。《易经》是掌握变化的道理，认为变化一定是有其道理的。为什么有些中国人会料事如神？就是因为一切变化都有规则。你掌握了变化的规则，可以预知变化，预见未来。

例如，市场上现在流行的鞋子是平头的，前几年流行的鞋子是尖头的，那未来几年很可能会流行圆头的鞋子。如果我们明年生产的鞋子仍是平头的，可能就卖不出去了。因为人们的需求是不断变化的。

变是和常相对的，有常才有变。变本身就是一种常，因为变动不可以乱，所以有变中之常。这种变中之常，叫作经。所以，我们经常把经和常连在一起，叫"经常"。我们有经常性事务，也有例外性的事务。先把经常性业务办好，而不是专去办例外的事情。饭馆靠的是常客，而不是突然来的客人。一家公司70%的营业收入靠经常性业务来维持，30%靠意外来的收入。如果公司连经常性收入都没有，完全靠偶然所得，那太危险了。

经不是不变，而是较长时间才会有较多轻微的变。较长时间，较多轻微的变，叫作"微调整"，可以防止突变。不注意微调整，会引起突变；要防止突变，最好时常微调整。

产品设计随时随地都在变，根本就是乱变，变到最后卖不出去，过一阵子就被淘汰掉了。要记住，改善比改革要快，产品需要改善，不停地改善。我希望大家了解，产品进步太快，是自己跟自己过不去，每次改变一点，顾客就满意了，下次再变一点，给自己留下一些变化的余地！

一家公司，如果产品生产出来，把原来的品牌标识、包装风格全变了，客户会以为这是一家新的公司，或者是完全不同的新产品，对产品没有延续性认识。因此，当要改变品牌标识的时候，先改变一部分，保留一部分，再慢慢整个改掉，才是比较稳妥的做法。

公司不能不变，但是要变的时候，千万记住延续性。产品要有延续性，不要变得让客户完全不认识，变得好像天外飞来的东西，那对公司是很不利的。因为对任何公司来说，历史是很重要的因素，经验也是很宝贵的东西。

几个根本的原则不变，从旁再去做适当调整。记住"合理"两个字就好了。

第三节 经权配合四种现象

如果用正方形代表经，圆形代表权，则经权的配合有几种可能情况，一种是内切圆的外方内圆，一种是外切圆的外圆内方，由于方、圆之间都有四个切点，所以这两种都叫持经达变，亦即权不离经。因为它们的原则性和变通性是紧紧相扣的，没有分离的。还有一种是原则性和变通性完全分离，就是乱变；另一种是原则性与变通性有冲突，变到违反了原则的地步。这两种都叫离经叛道。

经与权是要配合的，不是矛盾的，可以变，但是不可以变到违反原则。经与权的配合，可能产生图 4–1 中的四种情况：

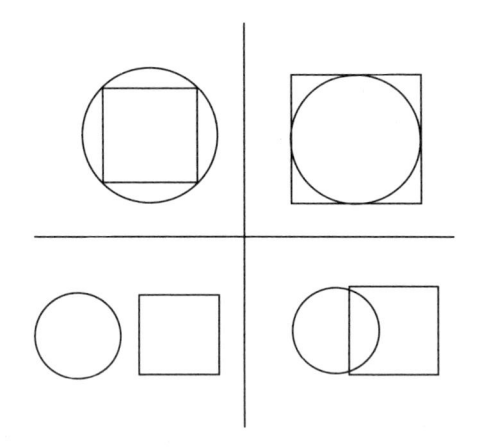

图 4-1 经与权配合的四种可能

（一）外方内圆。权在经内，只在经的范围内进行权宜应变，在原则范围内去应变。

只有在上级的许可范围之内，才可以变，稍微逾越规则的范围，就不能变。许多公司的业务员出去推销产品的时候，会问销售主管公司的底价是多少，很少有业务员会空着脑袋出去的。这样才可以在和客户谈价钱时，既有能接受的最低价，又有灵活变动的余地，最终找出公司和客户都满意的合理价格。

（二）内方外圆。权在经外，但仍有四个切点，表示并不违背常道，只是较有弹性的权宜应变。

对于中国人来讲，你的孩子不听话，你一定很生气，但如果你的孩子太听话，你也会很伤心。西方人规规矩矩，可以过一辈子。中国人不可以不规矩，但是千万不能太规矩了。太规矩了，可能什么事都没办法去做。我想这是我们跟西方人很大的不同。

我们讲的是一个合理。中国人变来变去，会变得很合理，那叫把握住了度。度是很难把握的，也是相当不科学的。在我们的文化里，不像西方那样以科学为导向，而是以艺术来作为最高境界。

一般来讲，我们会说一个人很方正，就是他很有规矩，可是一个人太方正了，就很容易上当受骗。。所以，中国人讲究内方外圆，外面看起来没有原则，但是心里很清楚，是有原则的。

主管认为自己很有原则，部属却认为他没有原则。我曾问过许多企业的老板、主管或总裁，他们为什么做得这么好呢？他们往往说其实没有什么，就是很有原则。我问部属和员工，他们的领导怎么样啊？只有一个答案：什么都好，就是没有原则。

中国人看自己是非常有原则的，看别人是完全没有原则的。因为我们的原则是藏在里面的。一个人最可怕的就是内圆外也圆，那就是圆滑、奸诈，完全没有原则，我们绝对不喜欢这样的人。一个人最倒霉就是内方外也方，会把自己撞得头破血流，什么都行不通，这样的人也是没有出路的。

西方人有什么话就说出来，中国人大概不会，因为那样的人都很倒霉。我们讲出来的话，和心里想的大概不太一样。西方人是心里想什么就说什么，这样叫诚实；中国人心里想一套，嘴上讲另一套，这才叫诚实。

西方人做生意时可以摆明了说，东西是我用三块钱买来的，现在四块钱卖给你，只赚你一块钱，生意就成交了。中国人这样讲是不行的，因为对方不会买账，心想："是好朋友还赚我一块钱？"中国人会这样说："东西是我四块钱买来的，现在四块钱卖给你，好朋友嘛，不赚你的钱。"对方一定会说："那多不好意思！"他心里清楚你肯定赚了钱，要不你才不干呢，但他是不能这样讲的。

任何事情一定有经，也一定有权。经与权两者配合，真相就完全显露出来，要么就是外方内圆，要么就是内方外圆。到底哪一种好，是变在范围之内的好，还是超出范围的变比较好？这需要大家动脑筋去思考。

（三）方圆交集。经与权有交集，交集的部分愈大，愈表示持经达变；交集的部分愈小，愈表示偏离原则。

你说我没有按照原则做，实际上我是按照原则做的；你说我按照原则做了，实际上我又没有按照原则。

我不知道大家对"不二价"有什么想法，我认为，如果现在统统实行"不二价"，将来定价的人要倒霉。百货公司卖东西要定价，人们买东西时会先到百货公司看价钱，然后到路边小摊买便宜的。现在的百货公司，其实就是"观光百货"，顾客看看就走了，并不实际购买，它不倒闭才怪呢。价钱定得高，顾客掉头就走；价钱定得低，商家血本无归；价钱定得刚刚好，顾客又会杀价。

我希望大家把事情可能变化的状况抓住，"八九不离十"，既要有变化，又要坚持原则。当形势改变的时候，所有销售的策略统统要改变，才能适应变化加快的社会。

（四）方圆分离。经与权分离，表示"离经"，也就是变得太离谱了。中国人说"你太离谱了"，就是违背原则的意思。

严格说起来，前两种属于持经达变，后两种则有离经叛道的危险。

一、权在经内是谨守分寸

权在经的里面，我们把它叫作谨守分寸。什么叫分寸？就是度，不要差太远的意思。中国人只讲拿捏分寸，不说"拿捏丈尺"，因为"丈尺"差太远了。

权在经内，表示在上级指示的范围内随机应变。这种谨守分寸、严守分际的应变，才能令上司放心。

我们要谨守什么分寸？其实每个人的工作职责表就是你的分寸。每隔一段时间，我们把工作职责表拿出来看一看，就会发现，在上级交代给我们的所有事情中，凡是我们有兴趣、喜欢做的，都记得牢牢的，但是其中有几项，因为不喜欢做、没有兴趣，所以会把它们忘得精光，那就是没有谨守分寸。

我们都挑选自己喜欢做的事情来做，因此分工以后，有很多事情没人做，这是管理上最大的困难。上司把工作交代得好好的，有时交代一百遍，也没有用。我们整天忙的是自己喜欢做的那一部分。怎么办？答案是没有办法。如果派一个人做，然后再派一个人去跟踪进度，管理成本又变大了。

持经达变在工作上是非常重要的，当上司把一项工作交给你之后，你要确实把它做好，至于工作过程中有什么变化，你要自己斟酌状况，进行合理应变。

在执行工作的过程中，我们往往会发现有很多变数和原来的计划是不太一样的。这时候，一般会出现三种情况。

第一种，不管三七二十一，仍完全按照上面的指示去做，结果事情一团糟。越守规矩、越听话、越遵照规定指令做事的人，越是没有良心的人。他明明知道上司的决定是错误的，仍要加倍努力，目的是使上司错误的结果更加明显，然后看上司的笑话。要这种部属干什么？但是生活中，这种部属很多。

第二种，自己主动调整计划或指令。这样的调整又分为两种情况：一种情况是通过调整，把利益放进自己的口袋里，让公司倒霉，这种人很多；另一种情况是越调整，越把自己口袋的钱拿出来，让公司受益，这种人很少。

第三种，每一次调整计划，都会去请示上司。这种人随时随地考自己的上司，看他能否"考试"及格。有太多的部属天天给上司出难题，想把老板考倒，这是老板的不幸。

我们需要的是什么样的人？就是会自己处理，又会及时报告、顾虑上级面子的部属，而不是赤裸裸把问题和错误暴露出来，让上司难堪，看领导笑话的部属。

如果各人盘算各人的，就叫作貌合神离。许多领导和部属都是貌合神离的。某些部属，又很喜欢擅自做主，这是许多企业面临的一个大问题。一看不对了，就变了，变到最后，是部属在做主，而不是主管在做主。可是出了事，主管要负主要责任。对喜欢擅自做主、变来变去的部属，上司应该采取权在经内的方式。

部属的权变，只能限定在上司的原则范围内，丝毫不能有所逾越。我们的建议很简单，对某些弹性较小的工作岗位，例如财务部门和生产部门的人员，最好采取外方内圆的管制方式。

品质管制、物料搬运、库存订购、工作衡量、生产控制、产能规划，以及财务控制等工作，应以谨守分寸、勿使逾越为宜。主管应该对这些岗位的工作人员了如指掌，内切圆和方形之间的若干弹性，要留给主管去做适时权变，给他留下一些余地，以备紧急或必要时运用。外方内圆，多用于对物的管理。

从事财务工作的人，最好的工作态度是"合理的大方"还是"合理的小气"？要"合理的小气"，不可以"合理的大方"。管财务的人不在乎那几个钱，公司可能很快就完蛋了。我到一家公司的财务部门，看他们的工作情况，就能知道这家公司的财务管理有没有走上轨道。来财务领钱的人没有拿收据，财务人员就允许他把现金或支票领走了，公司迟早会垮在这种财务人员手上。财务人员一切按照规定，在规定范围内为同事提供方便可以，超过一点点都不行，这样才对。

谨守分寸，严守分际，大家在指定范围内权宜应变，可以确保一定的品质，保持步调。上级要求权在经内，必须给予较具弹性的原则，部属才有应变的余地。

经和权的配合有两个大的方向：一个是权在经内，就是在上级的原则范围内，我来应变；一个是权在经外，就是稍微超过上级的原则范围一点点，我来应变。如果把原则摆在一边，自己爱怎么做就怎么做，那就叫自作主张，就是不受管辖。

人事部门可以超过上级的原则一点，财务部门则要收缩一点。而生产部门，只能在规定的范围里弹性应用，产品质量才会好。

因此，生产部门、财务部门、设计部门千万记住，在老板给你的原则范围之内应变，不能超过原则范围的。

二、权在经外为具有弹性

权在经外，表示超过上级指示的范围，但是还没有逾越，只是应变的弹性较大。这种具有弹性的应变，常常是可以容忍的最大限度。一般来讲，权在经外有两种适用情形：

第一种，对某些态度比较严谨小心的部属，上司经常鼓励他们，尽管放胆去应变。

第二种，对某些弹性较大的工作，譬如销售、人事部门工作，最好采取这种应变的方式，比较有效。

业务员身在组织机构之外，奋力作战，如果不能在必要时勇于突破，难免败给竞争对手，造成整体不安，因此外圆内方，殊为必要。人事、销售部门之所以在机构中经常受人误解，便是由于一向采取外圆内方的做法，令人觉得他们处处故意刁难。假使能够在订立规定的时候，力求合理合法，而在执行的时候，给予若干合情（方外的圆周部分）的弹性，则受者欣喜之余，就不会多有抱怨。

权在经外，多用于对人的管理，因为不免牵涉到"情"。我举个例子。我们经常会碰到这样的情形。业务员出差回来报销差旅费时，审核的人会问："你某月某日出差那天，是在外面吃的早餐，还是在家里吃的早餐？"业务员觉得很奇怪，说："你问我这个干什么？"审核人员说："如果在家吃的早餐，我们就发给你半天差旅费，如果在外面吃早餐，我们就发给你整天的差旅费。"业务员听了就会很生气：早知道有这种规定，我肯定在外面吃早餐了，干吗在家吃呢？如果不管业务员是在家里吃早餐，还是在外面吃早餐，公司都给一天的差旅费，这样做就公平了吗？

没有出差的人报出差，怎么办？出差不办公事办私事，怎么办？销售人员领公司的工资，不卖公司的东西，却卖自己的产品，怎么办？

我希望大家了解，管理不是那么简单的，它有太多变数，让人难以掌握。任何规定制定以后，执行的人都有太多花样，这些才是我们要注意的事情。

变与不变之间，会造成很多空隙。现代化公司为消除这些空隙，就要全部制度化。但一切都按照制度走，完全没有持经达变，最后的结果只能是僵化，变成"官僚"。所以，完全现代化的企业和以前的官场一样，每个人都是做官的，不是办事的。

当老板号称"我一切照制度办"的时候，企业只要有风吹草动，部属就会跑光，只留下他一个人受苦。

公司一定要有制度，制度就叫作经，但是我们不能百分之百地按照制度去做，那就不是以人为本，就变成"以事为中心"了。那样，大家的心态就要发生改变，员工就会想："你也别想管我，更别想让我感激你，我也没有欠你的，反正一切都照制度来。"在这种情况下，公司奖给员工2000元，他只会觉得是公司应该给他的，因为是照制度给的，不用感谢任何人，奖金就会失去了应有的激励作用。

如果让制度保持适度的弹性，情况就不一样了。同样是制度，主管认为可以给奖励就给，认为不能给奖励就不给，这样的主管会被员工感激，会被大家尊敬。在最大弹性空间内应变，可以灵活运用制度，充分发挥个人应变力。

制度是非变不可的。当我们订立制度的时候，不会也不可能考虑那么多细节。可是当制度确定下来之后，一切都在变，完全按照制度执行是行不通的，不按照制度执行又是死路一条。因此，不是变与不变的问题，而是应该怎样变，这才是问题的核心。

变也好，不变也好，都是每个人要去拿捏的弹性。我们所讲的不变，是不变到某一个程度，最后还是会变。但我们讲的变，也不是说可以没有限制地变，只能变到某一个程度。因此，我们讲权的时候，后面一定要加一个"限"字。"权限"，就是有限度的权变。没有人有通天的本事，可以无限度地去变。

不要相信自己有多大的应变能力，一个管理者，看到部属变得太过分时，便要告诉他："你不要变了，再变下去连法度都没有了。"看到部属完全不变时，要鼓励他："你要多动脑筋，在规定的范围之内，好好去应变。"

权在经外，应变的弹性会比较大一点。但是，如果弹性多大，就有点危险，那就有点离经叛道了。距离原则越大、越远的人，越容易乱变；距离原则越贴近的人，越善于应变。所以，上级允许权在经外，必须在原则的掌握方面，更加小心谨慎，以免造成疏失。

三、经权交集是擅自变更

如果经与权有交集，我们要注意交集的部分是大还是小，交集越大，你越放心，交集越小，你越要小心。因为经权交集，已经是擅自变更的应变，也就是他已经开始擅自做主了。

作为领导者，一定要注意自己的部属，他在经和权之间是什么状况。他经常与我们沟通，把应变的部分及时向我们报告，还是在做完了以后才告诉我们？一般来说，部属的经权交集有两种情况：一种是先请示，再应变；一种是先斩后奏。

思考与分析

干部凡事先请示再应变，还是应变完以后才报告，哪一种比较好呢？

其实无论哪一种都是不对的。西方人采用的是"二分法"，告诉你两个中选一个；中国人会采用"三分法"，告诉你选任何一个都是错的，我们会走第三条路，也就是领导者常会想：你说有时间，那为什么不先报告再做？你说没有时间，为什么报告了还没有做？

中国人是很厉害的，有时间但你不报告，就表示你有要隐瞒的，想搞鬼；没有时间你还来报告，说明你是存心捣乱。所以为什么报告也挨骂，不报告也挨骂，是有一定道理的。

而且有的部属是存心想把老板气死的。例如，现在原料市场已经很紧张了，某种原料几乎买不到，生产快要中断了，怎么办？有的部属向老板请示。老板心里只有一句话：怎么办？你问我，我问谁呢？平常什么事情你都可以做，到了紧要关头，统统不能做。在危机时候有很好的表现的人，才是称职的部属。那些平时夸下海口，到时候逃之夭夭的部属，要他干什么呢？可是许多部属平时无所不能，一旦遇到紧急情况，只会向老板求救，把老板推到火坑里去，这种部属有什么用？这就是老板平常对部属的变与不变没有很好掌握的结果。

我当领导时，会对部属讲：只要时间许可，你没有请示我，就不要乱变，如果你变了，你自己负责；假如时间不许可，你先变，不要先请示我，耽误时间，事后再来告诉我。这样部属就可以放心去做了。领导者自己都没有原则，怎么指示部属呢？

经与权的交集很大，至少证明经有问题，不能适应现实的需要；交集很小，足以证明应变的部属心目中没有上级，否则在应变之前，应该对经的制定进行反馈；交集部分变动很大，有时大有时小，表示部属自己动荡不定，要慎防其假公济私，产生流弊。

交集的大小和应变的效果相对应，我们可以找出经或权的差错在哪里。经权交集，可以用来检验上司和部属直接的互动关系。

所以，我们要对部属时时保持高度警觉。当部属的应变态度有点改变的时候，就要追根究底，查明到底是怎么回事，千万不要等到祸害已经很大时才来追究，那就太迟了。

四、经权分离为离经叛道

经权分离，已经是离经叛道的应变行为。我们无论交代任何事情，他都回答是、是、是，然而做出来的结果和我们交代的完全不一样，这就是经权分离。

对于离经叛道的行为，我们非加以追究不可。无论这是如何不正当的方式，就算他达到了目的，我们也不能放过他。

我是不接受以成果来论断的做法的。离经叛道就是一种为达目的、不问手段的做法。因为"离经"就是"离谱"，已经把事情变得脱离了原则，逐渐失去原来的面目，已经是"反"，而不是变了。

离经叛道，就是经权没有交集，甚至权与经反，应该列入"有所不为"的范围，不要轻易尝试。换句话说，这是不允许的，而不是说"没有关系，反正结果已经很不错了"。

经与权分离，即使是经有问题，也应该事先充分沟通，不能造成经权分离的事实。经权分离使上司非常不放心，会导致彼此的不安。

权与经互相脱离，并不一定就是权与经相反，还有可能是采取另一种异曲同工、殊途同归的方式。如果权与经反,那情况更加严重,完全是为反对而反对。

为反对而反对,就是一种完全不合作的状态。当你的部属有一种这种态度时,你再去注意恐怕已经来不及了。

要了解部属与上司之间的关系,就要从这些看不见的变化里去掌握,不要等到事情无法挽救时,才想到要处理,那就来不及了。我是看了很多凄惨的结果,才去想这些事情的。

总经理不管讲什么,部属总是反对你,这样是没法做事情的。可是这种状况,绝不是一朝一夕形成的,而是长期的结果。上司必须做一番果断的处置,以免形成不良的风气。

权与经反,不能列为管理的例外情况,应该视为禁止的事项。因为企业与社会不同,是不允许员工有"革命行为"的。

第四节　经权配合层层串联

中国老板并不是不知道授权,而是中国人太聪明,又太喜欢取巧,使得老板不敢授权。授权不是分权,必须层层串联,才不致一旦授权,就失去了掌握。我们常说"离谱""离经",便是事情变得脱离了原则,逐渐失去原来的面目。中国人太会"变鬼变怪",所以老板都不敢授权,宁愿自己劳累一些,事必躬亲,至少不会糊里糊涂地被部属的"乱变""出怪点子"牵累。辛苦换来放心,是一种不得已的求安之道。

一、经权必须密切配合

管理一方面是科学,一方面是哲学。如果我们认为管理只是科学,

中 道

只能一辈子待在基层，连当主管的资格都没有。基层的员工讲"我一切按照规定做"，这就是好员工。但如果一个人当了主管，还说"我一切按照规定做"，那这个人就没有当主管的资格。

很多人一辈子都想不通，到了四五十也岁时还在讲：规定就是规定，就是不能改动。这样的人什么事都不要干了，而且可以证明他是毫无管理经验的。

凡是一切照规定办得通的事情，基层都做完了，不会去请示主管。去请示主管的事情，是基层按规定已经证明办不通的，道理就这么简单。如果当主管的人说："按照规定去做，不要找我！"部属听了一定会觉得很好笑，他会想："连这都不懂，你当的什么主管？"

一个人当上主管，就应知道很多事情照规定做是行不通的。凡有规定，必有例外，这是随时可以发现的问题。

经权并不是把管理分成不可变和可变两大部分，分别加以处理。因为可变和不可变是同时存在的，不能分开来看。

我们不可以说某些事情是可变的，某些事情是不可变的，应该说在可变的部分里，有一部分是不可变的，而在不可变的部分里，也有一部分是可变的。我们把可变和不可变合在一起，就叫作"无可无不可"。不要分开来说，"可，不可"。

西方的观念是分开来，"可，不可"；中国人是同时来看，"也可也不可，也不可也可"。当我们嘴上讲"可"的时候，心里头会想"不可"；当我们嘴上讲"不可"的时候，心里会想"可"。中国人就是这么矛盾，这么复杂的。

别人给你礼物的时候，你一定说"不要、不要"，他再说"不要客气"的时候，你就顺手拿了。也就是说，你说"不要、不要"，真正的意思其实是说："你如果有多的，我一定要；如果你仅有这么些，我当然不要。"我们的话意思其实非常清楚，但是听起来似乎含含糊糊。

经权是把不可变的部分当作经，作为判断的依据；把可变的部分当作权，权就是变通，权宜变通，从而达成最合理的决策。

管理是一个整体，具有连续性和循环性，是不能分割的。所以，管理要有规定，但是规定本身应该具有弹性。

举个例子。大学老师往往都是很有学问的人，但是他们的行为表现有时候是很有个性的。有一位老师在监考的时候抓到了考试作弊的学生，把学生送到教务处处理。学校明确规定：凡是考试作弊者一律退学，教务处就让那名学生退学。学生没有话讲，监考老师反而讲话了："为什么要学生退学？如果早知道要让他退学，我就不抓了。"为什么？"因为我抓了他作弊，他被开除了，那我不是害人了吗？"

对于老师的抗议，学校不得不修改规定。最后只好规定，凡学生考试作弊者，处以下列处分：一，退学；二，留校察看；三，记大过一次；四，口头训诫。口头训诫就等于没有处罚。这样，老师自然好办多了。有的老师抓住考试作弊的学生后，根本就不送到教务处，教训一下，就处理完了。老师这样做，学生也很高兴，真是皆大欢喜。

经权的对象是人、时、事、地、物，彼此间都有直接或间接的关系，具有不可分割的连带性。经权是常和变的配合，同样不可能加以分割。

经权配合，一定要有整体观，要顾全大局，才能收到持经达变的功效。而不是自己想怎么样就怎么样，也不能仅站在个人立场，认为自己想的就是对的。对，有时候会带来更大的问题，有时还不如不对。

二、上司的命令就是经

经除了组织体的共同管理原则之外，还包括上级主管的命令。上级的命令和指示，对部属来说，就是不可变的经。

中 道

🌀 思考与分析

中国人是非常看不起百分之百服从的人的。完全服从上级的人，就是典型的"奴才"，是中国人非常讨厌的。但是只要你对上级有一点点不服从，你就被认为是叛逆，会被上级当作眼中钉。我们既不要做"奴才"，也不要叛逆。所以，要把听话和不听话合在一起想，应该能够找出一条两全的途径，同时兼顾听与不听，听到好像没有听到一样，没有听到好像听到一样，就成功了。

当老板给我们下达一些指令、命令的时候，我们一听就知道它们是行不通的。但千万不要马上做出反应，否则就是叛逆了。聪明的人，会说老板永远是对的。可是我们知道根本行不通，怎么办？隔一段时间后，把难处向老板透露一点，老板会知道自己有缺失，自然愿意主动调整，这样事情就容易商量多了。对于老板的指令，我们当场就做出不听的反应，老板是十分不高兴的，因为这样做，使老板下不了台。

中国人有了面子之后是非常好商量的；中国人觉得没有面子时，是天底下最难商量的。

许多部属老怪罪上司的指令错误，其实是部属错了，因为所有事情都是你自己闯的祸，完全错在自己。要记住两句话：第一句，上司的话永远是对的；第二句，对于错误的命令，不要听它就对了。也许你会问，这不就是阳奉阴违吗？的确是。阳奉阴违到合理的地步也是好的。

比如，一位客户因对产品价钱不满意，和老板讲价失败后摔门而去。老板让你出去把客户追回来，以客户出的价钱卖给他，你一听就知道这是一个错误的决定。你说："好，我去。"但步子一定要放慢一点，回来就说追不到客户了。老板已经知道那是一时错误的决定，心里正想"追不到才好，追回来我就惨了"，此时他会非常感谢你。老板也知道你的实际速度肯定慢了半拍，假如以平常跑的速度，早就把客户追回来了。但是老板会觉得你配合得很好。

上司的命令和指示，如果符合组织的管理原则，是合理的，当然可以接受，无论如何要照做。

若是不符合组织的管理共识，就应该提高警觉，弄清楚为什么会这样，如果是错误的，无论如何不能照着做，但不能讲出来。

命令和指示有不对的地方，我们不可以妄加改变，要设法让上司知道，把行不通的地方反馈给上司，由上司来决定改变。

其实，聪明的部属从来不改变上级指示。聪明的部属会想办法让上级自己改变命令。这是最高明的。

上级希望部属能够随时改变观念。但是，部属若是很明显地表现出来改变，上级就没有面子了。没有面子，他就会恼羞成怒。中国人很会传递看不见的信息，让上级自己改变。对于上级的命令或指示要服从到底，自己斟酌的部分叫作权，上级既定的命令和指示，便是不易的经。

三、自己的斟酌即为权

上级的规定经常是不切合时宜的。职位越高的人，越不了解实际状况。现场是变动的，不是固定的。只有现场的人最了解情况，不在现场的人，统统不了解。

部属在执行上司命令时，可能会视实际情况而加以合理的调整。部属依实际情况来斟酌，做出来的调整便是权。不管三七二十一，彻底执行上级命令的人是没有责任感的。

部属要依据上级的命令，把它当作经。但是，要看实际状况，去做合理的调整，务求经权合理配合，这才是好的部属。

盲目依据上司的经，不切合实际要求，有时候会造成执行上的困难。所以，上级不要牵涉太多零零碎碎的事情，只指示大方向，操作细节要交给部属根据实际状况斟酌，以求权宜应变。切合时宜，便是良好的经权配合。

听命令办事不如用心把工作做好。现在许多人是不用心，只知道听命令。

四、上级的权下级的经

上级的命令是经，自己的斟酌是权。然而对自己的部属来说，自己的权又是部属的经。这样层层串联，上级的权成为下级的经。这一级的权就是次一级的经，层层相扣（见图4-2）。

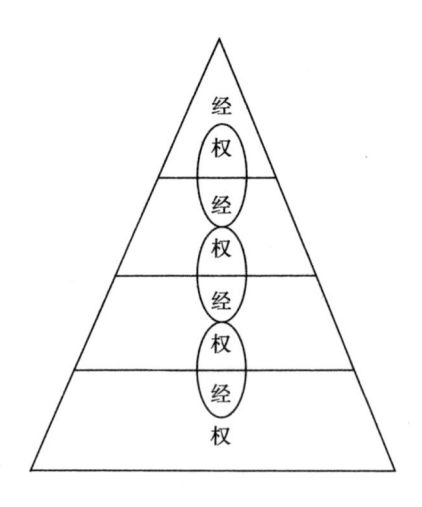

图 4-2　经权层层串联

例如，董事长的命令是经。可是总经理要把董事长的命令贯彻下去，他一定有相当的权变，他的权变就变成部门经理的经。然后部门经理根据总经理的经，又有相当的权变，他的权变就变成下面科长的经，这样层层串联，层层节制，权不离经，产生合力的授权，而不是各部门各自为政、充满本位主义的授权。各级主管，才能放心为之，而各阶层人员，也才敢大胆放手去权变。久而久之，彼此有了信心，"多做多错、少做少错、不做不错"的陋习，会被"多做不错、少做就错、不做大错"取代，从此改变风气，不必经常骂人，显得劳而少功。

层层串联，整体配合，不会有太大的缺失和偏差。我不相信董事长讲的话可以一直延伸到基层。因为有很多细节，他是根本无法搞清楚的。职位越高的人只能发出方向性、概略性的指示，不可以讲细节，一层一层地把细节加进去，才是合适的做法。

董事长如果想全面控制，事无巨细，一切都规定得好好的，最后这些规定都行不通。行不通就不得不造假。

如果一位老总告诉司机："你每天走几公里都给我记录下来。"老总对司机连基本的信任都没有，就是在逼他造假。当然司机要造假太容易了，他可以修一次车报很多钱，加一次油报很多次，甚至开朋友的车去加油，各种造假行为让你防不胜防。最好的办法，就是老板用统计的数字来看大概状况，不离谱就可以了，这也叫持经达权。

各阶层的经权必须密切配合，以免愈来愈偏差，最后完全变了样。各阶层经权串联时是不能分开的，必须持经达变，紧密扣在一起，力求配合。承上启下，指的是秉承上级的权，作为自己的经，再传达下去，以自己的权，作为部属的经。

上级只有用意，没有困难；部属只有困难，没有用意。一个是用意，一个是困难。用意是虚的，困难是实的。因此，各个阶层要去认真体会上级的用意，同时，要设身处地地了解下级的困难。只有这样，上级的权宜应变，才能够成为下级不易的经，意旨才能够顺利传达下去。

五、上有政策下有对策

上级的权，变成下级的经。这一级的权，就是次一级的经。这样"上有政策，下有对策"，其实是层层串联的必然现象。上有政策，叫作经，下有对策，即为权。

📶 思考与分析

其实"上有政策，下有对策"是必然的，不是错误的。"上有政策，下没有对策"才是行不通的，那就只能造假。

因为很难有一个政策可以百分之百地得以实施。中国领土这么广阔，南方和北方差距这么大，中央的一个政策如果能适用于全国，符合所有地方情况，那是很难的。我们大家开会，一个意见提出来以后，与会者百分之百赞成，那就是造假了。一部分人一定有隐藏的、不敢说出来的理由。

我劝很多企业老总，千万不能要求部属零缺点。因为人不可能零缺点。他心里会想："上面规定我零缺点，如果我全心全力去做，最后一定是我累死，上级会很轻松，那我累死自己干吗？"卖力可以，卖命不行。如果你对他讲："哎呀，不要那么认真。"他很认真地做给你看；如果你让他认真一点，他会更马虎。这叫"一阴一阳之谓道"。

我一生最佩服的人，是我的妈妈。因为从小到大，我妈妈从来没有对我讲："去做功课！"这和许多小孩的妈妈是不一样的。我现在每回忆起我妈妈，就想起她常讲："去睡觉！"这是我妈妈最厉害、也是最高明的地方。即使我的作业还没有做完，妈妈也会说"做不完作业没有关系，睡觉更重要"。但第二天老师会因为我没有完成作业而打我的手，不会打妈妈的手。这就逼得我每次放学回家，不敢先去玩，而是赶快做完作业，要不然到睡觉的时候又写不完了。

中国人是相当有反叛性的。很多妈妈叫自己的小孩好好读书，叫小孩回家后做作业，结果孩子拿起笔来开始在课本上画妈妈，而且把妈妈的满脸都涂得黑黑的。妈妈看了一肚子火，却又有什么办法？

我妈妈并没有直接叫我去做作业，而是规定我晚上十点钟前一定要睡觉，这样我很紧张，放学一回家赶快做作业，做完作业后有时间才敢去玩，没有时间根本就不敢去玩，最后我变成了学习最好的学生。这就是"釜底抽薪"，解决了根本问题。

其实，中国人是"威武不能屈"的，你越强硬，他越不理你。我们信奉以柔克刚。中国人最怕听的是好话，不怕听坏话。我在当领导时，管理方法很简单，我对部属说："这件事慢慢来，不必那么急。"从来不叫他快点做，结果他很快就做好了。

"上有政策，下有对策"，好坏介乎一个字，到底是为公还是为私？因公而"上有政策，下有对策"，是好事一桩；为了私利而"上有政策，下有对策"，那一定是坏事情。

我们不要浪费时间去争论"上有政策，下有对策"到底对不对，而要看是因公做的调整，还是因私耍的花招。你是为公，最后大家都会接受调整；你是营私舞弊的，结果自然是很难逃得过责任。

从整体来看，"上有政策"的政策，应该是正确的，问题是我们必须考虑地方性的因素、局部性的变数或者一些突发性事件。假如政策本身不妥，根本行不通，或者不能因时制宜，盲目依照既定政策去执行的做法，只能叫作"愚忠"。这种人也是害群之马。但是，不依据上级的政策，盲目制定对策，叫作"目无长上，自以为是"。这种人是很可恨的、很可恶的。

所以，"上有政策，下有对策"必须以贯彻上级意旨为目的。"上有政策，下有对策"以公为出发点，并无不妥。虽然暂时会让人有一些误解，也没有关系，我们要敢于承担，这就是道德勇气。

六、目标一致经权配合

经权要求密切配合，必须上下目标一致。从上到下的管理层级数量，每个公司是不一样的。当然层级越多，沟通越不顺畅；层级越少，沟通越方便。公司信息在上下传递时,在每一层级多少会扭曲一点,改变一些,结果到最后,可能完全走样了。再加上中国人有一个习惯,就是开完会了以后,是不往下传的。老板把所有部门经理找来开会,开会时有什么决定,回去后就没有人知道了。照理说部门经理去开会,应该把开会结论讲给部属听,这样开会才有意义。结果,上下几个层级由于没有做到环环相扣,目标就被扭曲或遗忘了。

下对上有问题一定要问。问谁?问上级的左右手。我年轻的时候,主管讲什么话,我不敢去问他,否则就会挨骂。我去问他秘书,秘书会把答案传达给我。不要得罪老板的左右手,他是你最好的咨询对象。

我们对上级的指令有什么疑问,一定要弄清楚。我们不要期望上级会把一切交代得很清楚。我们自己斟酌,然后产生对策,只要稍有私心,结果必然会造成偏差,愈来愈偏离目标。

我们产生对策之后,要和顶头上司商量,这是至关重要的。上司往往有好几层,千万记住"只怕管不怕官","管"就是顶头上司,刚好管你的那个人。你要和他商量,他不支持你,你好事都会变坏事;他支持你,哪怕你有一点错误,他都会替你掩盖。你尊重他,他有责任保护你;你不尊重他,自己想表现,事情不向他汇报,他非打击你不可。

因此,你有任何改变,一定要和顶头上司商量,取得他的支持,让他有面子,让他受到尊重。公而无私,政策与对策之间就不容易产生矛盾,上下之间也比较容易沟通和谅解。彼此以诚相见,目标容易趋于一致,而经权也自然密切配合。

第五节　经权配合需遵守原则

要授权,必须经权配合。老板确立目标和原则,部属应该视为不可擅自改变的经，自己所拥有的权，乃是因应企业内外情势所产生的压力，比较各种可能的状态，选择最有利于达成目标的方法，却不能为所欲为，置老板的经于脑后，而任意权变。

经权密切配合，通常要遵守三大原则，说明如下：

（一）权不舍本。

就是权不离经的意思。一切权宜应变，不可以离开原则，不可舍离根本的经，也就是原始的目标。

（二）权不损人。

任何改变一定会有人抗争，抗争的人是谁？享有既得利益的人。如果他的既得利益受到损害，他一定会抗拒。所以，权宜变通的时候，不可以损及他人，以免受损害的人抗拒，甚至全力破坏。我们要考虑，如何让他人的权益获得相当保障，把他人的损害降到最低。

（三）权不多用。

规定不可能没有例外，但例外不能太多，例外太多就等于没有规定。尽量减少权宜，以减少例外的比重。

权宜应变，原本是不得已的事情，并不是一切都需要如此。三个原则并重，才不致顾此失彼，有损于经权的配合。

一、权不舍本就是权不离经

上司所订定的目标和原则是部属权变的依据。中国人希望"以不变应万变"，即是用不变的经来应付万变的环境，竭力在变化多端的因素中，寻找有利的途径，以达成不变的目标。许多人误解了它的意思，把它当成不变。自古以来，中国人就要求适当权变，但务必要合宜，再怎样变，都不可失去根本。

权不舍本，因为它非常重要，所以自古以来，我们常说权宜应变不能够舍弃根本原则，权不能离经。不管是权在经内，或者权在经外，都是权不离经。

权不舍本，因为它的四个切点都很清楚，符合"以不变应万变"精神。就是我在原则上抓得很紧的，但是，我一切都在变。

权不舍本是万变不离其宗的表现。大家比较容易接受，认为它很合理，所以是经权配合的基本原则。

二、权不损人以免引起不安

权宜变通的时候，切记不可损人。损害到任何人，被损害的人当然会产生不满而加以抗拒。就算他不公然反抗，仍旧是潜在的危机，伺机而动，终有一天你会遭到他的破坏。

因公害私，理论上应该乐于接受，实际上却很难推动。因此，对于受损害的可能性，我们应该在权宜应变之前考虑清楚，有哪些人的既得权益可能受到损害，如何补救以使其安，然后逐一沟通，取得充分谅解，并加以化解。可能补偿的，应该给予合理补偿；可以转移的，要事先商量，请其配合转移。

此时再予通权达变，才能使大家安心，当然能获得众人支持，大家通力合作，才不致因权益受损而引起不安。权变才能通达，原订的经始有顺利完成的可能；否则方法再好，也是行不通的。

举个例子。有一家公司从美国请来一位技术人才，目的在于全面提升公司的技术竞争力。为了给他提供比较好的待遇和职务，公司请他做了副总。但这位技术人才当了副总以后，什么都管，反而不管技术了。此时，公司该怎么办？

能把他调换了吗？不可以，如果是物品不合适，可以随时调来调去，因为物品没有情绪，人是有情绪的，你要调动他的位置，他一百个不愿意，因为他没有面子了。

那怎么办呢？方法很简单，公司多请几个副总就可以了，让这位技术人才当技术副总，其他人当财务副总、生产副总、销售副总等，这样就没事了。我们要保障他的既得利益，不要损害他，他就会安心，开始支持公司的工作了。

如果每一次改变都会损害一些人，我们就要想办法去弥补，而不是道歉了事和叫对方忍耐，那是做不到让人安心的。

比如，乘客在乘坐某班飞机到达目的地时，下飞机后，发现行李没有及时到，航空公司该怎么办？如果向乘客说抱歉，尽快给他找行李，找到后马上送去，行吗？不行，乘客今天晚上的洗漱用具、内衣内裤都在行李箱里，是等着急用的。优秀的航空公司是这样做的，乘客的行李没有及时拿到，服务人员会先给他一张券，请他去喝杯免费咖啡，然后利用他喝咖啡的时间，帮他查找行李下落；如果行李已经在下一班飞机上了，服务人员就会告诉他："三个小时以后我们将行李送到。"这样他就没话讲了。如果当天根本找不到行李，可能要到第二天了，他们会送他一套内衣裤、洗漱用具，这样他也没话讲了。做到让人家没有话讲，这才叫补偿；只是嘴上说抱歉，是没有什么用的。

三、权不多用尽量减少例外

权不多用的意思是尽量减少例外情况，以免引起大家的不安。因为例外太多，表示经出了问题。如果经没有问题，那就是执行时发生偏差，后果更加可怕。

老板的原则如果合用，就不必多有权变。典章规则假如随时调整，合乎时宜，不必常常树立例外。经是变中不易的，应该适时修正，这是上司的责任，每一件事都要权变，才能通达，表示经确有问题。

中 道

现代企业深受外界因素如市场变迁、技术变迁、政治环境变迁、经济环境变迁、文化社会环境变迁的影响，如果经营者不能适时调整目标，部属即使尽心尽力去权变，亦将得不偿失，所以经如切合时宜，即可权不多用。

我们一方面主张权宜应变，一方面主张权不多用。看起来相当矛盾，实际上彼此配合。

凡事先想不要变，而不是先想要变；不得已才变，便是权不多用。权不多用才能维持经的地位。

思考与分析

对上级的命令，我们要先想不服从，而不是先想要服从。我们是站在"不要"的立场来"要"，不是站在"要"的立场来"不要"。

一个本，一个末，站在不要变的立场来变，就不会乱变；站在不要的立场来要，就不会乱要；站在不听的立场来听，就不会变成"愚忠"。

权不多用，是我们权宜应变时，忠于事而又真正用心的表现。

凡是上司交代的事情，我们都要想：我做不做得到？但是我们不讲出来。做得到，而且上司的指令很合理，我们就照做，不想其他的；做不到，而且上司的指令不合理，是错误的，我们就尽量去克服，克服不了，去提醒上司，让他自己改变。我们不会当面顶撞上司，更不会让他在大家面前难堪。

做部属的第一个条件，就是不可以顶撞上司。你没有资格顶撞他，没有资格让他难堪，更没有资格在他面前讲直话，中国人是有伦理观念的。三个中国人走在一起，往往是职位高的人走中间，职位较低的人最好比他靠后半步。很多人不了解这种伦理，吃亏的是自己。中国人一出来，你就知道走在中间的是领导；中国人一发言，你就知道第一个讲话，而且声音大的是领导。中国的领导是有很多架势的，他能够随时随地让人知道他就是领导。

四、既得利益应该逐渐消减

既得利益是自然的产物，它是事出有因的结果，不是自己造成的。当初所以形成这种利益，必然有它的原因，也一定有相当的道理。

我们不能让一个人的既得利益平白无故地受到损失。既然给他好处了，就不能说翻脸就翻脸。这样他回家没法向家人交代。西方是个人主义，他领多少钱，薪酬增加或减少都是他个人的事；中国人是家庭主义，他的薪水减少，回家会受到很严厉的拷问："你为什么被降薪呢？是工作不好，还是得罪了上司？"中国人承受的家庭压力其实不小于公司压力，尤其爱人那一关很难通过。所以，我们做任何调整，都要想到一个人的后面有一个家庭。

既得利益要不要改变？答案是应该改变。时过境迁，已不合适的，必须改变。但是，既得利益不应该一下子马上改变，以免引起这些人的抗拒或不安。否则，他们会给你制造问题，弄得你鸡犬不安。最好是逐渐消减既得利益，用调整代替改变，以渐变取代突变。

我用的是"消减"，没有用"消灭"。我们只能慢慢减少，一下子把既得利益拿掉，是会引发很激烈的抗争，对整体是不利的。逐渐消减既得利益，他才不会感觉到没有面子，或者很强烈地受伤害，可以减少抗拒，使政策推行得比较顺利。

五、例外的比例要尽量缩小

有例行就可能发生例外，很难完全防止。但是例外的比例太大，就等于完全没有法度了，大家都离经，风气愈来愈坏。例外的比例，最好控制在10%之内。如果超过10%，我们就要注意：可能规定已经有问题了，就要尽快去改变、去调整。

例外要尽量避免，要把经定得很合理。所以，规定本身就要合理，不合理的规定是很难执行的。凡是执行不了的规定，大概其本身都有相当大的问题。

思考与分析

如果你的公司实行打卡制度，能不能员工9点钟以后打卡统统算迟到？我想大概是不可能的。通常会有10~15分钟的宽限额度。公司规定上午9点钟上班，9点15分之内打卡的员工，统统不算迟到。这样无形中就等于把打卡时间放宽了15分钟，对公司来讲，还是很大的损失。那公司能不能把打卡时间提前一点呢？这是可以考虑的。为了维持秩序，为了让大家自动表现，可以看哪一位员工不耽误上班时间，如果他能够控制在5分钟的额度之内，公司就应给他一定的奖励。这样，慢慢地就把风气扭转了。

不过我建议，如果公司规定上午9点钟上班，员工9点20分以前是可以不工作的，那不是损失，反而能使公司获利更大。这个时间大家互相打招呼、彼此关心，然后把环境整理好。我认为，让中国人把情绪稳定下来再工作，他的效率会很高。一上班就匆匆忙忙的，每个人自己做自己的事，彼此不关心、不配合，工作效率并不一定高。我们不要在乎那20分钟，此后员工有很好的工作表现，那才是更重要的。

很多企业的规定是从别人那里抄来的：看到报纸、杂志、书籍上一些很好的规定，马上列入自己的规章里；也有些规定是老总自己想到的，不切和实际。这都是不合理的"经"。

什么是合理的制度？是由下而上，而不是由上而下制定的制度。只要做到了这一条，制度就会很合理。很多人听了都感觉很害怕，由下而上制定行吗？其实在我辅导的公司里，都是让各单位自己定制度。一家公司不一定要有统一的制度，生产部门和销售部门的制度是不太一样的。因为生产部门的员工一定要同进同出，这样才能正常生产；销售部门就不一定了，业务员只要把业绩做出来就可以了，没有必要同进同出。另外，生产部门的员工要穿制服，大家步调一致；销售部门有必要统一制服吗？不一定，每个人的客户群不一样，他觉得自己穿什么衣服去跟客户打交道比较方便，他可以自己决定。

因此，我会让销售部门自己制定一套制度，生产部门自己定一套制度。也许刚开始时，制度本身是不太合理的，但由于是自己定的，他们一定会十分关心，会自己调整，很快就会找出一条应该走的路。3个月下来，他们自己定的制度就非遵照不可了。

每个人都有自己的度，不会太过分。也许刚开始会，但是一段时间后，慢慢会定出一个合理的"经"来。尤其是中国人，家有家规，帮有帮规，公司有公司的规矩，每个人从小到大都是知道的，我们还担心什么？

权不舍本，权不损人，而且权不多用，自然减少例外的比重。例外愈少，大家对"经"愈有信心，因此愈加尊重，愈能够做到经权的顺利配合。

第六节　经权之道五大要领

经权之道有五大要领。第一个是慎重立经，刚开始制订计划的时候，要非常慎重，要决定用什么形态好好去沟通，然后放手让大家持经达变。最后，要追踪考核，从中了解其效果。

公司完整的制度体系，需要大家好好地去执行，管理就纳入经权配合的系统里了。

一定要有共同的原则吗？如果没有原则，两个人是搭配不起来的。比如，两个人要决定某一件事情，意见不一致时，谁说了算呢？如果没有一个人可以拍板定案，就是没有原则，没有规定。所以，一定要有伦理，哪怕是两个人合伙，都要有一个人说了算，否则就会变成"双头马车"，方向是不一致的。

很多公司的董事长和总经理完全是背靠背的，反正总经理讲什么，董事长就反对什么；董事长讲什么，总经理和他背道而驰，这害死了下面的部属。部属去问总经理，总经理说问我干什么，去问董事长；部属去问董事长，董事长也说问我干什么，去问总经理。两人如此相互否定对方，部属不知道该怎么做了，这就叫作"双头马车"，公司只能是一事无成。

我们要确定一个可以拍板定案的人，他要负起70%的责任。当然，要先沟通了以后才可以做决定。根据既得的原则来拍板定案，这是对的；如果没有原则，就拍板定案了，那么别人就会质疑你，凭什么你说了算？

一个公司如果没有一个说了算的决策人，迟早会出问题，也让下面的人不知所措。所以公司开始创立时，一定要好好商量，确定目标是什么，应有哪些基本规定，而且最好从"约法三章"开始做起。刚开始订立的规定不要太多，慢慢增加。

不要想着第一次就把"经"确立下来，制度不是一次就可以制定完的。例如，公司创立之初，就那么几个人，谁来谁没来，一看就知道了，还需要打卡吗？没有必要。此时，你定打卡规则，订立会议签到制度，订立罚款规定，都是多余的。一家公司才成立不到一两年，就有一大堆规章制度，有什么用？随着公司的发展，需要什么样的典章制度，让员工自己去设定，设定一段时间就修改。这样，员工乐意执行，管理者少劳而多功。

企业需要几个部门就分设几个部门，不要一下子把阵势拉得很大，那样管理成本太高了。中国的公司，许多都是白手起家的，刚创立时都是不分工的；而西方企业一开始就把组织架构建得很完善，然后不断调整，所以他们的创业基金是很大的。中国的公司往往是先有两个人当主管，就分成两个部门，慢慢变成三个部门，及至更多。

这是一条西方人非常反对的路子，叫作"因人设事"，完全是以人为中心，用人来决定，不是用事来决定的。西方人是因事找人，有什么事情就找可以做事情的人来。经是不变的原则，权就是因时、因地、因人、因事而变动，以求制宜的权变。经权之道可以分成五个阶段，必须掌握五种要领，要点如下所述：

第一，慎重立经：务求大家确立中心理念。

第二，决定形态：权在经内，权在经外及经权交集，都要详加分析，审慎抉择。

第三，沟通原则：共同把握权不舍本、权不损人、权不多用的原则，以维护整体安宁。

第四，执经达权：放手让各人去持经达权，以求制宜。

第五，追踪考核：以上四个阶段，都需要各级主管随时追踪考核，以形成良好的工作风气。

一、首先慎重立经

组织成员在求新求变之初，应该首先慎重立经，换句话说，就是一定要有中心理念。"立经"就是确立某些经权配合的基本原则。

立经就是把原则提出来以后，还要经过大家讨论，汇集大家思想，得到所有人认同，这个"经"才有用。只是由上面来宣布原则，经常是没有用的。

对于中国人来说，不管是哪一种组织，最要紧的就是"巩固领导中心"，这是大家非常熟悉的一句话。为什么要"巩固领导中心"呢？假如每个人各想各的，团体就没有合力。中国人有的是力量，但是合起来非常难。"和""合"这两个字，对中国人来讲是很难做到的。"合"而不"和"，就是混稀泥、和稀泥，大家一起混日子，最后各搞各的。"和"而不"合"就更麻烦了，大家看起来是在同一条船上，可是各怀鬼胎，最后这条船就会沉。所以，"和""合"要变成我们共同努力的目标，大家既能合伙作业，又能齐心协力、志同道合。因此确定中心理念就显得格外重要。

中国人最要紧的是慎始，也就是一开始要谨慎。一开始就做错，那是很麻烦的事情。一开始就做对，就要好好地确立做事的根本原则，决定采取什么形态，这样才可以开始沟通。要点如下。

第一，务求组织成员对经权配合的目的、形态和串联，获得基本认识，并且建立若干共识。

第二，基于这些共识，我们进一步分析各种形态的差异和得失，以及串联的要点及限制。

第三，审慎确立组织成员有关经权配合的中心理念，并将这些理念具体化，建立经权配合的基本原则。

第四，最后充分沟通，使组织成员知经而且乐于持经达权。

慎重立经之后，大家共同知经，便是确定中心理念，所有人按照大原则来权宜应变。

二、其次决定形态

经权的形态，可能有四种情况：一种是权在经内，叫作"内圆外方"；一种是权在经外，叫作"内方外圆"；一种是经权有交集；一种是经权没有交集。

我们不太会选经权没有交集，也不会选经权有交集。只会选内方外圆或者内圆外方的形态。究竟要权在经内的内圆外方，还是权在经外的内方外圆？这就需要大家详加分析，审慎抉择。

一般来说，经权配合的形态，应由底下人决定，而不由上面人规定。

有些单位适合内方外圆，有些单位比较适合内圆外方。建议大家好好商量，然后取得上级领导同意，就可以把形态确定下来。

我们可以把两者分开，某些事情采取内方外圆形态，某些事情采取内圆外方形态，而且还可以变动。

当然，我们也可以先要求内圆外方，待充分协调，彼此有深厚的信心之后，再发展为内方外圆，给它更大的弹性。这是寓训练于授权的做法。（见图4-3）

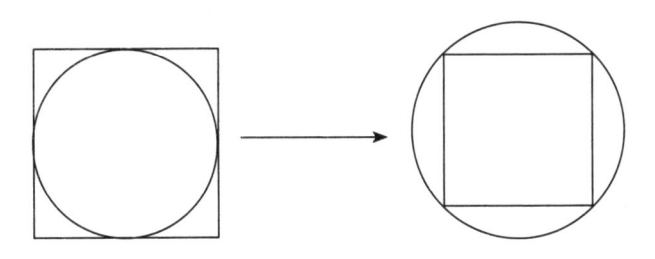

图4-3 从"内圆外方"到"内方外圆"

经权配合的形态，需要大家好好研讨，分析得失，然后再决定如何抉择。

三、然后沟通原则

关于经权配合，我们需要掌握三个原则，即权不舍本、权不损人和权不多用。组织成员必须逐一加以认识、分析和研究，务求大家都充分了解，并且乐于共同遵守这些原则。

权不舍本就是权不离经的意思，是同质的配合，也是合乎中道标准的权变。权不损人才能普遍获得同人的支持与协助，凡有权宜应变，最好先让有关人员参与研讨，共商利弊，并先行协调，以求顺利通达。权不多用可以防止营私舞弊，形成派系，而要权不多用，则有赖于经的适时修正，以期制宜。

变是必须的，非变不可；但变是很可怕的，有80%是不好的，只有20%是好的。公司的创新成功率都不太高。可以说，创新能够有20%的成功率就不错了。变来变去，有80%是落空的，越变越坏。所以不可不变，但是一定要控制在一定范围之内变。

我们既然订立了原则，就要放手让大家去做，从实践中去印证每个人持经达变的能力。

但持经达变毕竟是说起来容易，做起来是相当困难的。大家去尝试的时候难免有无心犯错或者拿捏不准的时候，必须互相提醒，彼此警惕。

一个人犯一两次错误，是没有关系的。公司的经营里面，有"错误成本"。如果我们不容许部属犯错，那就大错特错了。一个怕犯错的人，他是不会去尝试的。所以，要放手让大家去做，在我们可控制的范围之内，容许他犯错，只要他不是存心的，不是违法的。所以，有一句话，叫作"无心之过，概不处罚"。容许部属犯下"无心之过"，只要他及时改过，过失的经验也是非常宝贵的。

逐渐养成习惯之后，又容易产生因大意而偏离原则的情况，同样需要时时检讨，互相劝勉。组织成员不但要谨记这三个原则，而且遇事要拿出来检验自己，务求确实遵行。

四、大家都持经达权

我们在经过慎重立经，决定形态，又充分沟通经权配合的原则后，即可放手让各人去持经达权，以求制宜。

持经达权的要领是凡事先想，一切遵照规定，然后随机应变。不可以凡事要求新求变，以免流于为变而变，愈变愈糟。

持经达权，还要请求同人之间的配合。我们一定要记住，一定要变，但是不能多变；变的时候要考虑有没有伤害到别人，要考虑有没有违反原则。如果没有，你就放心去变；如果有，你就去修正，如果都这样去做，配合度就会比较高。

我们在持经达变的时候，上下层级的串联、横向部门的联系协调，都必须用心。大家目标一致，各自站在自己的工作岗位上，力求分工合作。

五、随时要追踪考核

无论立经、知经、决定形态、沟通原则，还是各自持经达权，都要讲求效果。要讲求效果，就必须追踪考核。

各级主管必须辅导所属人员切实持经达权，慢慢检讨每一次成果，并认真思索：

第一，经立得对不对，合适不合适？大家明白到什么程度？

第二，形态确定得正确不正确，大家对认可的形态是不是真的乐于施行？

第三，经权配合三原则，大家知道得清楚不清楚？有没有贯彻实施的决心和毅力？

这些随时要列入考核，务求各自持经达权，收到整体配合的效果。

中 道

　　考核是为了补救，为了改善，而不是为了给谁难堪，这点很重要。我们务必要追根究底，把所有弊端统统抓出来，但是千万记住：不要让现场任何人承受不了，否则他会捣乱，甚至于当场就爆发情绪，那种场面是很难收拾的。

第五章

絜矩之道

中 道

导 言

　　人是动物的一种,但是人不可以和其他动物一样,否则就没有做人的资格。人最重要的是两个字：自觉。

　　自觉什么？古人说,"食色,性也。"但一个人如果只会吃饭、睡觉,就和动物一样了。人和动物的本质区别,用一个字概括,叫"仁"。动物是没有"仁"的,它们也不懂什么叫作"仁"。

　　中国人讲"仁"不讲"爱",西方人讲"爱"不讲"仁"。"仁"字是由"人"和"二"组成的："人"表示说这是人,也就是懂做人的道理；"二"表示有我之外还有别人,我们必须将心比心,把别人同样当作人看待。因此"仁"和"爱"是不太一样的。

　　人要自觉,才能成为万物之灵。周武王说："惟人万物之灵。"他号召人要成为万物之灵,关键就在一个"仁"字,就是要讲究人与人的互动关系。

　　一个人有了自觉,就会表现出自律。一个人有没有自觉,看他有没有自律就可以。什么叫自律？就是自己管自己。

　　中国人是不喜欢被人家管的。中国人强调要管理自己,这就叫作"修身"。中国人的人生理想是四件事：修身、齐家、治国、平天下。从把自己修好开始,然后把家安顿好,接着有本事就去治国,最后是要平天下。

　　大学之道里没有"立业"这两个字,难道职业生活不重要吗？难道创业方式不好吗？难道事业的奋斗与志向的追求都无关紧要？其实不是这样的。我认为这是中国人非常了不起的地方。

　　《大学》认为,人生只有一个目的,就是把自己修治好。怎么去修治自己呢？中国人走的路子和印度人就不一样了。印度人讲求出家,躲到

第五章 絜矩之道

野外某清净的地方，如深山、森林、石窟里去，隐居修行。中国人称之为"独善其身"，只对自己有用，对别人是没有影响力的。既然身为人，就应该对社会有些贡献。所以，中国人要在世俗社会里修行自己，走入世的修行道路。所以，事业只是帮助我们修炼自己的方式，本身并没有意义。

我们在修炼中提升自己、充实自己，在齐家中提升自己、充实自己，在治国中提升自己，在平天下中修炼自己。因此，对中国人来讲，人生只有一个目的，就是把自己修好，不断充实自己，不断提升自我。

管理的活动，始于修己的功夫，而终于安人的行为。管理如果偏离了这个大道，就没有太多的意义。管理只做三件事情：第一件事，把人安好，叫作安人之道，今天的话叫作"以人为本"。人是一切的根本，找对人，安对位置，给他一个氛围，让他自动去做事情，根本不需要去管他。第二件事，有所变有所不变，叫作经权之道，今天叫作"与时俱进"。最高的管理智慧就是一句话，叫作"以不变应万变"。一切都在变，一切不能不变，但要变得合理，安人要安得合理，那要怎么办？这就是需要第三件事——絜矩之道，就是将心比心，用自己的心来感应别人的心。

我们有句至理名言："人不为己，天诛地灭。"这说明人是自私的。但是，人之所以能够为人，是因为能够做到"推"，这个字就把儒家的精髓讲完了。"推"，就是会推出去，由亲到疏，由近到远，推己及人。

我在《中国式管理》一书中，是公开推崇推、拖、拉的，因为推、拖、拉是中国人化解问题的最有效方法。但是，长久以来，我们一方面习惯于使用推、拖、拉，一方面却痛骂推、拖、拉为恶习。这是什么原因呢？就在于我们常犯一个错误，即在推、拖、拉的时候，把坏处都推给别人，把好处留给自己。推、拖、拉的方向，有时候也可以推给自己，为什么一定要推给别人？推、拖、拉不一定朝向自己，也不一定朝向别人，而是推给最合理的人。合理的推、拖、拉，就叫絜矩之道，合乎中国人所欢迎的中庸之道。无一事不合理，推、拖、拉到恰到好处，自然大家都愉快（见图5-1）。

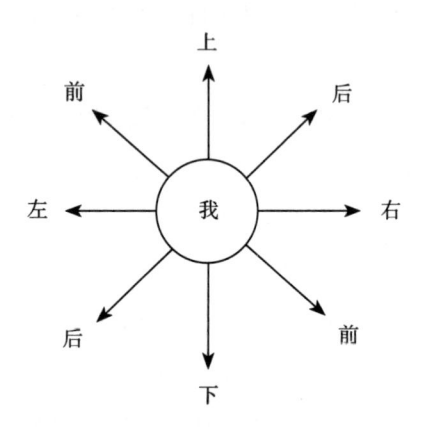

图5-1 中国人的推己及人

什么是决策？就是在多种选择里，选择你认为最合理的那种，这也是推、拖、拉。没有一件事情不是推、拖、拉的结果，只要推、拖、拉的后遗症不是很严重，就是化解问题的办法。许多中国人最高明的地方是利用推、拖、拉这个短暂的时间来充分思考怎么才合理，该给别人就给别人，该给自己就给自己。如果不推、不拖、不拉，连思考的时间都没有，那就很危险了。

絜矩之道，就是站在对方的立场，设身处地地想。但仅是这样还不够，还要扩大思考范围，还要想到第三者，想到更多人。西方人的观念中只有你和我，一般是没有第三方概念的。

但现代很多中国人正在受西方人的影响，脑海里也只剩下"你"和"我"。

絜矩之道才是根本，今天就叫作和谐社会。因为人要成长，只有靠和谐；社会要进步，只有靠和谐；世界要和平，也只有靠和谐。

第五章　絜矩之道

　　老实讲，絜矩之道对中国人的影响很大。西方人有话就说，至于你听不听得进去，那是你的事情。中国人不是这样。我们会想对方听不听得进去，听得进去我才会讲，听不进去我根本不会讲。我们很少讲人家听不进去的话。所以中国人会不会沟通，就看开口说话时，人家听不听得进去。如果别人连听都不听，那你的沟通完全等于零。为了让对方听得进去，就必须设身处地，站在他的立场来感受他，这是非常重要的。

中 道

第一节　人普遍不喜欢被动

一、自己的决定才能全力以赴

　　许多人认为人是被动的，推一步才进一步，不推就不动。其实，人最喜欢自动，不喜欢被动。被动是后天养成的坏习惯，并不是先天带来的。
　　但是，我们所看见的，是被动的现象。所能观察到的，几乎都是被动的人，很少有自动的人。于是，我们逐渐产生错觉，认为人喜欢被动。
　　这种错觉，使得大家存有被动的期待心理，以致引发更多被动的行为。我们不妨自己反问一下：被动的时候，有什么感受？自动的时候，又有什么样的感受？
　　当我们想请别人吃饭时，我们不但不计较金钱和时间上的损失，而且唯恐对方吃得不满意。但是当别人要我们请客时，我们却十分不情愿，推三阻四，借口没有时间，或者一时不方便，这是什么道理？
　　因为人必须对自己负责，所以对自己的决定最愿意顺从。何况对于别人的要求，如果我们答应得过快，很容易造成别人对我们要求愈来愈多的倾向，这对自己是非常不利的。
　　我们自己决定，便是出于自动的"自决"。民族要求自决，个人也要求自决。别人的决定，对我们来说，便是被动。就算这个决定相当合理，也终归是别人的决定。

若是决定的人平日和自己的关系良好，我们还比较乐于接受；如果彼此的关系不怎么好，我们当然更加不愿意接受。

人对自己的决定，大多全力以赴。对别人的决定，顶多尽力而为。前者出于自动，而后者属于被动。由此可见，我们喜欢自动，不喜欢被动。不要相信"中国人很被动，推一下才进一步"的传言，这是一种人为假象，并不是合乎人性的真相。

二、被动时拖拖拉拉

由于"人是被动的"错觉引起许多不良的互动，结果造成"大家都拖拖拉拉"的不正常现象。久而久之，习以为常，原本不正常的现象反而成为大家认定的正常状态。

拖拖拉拉，成为一种风气，变本加厉地影响到每个人。大家一方面指责、埋怨，一方面却愈来愈如此。

大家都拖拖拉拉，形成一种低效率的坏习惯，对管理的成果势必有不良的影响。

拖拖拉拉和推、拖、拉不同，就像"马虎"和"马马虎虎"不相同一样，我们必须用心加以区别，才能够明白其中的奥妙。

推、拖、拉是好方法，而拖拖拉拉却是不良习惯。这种风气一旦形成，必然降低组织力量，严重影响大家的执行力。

马虎是不好的，马马虎虎则是对美好的称羡。我们不好意思说自己做得很好时，谦称为马马虎虎，便是有君子风度的一种表现。

被动时拖拖拉拉，自动时才会合理地推、拖、拉。管理者最好明辨清楚，才不致引起误解，增添管理的困惑。

三、催逼之下更加不动

在拖拖拉拉的风气中，最严重的问题是产生不正常的管理心态：非严管不可。

严格管理，采取紧逼盯人的方式，凡事推、催、逼、压，好像不如此就没有人做事。唯恐对部属宽容一些，大家会更加偷懒。于是把不正常的推、催、逼、压，看成正常的做法，并且变本加厉，愈催愈急，愈逼愈紧。

管理的错误心态，导致管理的不良态度，产生不良的管理效果。

管理者应该明白，拖拖拉拉的不良习惯，实际上是不合人性的领导所带来的恶果。如果领导得宜，大家自动自发，就不可能拖拖拉拉。相反，如果领导得大家十分被动，当然会拖拖拉拉。管理者把责任完全推给部属，显然并不恰当。不正常的推、催、逼、压，只可能增强大家被动的感觉，徒然产生负面的效果。

管理者秉持絜矩之道，以将心比心的方式来体会被管理者的心态：怎样才会觉得自动？怎样形成被动的感受？因此，尽量造成大家自动的氛围，用心避免制造被动的气氛，应该是管理者正确的心态。唯有如此，才能改变员工拖拖拉拉的恶习，使大家自动自发、安心乐业，并以乐在工作的心情，不断提升管理效果。

世间事原本物极必反，一切都循环往复。

推、催、逼、压如果使用得合理，还可以收到相当效果。若是推、催、逼、压得过分，便会物极必反，引起相反的后果。

愈推人愈麻木、愈逼人愈反感，终至失去功效。稍微不推、不逼，简直整个都停顿下来，

再也紧张不起来。

于是，我们常常听有些管理者抱怨：中国人真难管！

中国人不容易管，因为大家都喜欢自主，以维护尊严。自主来自内心的那份自决的感觉，也就是自动的喜悦。让中国人开心，自然容易讲通，便于领导。中国人一旦心不甘情不愿，充满了被动感觉，那就很难商量，领导时也推不动，更谈不上达成良好的管理效果。

大家都知道，用人不像用钞票或物品那么简单。良好的用人制度固然十分重要，但是，单凭制度并不能保证用人的成效。管理者必须有一套本事使大家能够自动自发，乐于竭尽才能。当年曾国藩以"广收""慎用""勤教""严绳"为四大原则，相信如果他生在现代，必然会加上一条"自主"。管理者虚心招揽人才，提供表现的平台，放手让部属自动发展才能，才不致因被动而拖拖拉拉，造成有人才却不乐于表现的困境。

四、管理不一定要发号施令

我们发现部属愈推愈推不动，愈逼愈没有起色的时候，必须提高警觉，因为此时已经物极必反，失去效果了。

部属时时期待推、催、逼、压，来时勉强承受，但马上变成耳边风，不当一回事。又期待下一次的推、催、逼、压，然后再一次把它当作耳边风。

不逼不行，逼也不行的时候，管理就失灵了。

中国人是内心非常矛盾的。上级安排我们做事情，我们一方面很高兴，认为他看得起我们；另一方面又很不高兴，认为上级虐待我们，别人没有事不让他做，总让我们做就是找我们的麻烦。所以做领导很难，逼下属做事，他不高兴；不逼下属做事，他还是不高兴。

西方人规定该谁做就谁做，是非常清楚的。也许有人会说，中国人也把事情规定清楚，不就可以了。我认为是也不行。

中国人有一句话，叫作"人不畏死，奈何以死惧之"，就是说一旦到了部属不怕上级，对上级毫不畏惧的时候，推、催、逼、压就完全没有用了。制度会使得主管无能为力。

举个例子。上级按照制度来激励部属是没有效果的，按照制度给他发奖金，他一点也不感谢，还会心想："这是我按照制度应该得到的，凭什么要感谢你？"而且他还抱怨，这个奖励规定已经制定三年了，三年前奖励2000元，现在还是2000元，为什么不随着物价的上涨调整？他一百个不满意。所以，老板应该给主管比较大的自由裁量权。

此路不通的时候，最好反过来想一想，人真的需要推、催、逼、压吗？

主管要部属做事情，是不可以发号施令的。我在当领导时，每向部属交办事情，都会把他请来。我的第一句话是："李科长，我知道你最近很忙。我这里有一件事情，我实在不忍心再叫你做。"他说没有关系呀。我的第二句话是："这件事别人不会做，你又那么忙，我给谁做呢？我看还是自己做好了。"他就会说："你千万不要自己做，我做好了。"他就轻松愉快地去做了。这就没有必要推、催、逼、压了。

五、让员工自动自发

人并不喜欢被动，刚好相反，人喜欢自动。人性的尊严在哪里？就在于自己可以为自己作决定。如果事事被动，还有什么尊严可讲？

人最乐意服从的是自己的决定。人对别人的决定多半感受到一些压力，想要抗拒。人对自己的决定，会非常乐意接受，而且不打折扣地去执行。

人的心态是非常重要的因素。一个人自动的时候，会觉得样样都很好，心甘情愿去做事，心情十分愉快。一个人被动的时候，他就觉得样样都不满意，心里不情愿，做起事情来，不是拖拖拉拉，便是敷衍塞责。

中国人只要心里很高兴，什么事情都很好商量；中国人心里不乐，就最难商量，他样样都斤斤计较。主管如果完全是按制度办事，部属对你一点畏惧的心都没有，你就很难去领导他。

举个例子。有一天你要搬一张桌子，看到一个员工走过来，就说："过来过来，帮我把这张桌子搬到那边去。"他会怎么反应？他会说："我今天没有办法帮你，因为我手疼，如果平常的话，我一扛就搬过去了。"意思是说，你自己没有手疼，自己搬过去好了，为什么让我搬？但他心里的话没说出来。

所以管理者是不可以这样发号施令的。我建议大家讲话之前，先看看对方，这是很重要的。对方手上有一块小胶布，你第一句一定要问他怎么了，不要谈工作。最好的管理方式就是先处理心情，再处理事情。即使他的手很疼，有了你的关心，他也会告诉你："没什么。"你说："你手疼，算了，我自己搬好了。"他马上说："你走开！"就立刻把桌子搬走了。这样，他就不会觉得有什么不愉快，还觉得是自己应该做的，不是你逼迫他做的。

同样一个人，自动和被动，简直是两个人。

所以，我们在领导部属的时候，不妨先问一问自己：到底自己是比较喜欢自动，还是喜欢被动？大多数人其实都喜欢自动，并不喜欢被动。

我们要做转化的工作，明明是上司的意思，把它变成部属自己的意思。这就不一样了，一个是被动，一个是自动。当部属感觉到被动的时候，他会有抗拒心理；当部属感觉自动的时候，他完全不会计较，更不会抗拒，很乐意去做。两者的效果是完全不相同的。

有的公司不实行员工打卡制度，也管理得很好。其实，现在越来越多的公司趋向于实行弹性考勤制度。因为大家都明白，制度管得了员工的身体，却管不住他们的心。打卡对有些人来说就是一种被动，一种逼迫，一种不尊重。而且更妙的是，打卡提醒员工下班了。如果不打卡，员工可能还会忘记下班，坚持把工作做完，很多人并没有想到这一点。

第二节　人大多希望自主自动

一、人从小喜欢自动

　　小孩模仿大人的动作，是一种自动的学习。小孩常常自动做这做那，忙个不停。小孩喜欢做自己想做的事，看起来相当不听话，实际上也是一种自主的表现。人会自动，喜欢自动，是上天给人的最有利的生活权利。

　　人会自主，喜爱自主，是上天对人必须向自己负责的最好启示。一个人必须要对自己负责，而不是对别人负责。还要说清楚一点，人为自己负全部的责任。因为人生只有一条定律，叫作"自作自受"。你怎么决定，就要承受那个后果；你怎么选择，就要负起全部的责任。我们常常把责任推给别人，那是自我安慰，没有实际效果的。

　　自动，才会勤劳工作；自主，才必然承受自作自受的后果。

　　孔子说："知之者不如好之者，好之者不如乐之者。""乐"便是自动的状态。人只有自动自发，感受到自主的尊严，才会充满快乐，一旦被动，产生被压迫的感受，那就乐不起来。孔子自己乐而忘忧，不知老之将至，便是由于"从心所欲，不逾矩"，完全没有被动的感受，所以再辛苦也不认为被压迫，不致半途而废。

　　人的自我实现表现在自己完成自主的行动之中。这种感觉，我们从小就喜欢，可惜为时不久，便被无情地剥夺了。

二、被骂到不敢自动

　　小孩是很喜欢动的，一会儿做这个，一会儿做那个。善于教育小孩的妈妈，看见小孩拿扫帚，就说：妈妈换一把小的扫帚给你，这个比较适合你，妈妈教你怎么扫地……这样孩子会越来越自动。

但许多人并没有好好地引导小孩。小孩一自动，大人就责骂他，说他不听话，爱乱动。于是，小孩原本爱自动，却被骂得不敢自动；小孩天性爱自主，也被骂得不敢自主。

大人一方面希望孩子独立，不要太依赖父母；一方面又把孩子骂得不敢自动、自主，实在是一种矛盾。我们要孩子自动自发，又常常加以责怪，骂到孩子不敢自动自发，这实在是教育上的一大失误。

管理上也是一样，部属被骂到不敢自动，上司反而责怪部属被动，岂不可笑？

许多人对孩子的教育方式是对也骂，不对也骂。我们原本的用意在教导孩子不能认为"对，就好了"，更不应养成浅尝辄止、不能深层思虑的不良习惯，也就是"慎始"的严格训练。可惜行之日久，许多人用错了。当孩子自动的时候，父母如果同样采取责骂的态度，弄得孩子不敢动，孩子长大后就会产生"不做不错，少做少错"的观念，抱持"多做多错"的心态，不敢自动做事。

慎始是必要的，不敢自动却十分不幸。因为不敢做的结果，不但学不到东西，而且会逐渐丧失工作兴趣，实在不是合乎人性的方式。

三、仍然暗地里自主

人不能自主，就不能生存。样样靠别人，自己迟早活不下去。

上司管部属，触犯了部属不喜欢被动的人性弱点；即使部属觉得丧失了尊严，也不敢明目张胆地有所抗拒。部属被骂到不敢自主，不过是一种表面现象。实际上部属还是不放弃自主的机会，不过是暗地里自作主张，表面上服从。这样，就形成了部属阳奉阴违的坏习惯。

这便是不重视人性管理，忽略人的自动性的恶果。

阳奉阴违和上有政策、下有对策并不相同，是一种只顾自己不顾整体的不良行为。与其让部属暗地里自主，不如让部属有参与的机会，鼓励他自动、自主。

四、阳奉阴违很可怕

上有政策、下有对策是一种权变行为，只要动机纯正，目标掌握正确，便是随机应变。而阳奉阴违是一种投机取巧的不正当行为，既然"阴违"，就表示有一些见不得人的成分。

上有政策、下有对策算不算阳奉阴违？不算。表面上答应，实际上不照这样做，才叫阳奉阴违。上有政策、下有对策是说，你的政策我照样做，但是实际执行过程中遇到困难，我会去拐个弯，最后还是落实你的政策，它是"阳奉阳违"，差一个字。

上有政策、下有对策，有两种不同的典型态度：一种是为了贯彻、落实政策，我会调整，本来办不通的，一调整就办通了，我的调整是为你好，这是好事情；另一种是把政策拿来，把它变个样，把很多利益放进自己口袋，营私舞弊，那当然不好了。

所以不要轻率地去论断上有政策、下有对策是好还是不好。权宜应变有一个很好的标准，就是看是为公还是为私。一切为公，怎么变都是对的，就算变错了，人家很容易原谅你；只要有一点点为私，怎么变都是投机取巧，所有人都会怀疑你，变中有一点点错误，你就完了。

阳奉阴违相当可怕，最好不要成为权宜应变的一种方式。自主自动应该在相当程度上表现出来，不应该暗地里去做。相当程度地调整，并且明白地表现，才是正常的随机应变。

五、人要对自己负责

人最乐意顺从自己的决定，但人必须对自己的所作所为负起全部责任。

企业目标，由企业自己决定；家庭发展方向，由家庭自己决定；成员的去留、忠诚与否，也都交由自己决定。

自己的决定，对个人而言，就是自动与自主。合乎良心的自动、自主，才是人性的光辉、人性的尊严。什么是人性的光辉？什么是人性的尊严？就是你能够合理地自动自发，表示你的诚意，没有任何交换条件。

我们要对工作负责，要每个人都负责，而不是谁负责，谁不负责。主管负主管的责任，部属负部属的责任。每个人都为自己的所作所为负责，这才是最好的企业文化。

要部属对自己的工作负责，就应该让部属自动、自主。所以，当主管的人不可以说这种话："我平常那么照顾你，你怎么这样对我？"或者说："我对你还不好啊？你怎么这样没有良心！"人跟人之间，没有投资报酬的观念才是正常的。就像父亲对儿子一样，是不应该有投资报酬的。我能做的我做了，没有恩惠；你能做的你做了，我不强求。这才是人性。

真正的自动是员工衡量自己的能力，不负自己的良心，觉得应该做的就应义不容辞。这样的生产力才是相当高的。所以，主管的职责就是提供一个平台，制造一种氛围，让部属能够在自动把工作做好。

因此，我们要美化工作环境，有时候还可以放放背景音乐，但声音不能放得太大。背景音乐的声音太大是一种干扰。让大家进来以后，很愿意工作，而不受干扰，这才是我们美化环境的目的。很多人常常在外宾面前夸耀自己的公司像花园一样，我是不以为然的，因为美化环境是给工作人员感受的，不是让别人参观的，不要本末倒置。所以要怎么布置工作环境，应该让员工自己决定。我在规划办公区域时，会让所有主管都来参与，然后大家讨论哪个部门在哪里比较好，最后这块区域就分给你，至于你们内部怎么安排，自己去决定，公司一般是不过问的。

M理论认为"员工如果关心工作，就会适时应变"。一位员工如果真正关心工作，就会适当求变，会对自己的工作负起全部责任，于是员工就希望能够自主、自动。唯有如此，员工才能负起全部责任。

我们经常发现，如果公司号召改变，员工基本上是完全抗拒的。因为他已经习惯了，你做任何改变，对他来讲都是一种负担。所以不要去强制员工改变。

以公司普及电脑为例。公司要进行电脑普及，却遭到员工的抗拒。因为他们担心一旦电脑普及了，公司就要裁员，他们可能会失业。所以公司可以在推行电脑普及的时候告诉大家：人事不变，工作不变，你以前怎么工作，现在还怎么工作，一切自主。他一想，既然还能提高工作效率，还可以学新东西，就不会抗拒。

自主自动并不是不服从上级命令，不遵守组织规定，而是在上级的命令和组织的规定范围内，依据持经达变的精神来衡情论理。合乎良心的自主自动，便是合理的应变，力求无一事不合理。

第三节　有限范围最大自由

一、絜是审度考量

"絜"是审度，就是自己要仔细考量的意思。对中国人来讲，我认为最难的就是"度"，这个"度"就是度、量、衡的意思，就是你要去评估，去拿捏，而不是使用统一的规定。

我们不太会订立统一的规定。因为每个人的定位不一样，每个人的分量不相同，每个人的智商不一样，每个人的反应也是有差异的。

人要自由，必须自己审慎度量，不要侵犯别人的自由。人人都审慎考量自由的尺度，不侵犯别人的自由，才能够人人都享有自由。

绝对的自由是不存在的，我们只不过是有相对的自由。西方人说"不自由，毋宁死"，中国人一般是不会这么说的。一个人要争自由，是因为他已经没有太多的自由。中国人自古以来，就拥有了比西方人多出很多的自由。因为我们自古以来都奉行"天高皇帝远"。人只有审度的自由，也就是守本分的意思。只有人人都守本分，人人才有自由。

《尚书·大禹谟》中说："人心惟危，道心惟微，惟精惟一，允执厥中。"人心是十分危险的，因为它变动不居，很难掌握。道心则十分微妙，虽然无声无息，同样看不见，却能够用来驾驭千变万化的人心。在孔子心目中，真、善、美已经融合成一体，我们只要把守分当作自由，把个人的自由安放在守本分的范围内，便能够随时随地地审度到合理的地步。

做事难，做人更难。难在哪里？全在于"度"的不容易拿捏。只有凭良心，自然会出现微妙的道心。中华民族的伟大之处，即在胸怀中自有光明正大的灵光。每当我们扪心自问、反躬自省之时，便会自然而然地做出自主的合理判断。

二、矩是法则规矩

"矩"表示法则，也就是规矩的意思。规矩就是制度。我们常说"没有规矩，不成方圆"，可见中国人是非常重视制度的。

中华民族是全世界最早会定制度，而且把制度定得最严密的民族。早在西周时期，周公就制礼作乐，建立了周朝的各项典章制度，所以孔子对他很尊敬。

🛈 思考与分析

如果问国有企业的老总：你觉得我们的法令不够周严吗？他的回答一定是说规定太多了，把我管得死死的，动弹不得；如果是问民营企业的老板，他却会觉得好像没有什么规矩，任何事情都可以做。

所以我们首先要明白，什么叫作规矩？西方人的文字定出来的法令规章，是死的；中国人用文字定出来的制度，却是活的。中国人理解规矩的麻烦就在这里。同样的交通规则，在西方人眼里是一清二楚的，在中国人看来是含含糊糊、模棱两可的。

中国人有制度，但是不可能严密，因为它要保留相当大的弹性。否则，制度把一个人从头到脚捆得死死的，使他动弹不得。中国人的规矩如果没有弹性，就无法执行。

举个例子。某公司规定：上班时间禁止看书报、杂志，违反规定者一律罚人民币300元。规定非常清楚，也十分周严，但恐怕没有一个主管或领导敢去严格执行。你会说："我才不管他呢！"因为大家心里都明白，如果你照章处理，把谁抓过来处罚300元，你不是好的领导。你向上汇报的时候，上级也会说："做人不要度量太小，你大概是看到他平常表现很好，所以抓到机会整他，没有必要。即使想把他整走，也轮不到你呀！"明明是照章行事，却被上级认为是在趁机整人，岂不冤枉。员工在看书报杂志，你一抓他，他就叫冤枉："我根本没有看杂志，是因为某某平常看我不顺眼，所以陷害我。"你更是跳进黄河也洗不清了。

许多年轻的主管很天真，总认为自己一切照规定去做应该没有错误。如果这样理解，那你真的错了。

任何一个组织都要有规矩，家有家规，帮有帮规，组织有组织的规定。规矩是一个人工作的基础，不了解规矩的人，不知道怎么活动。一个人如果不守规矩，就不应该享有自由。因此可以说，法则、规矩、办法和规定等，都是用来约束不守本分的员工的。

有规矩才有方圆，没有规矩就是乱搞一通。规矩是因时代而改变的，但是不管怎么变，都一定要有弹性。我们在弹性里拿捏，让大家都合理地遵照法则规矩，就是絜矩之道。

絜矩之道的"絜"字，意思是审度。"絜矩"即在法制规矩的许可范围内，自己审慎度量，决定合理的应变。这种审度事物的道理，借以将心比心，使大家都能够用合乎规矩的方式，叫作絜矩之道。

一个人的智慧是从不断动脑筋中得来的。一个看到规矩就完全照规矩行事的人，是不太会动脑筋的。"穷则变，变则通，通则久。"看到"此路不通"就回头走的人，也走不通路。可能只有中国人，看到"此路不通"，会审时度势、合理应变，然后继续往前走。

我们常常面临两个很重要的选择：一个叫随机应变，一个叫投机取巧。但我千万要记住，所谓的"正道""大道""中道"，就是你只可以随机应变，绝对不能够投机取巧。

絜矩之道就是抱着随机应变的心态，来找到此时此地守规矩的合理方式。

三、自由有一定范围

人喜欢自动、自主，是因为人喜爱自由。每个人都有自由，但是记住，自由有一定的范围，我们只有有限的自由，不可能有无限的自由。

人只要活着，就必须守规矩、重纪律，不可以爱怎么样就怎么样。因为人与人之间密切相关，你完全自由，那置别人于何地？例如，当你一个人睡一个房间的时候，你爱开灯就开灯，爱关灯就关灯，你有充分的自由。可是当两个人同住一个房间的时候，你就只有50%的自由了。你做什么事情一定要考虑到对方，否则两人会因矛盾吵架。

我们只要有相对的自由，就应该心满意足。老天不可能让人类拥有绝对的自由，那就"无法无天"了。相对的自由加上合理的自主，这叫"自律"。所以，我们在订立制度之前，一定要做好自律的准备工作。

我们订立的规矩、规定、法则、制度，都是员工自由的范围。组织成员只有在组织规定、上级命令的范围内，才有自动、自主的自由。

制度化是絜矩之道的起点。制度是很重要的，但不是最重要的；制度是很必要的，但不是最好的。

每个人都要重视制度，但也不是百分之百地按照制度走。在制度内的自由，才合乎絜矩之道的要求。西方人是不太容易接受这句话的。他们认为，制度既然定了，每个人都应注意，而且要全力照制度去做，所以他们能够做到令出必行。但许多中国人是没有办法做到这一点的。我们一定要有规矩，但是，我们的规矩是有弹性的。因此，我们自主是在规矩的范围之内。其条件如下：

（一）在法令许可的范围之内。

法令如果完全没有弹性，这个法令根本就行不通。

（二）一定要在法令许可的范围之内衡情论理。

要同时考虑到情、理、法三个因素，在法令许可的范围之内衡情论理，就是合理解决。所以，我们很少依法办理，也不可能完全用人情来处理事情。我们要的是合理解决。

（三）一切后果我要负起完全责任。

当你衡情论理的时候，就要提醒自己，你所有决定所产生的后果，要负起完全责任。这样你就不会乱来。

所以，我们处理事情时，要先把规定拿出来看一看。中国人一般把规定放在心里，不会讲出来，因为讲规定伤感情，所以嘴上讲"情"，心里想"法"，当中还有一个看不见的尺叫作"理"，是三个要素同时起作用。

把法当作腹案的人，人际关系比较好。开口闭口讲规定的人，人际关系很差。中国人心中有规定，嘴上没有规定；嘴上在讲人情，心里想的却是规定，最后衡量的是一个尺度，叫作"合理不合理"。依情依到合理的地步，依法依到合理的地步。

法有弹性，情有后果，有亲疏，两边一衡量，抓到合理的地步就去做，应该没有问题。我们还是讲"合理就好"。中国人所有的事情，只有一个标准答案就是"合理就好"。

但是理是变动的，所以，我们随时随地要做不同的调整，这就叫作自主性。中国人"听话"和"不听话"是一样的，"依法"和"不依法"也是一样的。讲"Yes"的时候，他可以变"No"；讲"No"的时候，他可以变"Yes"，因为"Yes"就等于"No"，这是西方人完全没有办法接受的逻辑。

四、守规矩自动自主

守本分、守规矩是做人的根本，也是员工的必备素养。只有守本分、守规矩的员工，才有自动、自主的自由。员工自动、自主也应该守规矩，才合乎安人的要求。

乱七八糟、毫无节制的自动、自主，危险性极大，应该极力避免。中国员工希望有自动、自主的自由，最好的办法即在于自觉、自反和自律。

第一，自觉。自己要醒悟到，不喜欢被管是有条件的：必须先把自己管好，才有资格要求别人少管我们。管不好自己，别人是一定要来管的，否则谁都不管，岂不是天下大乱？

第二，自反。要管好自己，必须时常自反：要好好反省、检讨自己有哪些过失？如何改善才能够不断提升自我？如何守规矩才能不被上司或他人指责？自己不知道检点，却又不接受别人来管，那就是蛮横无理，无法无天了。

第三，自律。自反的结果，必须表现在自己的行为、态度上，要求自己守本分、守规矩，这样大家才看得到，也才敢相信你。所以，管好自己的言行举止，要表现出高度自律，这才是自动自主的良好基础。

先从守规矩做起，再学习权宜应变，才有将心比心的可能。"絜矩之道"只有四个字，其实在很多地方，我们都可以用得到，因为在非常多的时候，我们都要将心比心。

有一家公司不实行员工打卡制度，可是在下午六点钟以后，很多员工并没有下班回家，因为手上工作还没有做完。部门经理会自掏腰包去买快餐，给没有下班的员工吃。员工非常感动，吃完快餐后不好意思马上回家，只好留下来再做一点工作。

然后员工就建议，公司应该订立一个制度，下午六点钟后员工吃饭时，不要让部门经理自己花钱了，由总务部门统计人数，公司出钱统一发快餐。这样做好不好？绝对不好。幸好公司的管理者也很聪明，议案在高层会议上提了三次，都没有通过。

试想，如果公司果真形成制度，总务部门下午六点钟以后就来统计人数，可能很多员工即使工作做完了，也要等到六点钟以后回家。因为可以免费得到一份快餐，说不定还有人领了快餐后拿回家去吃。大家还会认为，既然是公司出钱，就应该买好一点的快餐，不应该买差的。公司的成本突然就会增大。这样的制度是完全没有效果的。

最好的办法，并不是订立制度，而是由部门主管自己掏腰包去买快餐。公司可以按月私下补助部门主管，这才是两全其美。

制度是死的，人是活的，两者要兼顾，缺一不可。

五、人人守分有规矩

管理良好，起码条件是制度确立，而且人人遵守。在这种大前提下，合理地持经达权，大家才有絜矩之道可言。

了解和同情，是守分、守规矩的员工才享有的权利。不守分、不守规矩的员工，很难彼此了解，也不可能合理地相互同情，往往产生滥用情感的危险。

所以，互信互谅，必须居于守规矩基础上，彼此才有保障。这样，人人守分有规矩，才能够放心地将心比心。

不守规矩的员工，经常不动则已，一动便天下大乱。前已述及，不论管理者或被管理者都有"人心"和"道心"。虽圣人不能无人心，虽小人不能无道心，但我们也不必害怕人心，因为人不可能没有情欲，否则刻薄寡恩，也不是什么好现象。我们只要掌握"可欲"与"不可欲"的分界点，一切依义理来取舍，做到"己欲立而立人，己欲达而达人"，就可以允执厥中了。管理者在这方面最好以身作则，时常反省自己、提醒自己，必须确立公心，凡事务求秉公处理，以道心为主宰，自然公而忘私。这样不但克制私欲，而且关爱部属，从而引起员工的良好感应。

六、个个享有大自由

M理论主张安员工，就是让员工获得最大的自由。但是员工的自由要顾及整体和他人的安宁，不能妨害整体和他人的自由。

M理论又主张持经达权，员工有持经达权的自由，却没有离经叛道的自由。合乎安人和经权的要求，员工才可能享有最大的自由。

自由表现在达成目标、求取安宁方面，人人都喜欢，人人都求安，个个有自由。

因为人心惟危，相当险恶，所以"防人之心不可无"。人与人之间，非经过考验，是不能轻易相信的。最好由小小的信任开始，经过考验后，逐渐增加信任度。若是未经考验，便"疑人不用，用人不疑"，恐怕反而害了被信任的人。自古以来，有私心的人很多，他们遇事只想到自己的利害，并不关心别人的感受。对于这样的人，我们一相信他，便会上当。我们往往由于过度轻信他人，导致对信任他人的恐惧，以致从此不敢再信任别人，这岂不是自作自受？

现代社会，大家盲目竞争，利欲熏心，眼光小得像针孔，利心却磨得像针尖。人情世故，愈来愈淡薄；利害关系，也愈来愈紧密。大家多私利、小利、近利，却忘掉了公利、大利和远利。管理者必须小心提防这一点，务求信任得恰到好处，才是合理的絜矩之道。

第四节　害怕自动喜欢自主

一、自动并不真实存在

自动化是工业革命后，逐渐由机械化演进来的一种生产方式。生产自动化，逐渐扩大到其他各部门，使这些部门跟着自动化起来。除了办公自动化、程序自动化外，也应该讲求人力自动化。

所谓自动，其实都不是真正的自动。世界上有没有真正自动的东西？没有。有个乡下老人，他看到电梯门会自己开自己关，觉得很稀奇。后来他感觉到有件事情更不可思议，就是一个老太婆走进电梯后，一会再出来时，却变成个年轻貌美的小姐。他回去后再三和老婆商量，让她随自己到大饭店去一趟，他老婆搞不清楚他要干什么，坚决不同意，他好不容易把她拉到饭店来，把她送到电梯里面，自己在外面等，希望她出来时能变成年轻貌美的小姐。结果他老婆出来时还是那个老太婆。

一个人不了解真相，常常会被蒙骗。什么叫科学？就是要发现事物的真相。科学是求真，但是无法求美。依据物理现象来观察，任何东西静止不动时，如果不施以外力，它将永远静止。因此，那些看起来好像自动的事物，实际上都不是自动，而是有力量在推动。

二、感觉到力量叫他动

自动是他动。因为自动都是经过人工装置的东西来完成的，其实还是人在控制。例如，自动门，你不按按钮，它会动吗？你说自动门是完全自动的，错了，因为它上面有感应器，你被它感应到了，门就开了；你没有被感应到，它还是不会开的。

所有的自动，都不过是假象。它一定要有相当的设计、装置。换句话说，它是要有一定的控制系统的。

因此，明白自动门的自动原理，一眼便能看出自动装置的作用，看得见推拉的力量来源，自动门也不过是一种他动。同样，自动钟表的电池或者自动卷发条装置失效时，自动钟表也是无法自动走动的。我们也会了解到，自动钟表原来也是他动。

看得见力量的来源，感觉出力量的存在，我们很容易判定其为他动。肉眼所看得见的一切自动，其实都属于他动。

三、看不见的就是自动

但是，我们往往有一种错觉，认为看不见的就是自动。自动门的自动装置，当我们不去注意时，就会认为门在自动。植物如果缺乏阳光和水分，也不能自动成长。但是，当我们没有觉察到阳光和水分时，我们也就认为植物自动成长。

凡是那些经过一番精心设计，把自动装置隐藏起来，让我们看不见的，我们可能不知不觉就认为是一种自动。他动的东西，有时会产生自动的错觉。物的他动，在人们的无意识中，被人当成自动。所以，当我们忽略了力量的存在时，自动的观念自然产生。

我们习惯于把"用机械力来取代人力"的措施，称为机械化，而将"用机械来代替人类的感觉和控制"的活动，称为自动化。在现代化生产过程中，微电脑、微处理机及程序化电路代替了人的中枢神经系统，它们控制着气压、液压、电器元件的动作，再通过这些无形的动作，使机械产生一连串有形的制程，以实现自动化作业目的。当人们看到有形的制程，却看不见无形的动作时，常认为机械真的自动起来。实际上如果没有无形的动作，机械是自动不起来的。

四、人的自动具有意识

人和物是不同的，物是在人的无意识中自动，人却应该在自己的有意识中自动。人具有意志力，可以决定要不要自动。对意志力来说，它是人自己所具有的意识，所以算是自动。

人不是一般的物，人具有意志的自由，这种自由提供我们自动的意识。人的自动出于自己的自觉。人有意识地制定目标，有意识地从事计划和准备，有意识地贯彻执行，都是有意识的自动行为。

我们常说人有良心，德国哲学家康德（Immanuel Kant）称之为"无上命令"（categorical imperative），是一种"应当"或"当然"的自由意志，不同于自然界的"必然"。因为道德界是自由的，而自然界则是决定的。人类必须具有自由意志，才能在道德上负起责任。如果员工没有自由意志，不能做出自主性的决定，那么迟到、早退或怠工等行为，就根本不能说是员工的过失，也自然不应该给予责罚。康德认为大自然产生的有组织物品，每个东西的性质都是目的，又互为手段；没有一件是虚设的、无计划的，没有一件可归之于大自然盲目的机械作用。人应当有自由，而人的自由实际上表现在自觉的行为上。我们能够有意识地自己制定目标，有目的地从事计划和准备，自动自发地执行，随时表现出高度改善意识，不断发掘问题、解决或化解问题，并且有效检讨与改进，这些都是有意识的自动行为。

五、喜欢自主害怕自动

我们想要了解员工的行为，就必须把"喜欢自主，害怕自动"这八个字放在脑海里。员工不会完全听从命令，一切依组织的需要而行动。因为人有自觉，需要自主。

喜欢自主、害怕自动是人性。尤其是中国人，特别喜欢自作主张，擅自做主。从性格上来看，就是很固执、很自以为是，非常有原则，不太容易改变。从外表看来是没有原则。实际上，很有成见，别人很难说服。我们可以让他自己改变主意，而不是别人说服他。存心说服，会引起他强烈的抗拒。但是，员工自动，如果经常挨骂、受罚，因此出现被动服从却偷偷自主的不正常现象，会造成管理上很多困扰。

六、害怕自动也是自主

是谁让自己害怕自动的？追究起来，也是自己的意识，使自己不敢自动。可见害怕自动，不敢自动，或者不愿意自动，都受到自己的意志力所控制。

自己使自己被动，自己使自己不敢自动，自己使自己不愿意自动，都是自己的一种自主行为。

自己决定要被动，他人很难逼使我们自动，顶多推一步动一步，也还是被动。自己决定不自动，他人几乎毫无办法。所以，我们自己决定要自动，马上就会自动起来，变成真正的自动。

中国人是不学则已，一学起来就非常快。我们不是不会自动，只是看愿意不愿意而已。

很可惜，大部分人都是不愿意做的。我会做、我能做，就是不愿意做，你能把我怎么样？你要是对中国人讲他没有能力，他一百个不能接受，心里会想："我没有能力，谁比我有能力？你把工作机会给他，不给我，还说他有能力。你把机会给我试试看，我绝对做得比他好。"

第五节　用心来使彼此互动

一、自己的意识产生自动行为

员工有意识要把工作做好，称为自动自发。员工自己有心要做，就会产生自动的行为。如果他人发号施令，对员工来说，已经是一种被动，而不是自动了。

出乎他人的意识，叫被动；出乎自己的意识，才是自动。一个人可以自动，也可以不自动；不自动，又随时可以自动。

作为一个主管，你要想办法让部属自动，而不是等他自动，天下没有等来的自动。上司希望部属自动，就应动脑筋、想办法让他自动，最好不要发号施令。主管喜欢指挥、指示、命令部属做事，部属只好被动地回应，而无法自动工作了。

怎样促使部属自动自发？这便成为主管的重大任务。因为员工的潜能是不是乐于展现，将直接影响到成本。换句话说，在所有降低成本的行为中，人员的全心投入和全力表现，应该是十分要紧的因素。全力以赴是降低成本的主要关键，也是絜矩之道的重大贡献。

特别是中国人，普遍不喜欢被管。我们重视絜矩之道，便是基于这种特殊的需要。用将心比心的方式，不明确说出来，也不明显表示，却能够通过心与心的感应，把员工的潜力开发出来。

往昔我们只知道从外部施加压力，徒然引起无谓的抗拒，行之日久更是愈来愈失去效能。现在我们温故知新，明白絜矩之道的现代化功能，当然要对员工的内心产生影响，使其形成内部压力，而奋勇自动自发，并产生无法抵挡的动力。

二、要用感觉的力量让他自动

絜矩之道就是将心比心，知己知彼。知己知彼，才有办法控制对方。我们说过，不要控制对方，为什么这里又讲控制对方呢？其实控制有两种：一种是无形的，一种是有形的。西方人讲究有形的控制，中国人讲究无形的感应。

我们希望部属自动，上司最好以心交心，让心发挥感应的力量来激发部属自动。上司用心感，部属用心应，自然产生感应的力量。心的感应，才是上司激发部属内心产生自动的最大力量。

人对自己内心发出的力量是不会抗拒的。人对自己的力量，往往认为是自己的意志力，喜欢顺着自己的意志力而形成自动。

我们要用感应的力量让部属形成自动。这样，上司的力量就会变成部属自己的力量，也就实现了上司对部属无形的控制。

前面说过，虚才能控实。感觉的力量是虚的，却能产生实的效果。我们使员工从心里头想要自动表现，把工作做好，这难道不够实吗？

以心交心，首先要从关心着手。上司不关心部属，员工就不关心工作。上司只在乎工作，员工便只关心自己的身体，以免被工作累坏了。上司关心部属，若是不够真诚，部属很快就会觉察，从此彼此互不信任。

中 道

主管关心部属，必须真诚，部属才会感动，而且以用心和全心来回报。上司不能够存心要求部属在工作上做出回报。部属感觉到这样的存心，就会自然而然怀疑上司的真诚。

我们常说"有心栽花花不发，无心插柳柳成荫"，好像道理是相通的。无心的"感"，才会引发良好的"应"；有心的"感"，已经不真诚，效果当然不好。

三、有感有应大家都乐于自动

我们不要直接发号施令，以免引起部属的抗拒或反感。上司最好改用提问题的方式，让部属自己去寻找答案。同时，上司让出更大的空间，给部属提供参与的机会。这样，上司逐渐退，部属逐渐进，部属就由被动转为自动。上司和部属彼此有感有应，大家都乐于自动。

我是在29岁那一年才突然有所觉悟的。因为我在28岁时当了中学校长，是当时台湾地区最年轻的中学校长。可是我干起来的确很累，因为完全没有经验，一些事情根本不知道怎么处理。有一天黄昏，我坐在校长室里，突然想起一件事情：既然我是学校的最高领导，为什么部属动不动就来问我事情怎么办，我一定要回答他呢？这时候，正好有一个部属进来，他问我："校长，这件事要怎么做？"我就站起来问他："我是校长，我不问你就好了，你还问我呀！你说怎么办？"话一说出，我恍然大悟了。

我不知道其他老总是让部属天天来问你，还是你去问他？如果让部属天天问你，你就整个人被烤焦了。总经理天天被经理"烤"，烤得焦掉了，所以叫"焦头烂额"。就这么一个观念，把我整个人都改变过来。自此以后，我越来越不累了。部属再来问我问题时，我只有一个回答："你的看法怎么样？"他就开始自己寻找答案了。部属开始讲一些问题，听完后我不会说"很好，很好"，而是继续问问题。我会说如果照你说的去做的话，经费够不够？人员够不够？时间够不够？你到底有没有把握？部属就完全自动了。

对于部属的回答，最后我的结论是：照你说的去做，你自己要负责。其实我并不是完全没有责任，也不可能推卸责任，这样说只不过是想加强部属的责任感。这个动机很重要。

我发现，在回答部属的问题时，60%～70%的老总会讲："很好、很好，我也是这样的看法。"我劝大家千万不要这样做。因为部属一下子就把责任都转移到你身上，然后他再碰到什么问题，仍会跟你商量，要求你提供帮助。

要让部属自动，上司只有尊重他。尽量让部属自己去摸索、猜测，上司提供相关信息和数据，帮助对方找到正确的答案，就可以满足其自动、自主的心理需求。

四、不施加任何压力才算自动

人对外来压力总希望加以抗拒，以免承受不了，伤害身心健康。但有时候不施加任何压力，人就无从抗拒，形成自动行为。要让对方自己产生压力，而不是我们对他施加压力。

思考与分析

在下雨的时候，某电脑公司客户打来电话，请求公司派人上门排除电脑故障。接电话的维护工程师对客户说外面下雨，不愿去。假如你是主管，怎么办？

这是一个很有意思的例子。在美国人的公司，只要有客户打电话进来，要求提供维修服务，接电话的维护工程师只有两种选择：一是15分钟以后到达；二是回答说今天安排的工作任务已满，希望改天前往，讲得很清楚。

中国人也会这样吗？不会的。我们会给客户讲第三种方案：你们那边没有下雨吗？是不会直接说自己不愿去的。一个工程师这样说的时候，他心里想的是：客户真没有良心，雨这么大，还敢叫我去！

一般的主管会跑去骂维护工程师："你年纪轻轻的，这么没有敬业精神吗？虽说雨下得大，但客户电脑坏了，你还是要去的呀！怎么可以对客户这样讲呢？你这是什么工作态度？"

其实这样讲，是没有用的。因为他也许会告诉你："报告主管，我这两天一直想找你，你太忙了。现在正好有机会告诉你，下个星期我不干了。"他辞职不干了，主管不仅没有劝说成功，反而越来越糟糕了。因为越有本事的人，越不愿意承受外界的压力，越不受这个气。

主管可以采用让员工自己产生压力的方法。维护工程师对客户说，你那边没有下雨吗？你过去告诉他："雨这么大，你不要去了。"他马上会讲："雨是大了一点，但是客户的电脑坏了，一定很着急，我怎么可以不去呢？"你说："你要去就等雨小一点再去吧！"他马上讲："这雨不知道要下到什么时候，我现在就去！"那你接着说："要去的话，你小心一点。"他就马上去了。这就是借力使力，顺水推舟，员工一下子自动起来了。但生活中，我们许多人完全走错了方向，搞得大家很不愉快。

当然，也有另一种情况，在你说"雨下得这么大，你就不要去了"之后，维护工程师说："我本来就不想去。"此时，主管要心平气和地问他为什么不想去。他也许会说："这种客户，钱没有交，还到处讲我们公司的坏话，电脑坏了活该！"你就说："这种情况，别说你不想去了，连我也不想去。"可见他是对的。但是，讲完以后，你要对维护工程师讲："如果是这种情形，换成你是客户的话，维护工程师来给你维修，你应该会很感动，会改变对我们的看法；但如果你不去，客户和你的裂痕会越来越大。"他认为你说得有点道理，他就会去的。

面对一个有情绪的人，我们应先让他把情绪发泄出来，再心平气和地给他讲道理，他多半是比较容易接受的。否则，你讲什么道理都没有用。

如果他根本就不讲理，主管也不用怕。就坐在自己的办公桌旁，大声对司机说："老王，把我的车子开到公司门口，这个客户很重要，我自己去！"维护工程师一听，他马上就会站起来说："你不是说不要去吗？你不要去，这个客户的情况我了解，还是我去吧！"他就去了。

人对自己内心所产生的压力无从抗拒，而有所反应，便是自动行为。因此，要让他自动自发，我们必须从自己做起，不施加任何压力。

五、用心来感应是有效的途径

人性化管理应该是心连心、心交心，用此心感应彼心的过程。心的感应力，看不见，摸不着，却实在有效。

部属认真以上司为表率，模仿上司的言行，便是有效的感应。上司体贴部属的苦衷，处处为部属着想，也是一种感应。有感才有应，有应也会引起更多合理的感。彼此都用心，自然会心意相通，不致受到语言、文字的阻碍。

我们多用心，少用言语；多以行为来表示，少耍弄嘴皮。这样才比较容易产生感应。每年母亲节快到的时候，儿女都会问妈妈："妈妈，母亲节快到了，我送你什么礼物好呢？"一般的妈妈都说不要，只要儿女乖就可以了。但儿女如果没有觉悟，没有用心来感应，过母亲节没有送妈妈礼物，妈妈心里会想：问了半天什么都没有送，还问干什么！妈妈说不要了，只要乖就可以了，这是要儿女自动，该送什么赶快送。

中 道

一位男士对我讲:"妈妈要什么都不告诉我,我怎么买东西给她?"我就单独去访问他的妈妈。我问她:"你的儿子问你,你要什么,你就干脆告诉他嘛!为什么不说呢?"她说:"你杀了我,我也不会告诉他的。"我问她为什么,她说:"如果我告诉儿子,我们这个房子太拥挤了,妈妈打算搬出去住,送我一套房子好了,他会受不了的。因为他目前没有这个能力。"我说:"那你说不要不要,不是在为难他吗?"她说:"不会的,只要儿子有心,只要儿子用心,一定知道妈妈需要什么。我不说是尊重他,让他斟酌能力,表达他最大的心意,这样就好了。"

我觉得中国人很高明,不会没有目的地推托。只要多用心,自然会心语相通。所谓"不明言",就是要你用心的意思。

例如,老板告诉我这个客人很难得来,中午饭菜搞丰盛一点请他。我一定说好好好,是是是,我是不能自作主张的。因为我怎么判断都是错,不能靠押宝来做决策。过了10分钟,甚至过了半个小时,我对老板讲,我在某个餐厅定了一个房间,你觉得好不好?他说请客人在隔壁饭馆就可以了,不必太浪费。

用心就会慢慢发现,老板当着客人的面,只有一套方法,只能说饭菜搞丰盛一点。但是他心里有数,你不能当场问他,他当场没有办法回答你。你要偷偷问他,他就会偷偷告诉你,这时候他才能讲得很清楚。部属要体贴上司的苦衷,他有不得已的想法。

人与人之间,要形成一种默契关系。默契就是不讲话的契约,根本不用言语,但是它有契约行为。你跟妈妈讲好母亲节快到了,我送你点什么,妈妈说不用了,儿女乖就可以了。你说好好,然后过两天,你说有一种内衣穿起来很保暖,已经订了一件,过两天送给她。妈妈说不要不要,她现在不需要。你就得到了妈妈实在的回答。多试几次,你就会得到真正的答案。

事缓则圆,它是有道理的。现在人喜欢直来直去,这并不是良好的沟通方式，直来直去有时候是不尊重对方。如果真有一天，妈妈对儿女们讲："今年母亲节，你们每个人要送我 3000 元钱。"你会有一肚子火，因为她不尊重你，把你当工具了。我们只有将心比心，多用心，多用行为来表示，站在对方的立场上，才能找到两方面都很合适的东西。

六、最好由上级自己做好榜样

　　人怎么才会关心工作？怎么才会用心做事？其实就是一句话：上级希望部属有什么样的表现，自己就要在他面前做出同样的表现。上级要求服务人员对客人态度亲切，自己就要首先对服务人员有礼貌，否则他就会用你对他的冷漠态度去对待客人。

　　上级的行为像风，部属受到启发，会产生草一般顺风摇摆的反应。上司先具有至诚的爱心去关怀、爱惜部属，部属心理自然有所感觉。上司的感，如果是短暂的、一时的，部属也许没有什么反应。若是能够持之以恒，时间久了，部属必然有反应。

　　我们布置一个安人的工作环境，大家和谐相处，良好的感应自然持久。上司做好榜样，部属自然跟进。所以上司希望部属有什么样的表现，自己就要做他的榜样。千万记住：以身作则和技术无关，和专业无关，只和态度息息相关。上司要在态度上做部属的表率。

　　在本事上，上司是没有办法做部属的表率的。你的打字速度绝对比不上打字员，你哪里可以做他的表率？以身作则是指工作态度和心态方面，而不是专业、技术方面。技术是越基层的越好，而不是越高层的越好。但是，理念却是越高层的越深，越基层的越没有经验。

　　但我们不赞成部属先对上司好，以免大家奉承、拍马，成为小人。我们建议上司先对部属好，关心、关怀、爱惜部属。

第六节　絜矩之道五大要领

M理论的絜矩之道，可以分成三个阶段，必须掌握五大要领。要点如下所述：

（一）尊重制度。

制度是组织运作的先决条件，也是成员分工合作的基本规范。组织成员应共同以遵守制度为荣。

孔子在夏、商、周三代之中，最称赞的是周。因为周公制礼作乐，颁行相关的典章制度，并确立了我国的正统。中华民族不但擅长订定制度，而且很早就引起外国的注意，外国纷纷派人前来学习。

周公制礼，并不强制施行，也不要求天下一致。他的特色在于求合当时当地人民的需要，而不是以单一的制度来要求全国统一实施。这和现今的"一国两制"颇有异曲同工之妙。

（二）配合现实。

孔子主张"从周"，并不是沿用周公所制定的法，而是学习周公如何立法。他认为社会的进化是渐进的，不是突变的。我们在建立制度的时候，当然应该配合现实的需要，即使在制度建立以后，也应该采取将心比心的方式，适时修订典章制度，并发挥持经达权的精神，以求制宜，获得安人的效果。

（三）制定行为公约。

制度必须成为组织成员的共识，使大家乐于执行，并且尽量减少例外。孔子当年以文化来区分华夏和夷狄，而不是用血统来做标准，能够执行华夏的礼法的即为华族，否则便是夷狄。现代当然也可以采用这种方式来共同订立行为公约：凡是遵照实施的，便是良好的组织成员，否则就应该对其规劝和教导，使其纳入正统。

除了上述三大阶段之外，还有以下两大要领。

（四）以身作则。

主管必须以身作则，做部属的良好榜样。

（五）审慎赏罚。

配合赏罚的时候，必须力求公正合理。

一、首先尊重制度

任何组织，不论有形、无形，都有其制度。一般来说，管理往往是从建立制度开始的。一家公司，随着发展壮大，会越来越趋向于制度化管理，这是没有办法的事情。因为当公司规模很小的时候，完全可以用人来照顾人，可是当公司规模越来越大的时候，就必须请制度来帮忙。靠"人盯人"的方法是行不通的。

制度就是大家共同遵守的规范。大家分工合作的目的，就是先把共同事务管好，制度就是共同事务的规矩。但是，制度要产生功效，首先要被尊重，尤其是高层管理者更应该尊重制度。因为管理者对其自身所制定的典章制度，如果不予尊重，而希望员工能对之尊重，是不可能的。

尊重制度，就要将心比心，首先必须注意不可违反规定。只有在规定的范围内，将心比心，才不致违反规定。

大家心里头有尊重制度的准备，一切先看制度怎么规定，再去合理应变，这样才比较有规矩。

尊重制度，是实施絜矩之道的第一要领。

二、其次配合现实

制度是针对一般性、共同性的规定，现实中往往会出现一些特殊性、个别性的事实。制度要自然而不断生长，就必须配合现实环境与要求。

管理者千万不可明明知道制度不能配合落实，却极力推翻现实来迁就制度，这种表面的"革新"，到头来只是形成若干"干扰"，并无实际的效果。

制度配合现实的时候，我们先想不要破坏规定，以免开恶例。站在不破坏规定的立场来持经达变，比较容易找到合理调整的方法。

我们要尽量减少例外，不得已才略做调整，最好动之以情，仍旧坚持合理合法。

管理者调整、修订典章制度时，务必将心比心，切实站在各个阶层立场想一想，唯有能为大家所接受的制度，才是切合现实的制度，才能够产生预期效果。

三、上司以身作则

良好的管理者，除了具备学识、经验、操守这三个条件之外，最重要的，还是在尊重制度。上司滥用权力，乱开恶例，对员工就是不良示范。所以上司应该以身作则，率先尊重制度。

上司的一言一行会直接影响部属的行为，所以上司必须做好榜样，才是良好的身教。身教重于言教，以身作则比说教还要有效。

上司常常用心，部属也会愈来愈用心。上司有感有应，部属也会愈来愈有良好的感应。

四、要订定行为公约

组织成员充分了解合理的行为，订定行为公约，主要包含下述四大原则：

第一，凡是对自己有利，对他人也有利的事情，尽量去做。

第二，凡是对别人有害，对自己无利的事情，绝对不做。

第三，凡是对别人有害，对自己有利的事情，务必控制自己不要去做。

第四，凡是对别人有利，对自己有害的事情，如果确有必要，应该勇敢承担起来，牺牲小我，成全大我。

组织成员，共同遵守行为公约，自然可以自动、自立。

五、配合以审慎赏罚

商鞅在变法之前，先在国都南门放置一根三丈长的木头，悬赏能把木头搬到北门的人，给十金。民众认为是开玩笑，不肯尝试。商鞅把赏金提高到五十金，有一人搬了，马上照数给付。这种戏剧性的悬赏，乃是今日电视节目所流行的统统有奖，这纯属表演性质，并不能用作行为管理的法则。

絜矩之道，当然可以配合必要的赏罚。但赏罚有如一把刀，有刀刃也有刀背，必须审慎使用。

姜太公主张"赏贵大、罚贵小"，便是通过"多赏少罚"的方式，使员工表现自发性的良好工作态度。职位高的人，你会给他面子，职位低的人更需要被尊重。因此，我们在配合必要的赏罚时，务必做到以下四点：

第一，尽量多赏少罚。

第二，"赏贵小"，由职位低的先赏起。先奖励官小的，不要老奖励官大的。

第三，"罚贵大"，从职位高的先罚起。要先罚官大的，不要先罚官小的。

第四，赏罚要公正，力求有效。

同时，奖励也要坚持以下三个原则：

第一，本职工作做得好，不可以奖励。这是员工应该做的工作，凭什么奖励他？如果每个人本职工作做得好都要奖励，那就应该普遍发奖金了。

第二，没有争论的奖励要公开，有争论的奖励要私底下执行。凡是有争论的、大家愤愤不平的奖励，没有必要公开奖励。凡是有具体事实、数据很明确的，就公开奖励；凡是大家很有意见的，就私底下奖励。

第三，奖励要尊重被奖励人的需求。我们要看看他最想要的是什么，就按照他的意愿去奖励。这样才是真正对人的尊重。

第六章

易知易行

中 道

导 言

  中国人的一言一行都源自《易经》，我们的管理也依据易理而来。

  《易经》有三个要点。第一个是易知易行，它很容易了解，也很容易实践，没有我们想象中的那么难。第二个是世界万物在流动着，永远处在变动之中。第三个是变动之中有不变的部分，千万不要以为一切都在变。变和不变是谁在决定？不是东西决定，而是人在决定。为什么现在世界越变越快？因为人的心不安定。人心求变的时候，外界就越变越快；人心求安静的时候，外界就会随之安静下来。以前我们只知道"心想事成"，现在科学证明了一个很深刻的道理，就是"心想境成"。外界环境是随人的心在变的，你的心觉得现在很冷，就越来越冷；你的心觉得现在越来越暖和，就越来越暖和。因此，"心想事成"应该是叙述语，我们常常把它当作祝愿语，真是太可惜了。

  人是有感应力量的。不仅人如此，所有生物都有相当程度的感应力量。手工做的寿司和机器做的，吃起来感觉是不一样的。同样是手工做的寿司，做寿司的人长相看起来很健康的，他做出来的寿司就更好吃；相反，那些气色看起来不太健康的人，你千万不要吃他做的寿司。这不迷信，因为科学已经证明，这是频率、能量的一种交换。

  我们一再讲，人生其实就是一连串的选择。如果选对了几件事情，我们就很容易成功；相反，如果连续选错了三样东西，就倒霉了。但是谁在选？我们在选，我们在决定。

  不要小看《易经》这本书，读得越早越好。由于《易经》难读、易理难明，刚开始看时，一般没有人会马上看得懂，没有关系，你要一而再，再而三地去研究它。孔子要我们抱着"乐而玩之"的态度来学习《易经》。因为死背文字，不但辛苦乏味，而且多半不知应用。

第六章　易知易行

我们可以用"玩"的心情去省思《易经》的含义、玩赏它的用意。这样做，既会越来越有乐趣，也会越来越容易拿来应对实际事务。久而久之，自然贯通易理。

总之，我们不要心急，不可以稍有心得便认为自己懂得易理。可以抱着"看一看，读一读，想一想，做一做"的心态，以渐进的方式，偶有所得，便拿来应用；行得通，更能领悟其中的道理。任何东西不会应用，等于不知道。

M理论，应该是易知易行、长久可用的东西。

我们每天都忙于很多事务的处理，忙于很多变数的应对。如果每过一段时间，还要去学习新知识，这样岂不是更累？如果你去买西方人的书，要看它的出版年月，已经超过5年，我劝你不要买，因为西方人重视一个词叫作update，也就是"更新"。西方人的学问只关注眼前的事物，解决眼前的问题。他们推出一个理论后，没过多久又会推出一个新理论，让你目不暇接。他们是把知识当作商业来操作，这是不太道德的事情。

中国人不是这样。我们的书是越旧越好，越古老越有价值。《道德经》已经有两千多年的历史了，大部分人还没有完全读懂，还在继续读，而且是全世界的人都在读。全世界对老子的评价是非常高的，对《孙子兵法》的评价更是极高无比。《孙子兵法》被全世界无数军事家视为指导战争的金科玉律，连拿破仑都读它。美国最著名的西点军校，一直把《孙子兵法》列为必读教科书。许多日本企业家也都把《孙子兵法》作为商战指南。我们相信，随着时间的推移，《孙子兵法》还将进一步走向世界。

如果我们归纳一下《孙子兵法》，可以总结为一个字，叫作"水"。《孙子兵法》完全是讲运用水的原理。水看起来好像没有规律，实际上它总是由高而下流，从来没有改变过。所以中国人很喜欢"顺势而为"。

中 道

尤其中国人，个性和水是一模一样的。水流得很顺畅的时候，它很平静。因此，我们一听到水没有什么声音，就可以知道它没有遇到什么阻碍。当水遇到阻碍的时候，它就发出很大的声音。所以我们听声音，就能知道水势怎么样，所处的环境是怎么样的。中国人得到好处的时候，不会声张，但是在受到阻碍的时候，会拼命叫。这和水性是一模一样的。

人性是没有善恶的。在不同环境中成长的人有不同的生活方式，这不是人类所能够改变、控制的。为什么北方人爱吃面食？为什么南方人喜欢吃米饭？那不是人决定的，种不出麦子的时候，只好吃米饭；种不出稻子的时候，只好吃面。

人类没有缺点，民族也没有缺点。我的看法是，你的缺点就是优点，优点也正好是缺点。但是，人们往往都说中国人有缺点，然后就去学习西方人，这是很莫名其妙的。人所能够得到的东西是有限的，不能完全得以满足，这才是人生；人可以求全，但是永远不可能十全十美。人生本来就是有缺陷的，因为人有个别差异。就是说我们都有不同的缺陷，要把它修圆，修成圆就叫"完人"了。一个人要做"完人"，但是不要太早做"完人"。"完人"就是把人生做完了，就要"回去"了。人干吗要急着"回去"呢？边做边学，没有什么好急的。

中国人做学问，一定要正本清源。西方人做学问，是要推翻老师。"吾爱吾师，但吾更爱真理"，为了真理，我可以打倒老师；为了真理，我可以推翻老师的学术。中国人历来重视师承，开口就提老师是谁，并以尊师为荣，只能把老师的学术思想加以补充，发扬光大，是不能完全否定老师。正是因为中国人重视传承，中华文化才源远流长。

面对很多变数的管理者，由易理来把握变动之中不变的部分，来掌握未来的变化，达成正确可行的决策，当然是最省心、最为有效的途径。

第六章 易知易行

M 理论，是符合人性的管理体系，主要在知常知变，抓住变化中的常理，而且易知易行，长久可用。我们研究 M 理论，看出变中之常，才能够以不变应万变，立于不败之地。

身处 21 世纪，大家共同研讨 M 理论，即知即行，发扬中华文化，应该是顺应时代潮流的明智之举。

中 道

第一节　M理论合乎人性

一切都在变，只有人性从来没有变。习惯会变，但是人的本性不会变。而西方人常把习惯和人性混为一谈。孔子说："性相近也，习相远也。"人的本性是很相近的，没有太大的不同，我们所不同的是习惯。人的习惯是可以改变的，本性是很难移的。

一、人性可以塑染

人性不像X理论那样偏向于性恶论，也不像Y理论那样偏向于性善论。孔子认为人性可塑，近朱者赤，近墨者黑。这样教育才能发挥作用。如果一个人天生就是恶的，你就没有办法教育他了。但孔子很冤枉，后人把孔子界定为讲"性善"的人。其实孔子从来没有讲过"性善"，孟子讲的是"性善"。孔子告诉我们，人性是可以在后天的环境中塑染的。

一位主管或领导，一生最大的贡献，就是培育出一批对社会有用的人；最重要的工作，就在提升员工实力，并且给员工提供表现的机会，使员工在工作中持续进步，获得成就感。

每个人把最宝贵的青春交给了上司。我们小的时候，要依赖父母才能生活；稍微长大后，要从老师身上学到一些东西，让自己慢慢成长；一切都准备好了，要参加工作，跟随主管或领导去开辟事业。因此，上司或主管要勤教严管，以身作则或以身作例，用心塑染员工，把员工塑染成公司所需要的人。

二、安宁是人生根本需求

人性的根本需求是要安宁，人莫不求安。我们不能分早安、午安、晚安，而是无时无刻都要安。但是"安"是单音字，中文不习惯用单音字，所以加上一个"宁"字，变成"安宁"。人生以安宁为根本要求。

M 理论的 M，是管理（management）、中庸（medium）与人力（manpower）的首字母，M 理论重视以人为本，也重视中庸之道，从字形来看，它更是四平八稳，左右均衡。而且 M 还有一个最妙的含义，就是深藏不露。中国人好不容易爬到很高的职位，一定会把自己隐藏起来，重用两个得力部属，让他们去出头露面。这就形成一个 M 形。

西方人喜欢显露自己，就很容易"枪打出头鸟"。

中国人是重视内涵，并不怎么重视外表。日本人重视团队，美国人重视个人。中国人是全世界最独特的。我们是在团队中完成自我，因此一定要有团队，"自我"才会存在，否则就叫作"独夫"。在历史上，"独夫"是没有好结果的。我们在什么位置？该怎么表现？都要以安作为最高标准。能安，我们就去做；不能安，我们赶快调整。

安人之道符合人性的根本要求。管理者首先把人安顿好，再讲其他。所以我们把安人之道列为管理的最高目的。

在西方的众多管理书中，没有一本书写到管理的目的是求安，它们只是从利益、效益、绩效的角度来谈事的处理与解决。因此西方人是以事为中心的。

中国人是以人为中心的。很少有企业明确提出自己的目的就是赚钱，如果一家公司只是为了赚钱，就会很短命，而且没有存在价值。公司往往会宣称自己是为了提供给人类更方便、更快捷的效用，是为了提升人类生活的品质，为了致力于全球的幸福与和平而存在。

孔子提出四个字，"修己安人"，管理就是修己安人的历程。管理者要从修己开始，先把人员安顿好，然后才考虑其他。每个人要先把自己管好，再想办法去安别人。

一个人在公司里没有事情可做时，他就会感觉到受冷落、不愉快；一个人有了事情可做时，假如他不能负荷的，或者是根本不想做的，也会不愉快。所以，管理者给部属安排工作的时候，要站在他们的立场来考虑。

我当领导时，新进员工前三天我是不会让他工作的。我会安排主管带他转转，让他对公司的整体业务有初步的认识，这样他才知道他所做的工作与别人有什么关系。然后我只安排他先做三件事情，如果他做得很愉快，效果也很好，再给他另外三件事情，如果他仍做得很愉快，就继续给他增加新的工作。这样，他每天工作得都很愉快。

但是许多人是新员工来了以后，主管就交代他说："这堆工作是你的！"至于员工自己是否喜欢，是否有能力承担，完全不予考虑。新员工就会在诸多工作里选：喜欢做的，他就去做；不喜欢做的，他根本不做。

人会记住自己喜欢做的事情，忘掉不想做的那一部分。这就是人性。管理者如果不站在员工的立场来考虑，把工作全部交给了员工，并在他不喜欢做时一味加以批评和指责，就是不尊重人性。

人不安是一切管理问题的主因，所以人是管理的主体，不是管理的对象，不应该称为人力资源。

天大，地大，人也大。人性的尊严是管理者应该重视的课题，不能使员工因为丧失尊严而不安。

三、多求安而应变

中华民族为什么有这么悠久的历史？是因为中华文化最大的特色就是包容性非常强，不会排斥任何外来文化。我们虽然不断受到外来文化的挑战，但都能够合理应对，做到持经达变。我们的变是有原则的，即当接受外来文化的时候，会很妥善地把它安排在中华文化的架构里，而不是盲目地把外来文化放在自己头顶上，所以不会乱。

持经达变就是有一套不变的经，常道是不能变的。比如说孝顺父母，有孝心，作为一个中国人这是绝对不能变的。

老子认为，世间所有的道理，一句话就讲完了，叫作"一阴一阳之谓道"。中国人一切事情都包含在《易经》的道理里，我们把《易经》的道理搞清楚了，就会对中国社会，包括整个世界都了如指掌。

该变的时候，你放手去变；不该变的时候，要坚持原则，绝对不能变。做人比较了不起的办法，就是你有几个原则是不变的，这样人家才有办法和你配合。你什么都不变，怎么都不变，人家怎么和你配合？中国人之间有默契，是因为"日久知人心"，大家相处久了以后，慢慢知道对方的原则是什么。中国人的原则是不说出来的，这样才可以自留余地，彼此都安。

人性有常也有变，并不是一味求新求变。求新求变，大家不能安。我们要变，是为了安而变，不是为了制造不安而变。依据常道而应变，才符合人性。有原则地应变，大家才能安。

现在许多人是为了赶时髦而变。这就是人类自己找的麻烦，大家却认为这很现代化了。我们往往有种错觉，认为当生活很充裕、有很多选择机会的时候，我们就会很快乐。其实很多人都是在和自己过不去，不是变得越来越聪明，而是越来越困惑和不安了。

一个人站在不变的立场来求变，才不会乱变。只要能够不变的就不要变。不变很好，为什么要变呢？不变不好，才来变；不变不行，才来变；非变不可，才来变。

要不要变？看他是越变越安，还是越变越不安。不安才变，安就不要变。如果越变越安，当然要变；如果越变越不安，就要小心了，因为变得越快，大家越痛苦，迟早会把自己搞垮。

经权之道，符合人性需求。无论是一个人、一个家庭或者一家公司，先把经定下来，然后持经达变，才能够以不变应万变。管理者有原则地应变，才不致乱变，大家才会心安。

一家企业建立起来的"经"，就是企业文化。企业文化要先定下来，不能说变就变，否则就是乱变，企业迟早是要完蛋。然后用这个不变的原则来应对万变的现象，随机应变。而变的效果如果使员工很安，公司很安，生意越来越兴旺，就是正确的。如果变的效果不是这样，就要赶快调整。但是要调整的不是原则，而是方法和措施。所以方法、方式和态度可以变，原则不能变，你变到没有原则，那就是乱变。

四、将心比心才合理

既然有所变有所不变才能获得安宁，而变又是不可避免的事实，那么如何变才合理，便成为管理的关键。要不要安？要不要变？是不变，还是稍微调整一下？我们归纳为四个字，叫作"将心比心"，就是要站在对方的角度来考虑问题。

各级的管理者和领导者，一定要自己经常要反省和检讨。当你的部属不高兴的时候，你要先问自己："我怎么弄得他这么不高兴？"而不是片面指责他。这就叫作絜矩之道。

组织的各部门，各有专业，也各有所司，承担不一样的责任，所以各有立场，形成本位主义。而要打破本位障碍，只有将心比心，凡事站在对方或他方的立场来考虑，而不是生产部门的人站在生产部门的立场，销售部门的人站在销售部门的立场，这样是没有办法配合的。

絜矩之道符合人性需求。上下左右都能够将心比心，不但沟通良好，而且容易协调，同心协力，应该可以达到预期目的。

但在实际生活中，却是各人想各人的，很少去想别人。例如，生产部门很急于更新设备，就地去访价、调查各种机器设备的性能，但往往不会先和财务部门商量。结果就是生产部门直接找到总经理，总经理找财务部门。财务主管心想："这么重大的事情，你都不和我商量，直接找总经理，那让总经理直接给你钱好了，我这里没有钱！"这样生产部门的计划就行不通了。所以生产部门不要先去找总经理，可以先和财务、采购部门甚至总经理的秘书商量。

在实际工作中，到底是先横向沟通，然后才去报告上级，还是先请示上级，再做横向沟通，要根据事情的性质而定，不能一概而论。

举个例子。如果人事部门经理准备给员工加薪20%，他先去和各部门经理沟通，然后再去报告总经理，说所有部门一致通过要加薪，总经理不拍桌子才怪。像买房子、户外郊游、国外旅游、加薪等这类事情，只有老总先点了头，大家才可以去商量。

很多人平常很少去琢磨这些事情，所以觉得自己到处挨骂，似乎上级很不讲理，其实不然。我提醒大家，你如果没有当过领导的话，是永远无法了解领导的。你如果站在他那个位置，将心比心，很多事情就可以迎刃而解。

五、人性喜欢简单明了

宇宙人生看起来复杂多变化，其实有一个十分简单明了的机制，那就是自作自受。喜欢复杂的人，自然把简单的事情复杂化；喜欢简明的人,同样会将复杂的事情简单化。

人性喜欢简单明了,我们把简单的事情越搞越复杂,证明我们在乱变。我到美国去,最头疼的就是不会开电视机。我是个博士,在美国生活了那么久,可就是不会打开电视机。因为美国人为了防止小孩子看电视,就设计了五六个开关,每次看电视前,要打开所有开关控制。结果这个办法控制住了小孩子,也控制住了成人。

再举一个例子。许多老年人住酒店后,想去卫生间洗手,发现水龙头不出水,转也不动,按也不动,很自然就弯腰去看到底是怎么回事,突然间被喷得满脸都是水。洗手本来是件很简单的事,水龙头一拧就可以了,却搞得这么复杂,这算什么变?这就是工业设计乱变的结果。

管理者的应变,应该是简单的稍微复杂化,而复杂的加以简单化,因此约法三章,成为最有效的方式。掌握重点,把最重要的三点先提出来,符合人性喜欢简单明了的需求。

安人之道、经权之道、絜矩之道符合约法三章的精神。它们共同的基础在于诚意正心,心意诚正自然效果良好。

六、能知亦需能行

能知不能行,等于无知。把 M 理论弄得滚瓜烂熟,就是做不出来,又有何用?能知不能行,表示知得不够透彻,有待加强;知而能行,才能够在实践中检验 M 理论的可行性,进一步增进有效性。人生贵在不断提升自我,M 理论帮助我们在工作职场中体认人性,也发挥人性的光辉。所以,要想在公司里实践 M 理论,第一步就是老总要常常和部属沟通,建立共识,这是非常重要的。

一位老总的最主要工作,就是有事没事把第一级部属找来,不断给他提问题,看看大家有什么反应,步调是不是一致?各个部门能不能朝向一致的目标努力？这才是值得重视的。

中国人分工很容易，合作起来很难。老总的责任是整合各方面力量，让大家步调保持一致，然后朝向共同的目标。这就要靠观念上的沟通，因为人是观念的动物，他怎么想，就会怎么做。能力是可以培养和激发的，但如果观念不相同，就很难整合。所以，老总找部属沟通时，要先问一问大家理念统一不统一，而不是能力强不强。

M 理论本来是易知易行的，但是"难精"，因为它学起来很容易，要使用得很精熟，那是很难的。因此，我们必须要靠一帮人常常讨论，常常交换意见；从实际中检验基本理念；必须多多磨炼，以求熟能生巧。

我们在实践 M 理论时，也必须依照所处的实际环境，做出合理调整，以求持经达变，将心比心，人我都安。

第二节　M 理论贵在实践

一、西方哲学原意为爱智

中国原本并没有"哲学"这个词，日本人用中国的文字来翻译西方的"philosophy"，才出现"哲学"字眼。philosophy 这个词，原本是希腊文字的 philosophia，由 Sophia 和 Philo 两个希腊词合成。这两个词前者是"智"或"智识"，后者为"爱"，合起来就是"爱智"。日本人译为"哲学"，其实也是保留了原意。因为"哲"字的意思也含有智识的成分。我们不能说中国没有哲学，只能够说我们把所有学问都包容在"人生"的大范围之内，并为人生服务。

西方哲学家常说哲学是所有科学的母亲，而科学家则反过来指称哲学不过是科学的综合，它把科学看作分账，拿来合成一个总账，并没有什么稀奇。

"智"是西方人最重视的，认为"知识即是力量"（knowledge is power）。因此，西方的哲学是求知的、爱智的。他们非常强调知识的重要性，而且为求知而求知，为知识而知识，至于求到知识后，能不能真正的实践，是不是能为人类服务，他们似乎并不太在乎。

在真、善、美三者中，西方人比较偏向于真。只要是真实的知识，便是大家乐于追求的。

二、中国哲学所乐的是道

中国哲学和西方不一样。我们所爱的并不是"智"，我们所"乐"的是"道"。孔子说："朝闻道，夕死可矣！"可见他把"道"看得十分要紧。

"道"是要走的，走得出来路才会通。中国哲学重在实践，所以我们常问别人"你行不行"，很少问"你知不知"。"行"，就是走得通的意思。你走不通，有知识又有什么用呢？

"智"是理论的，注重自圆其说；"道"是实践的，注重躬亲力行。譬如宗教信仰，西方人热衷于神话连篇，致力于证明上帝存在。中国人则大多数不问所拜的是什么，而切实表现出祭拜跪祷的动作，以表达诚意。可见西方重思辨，中国所要求的是实事求是的务实行为。我们认为"祭神如神在"，"信则灵"，"诚意跪拜必然有效"，空口说一大堆白话不如实际去膜拜。

西方哲学从古希腊开始，亚里士多德（Aristotle）说，哲学由好奇（wonder）而生，西方人对自然界的怪异现象，极力想寻找出解释或说明，着眼点在"物"。中国哲学引发自春秋战国的大动乱，主要是对人事界的种种不满意（dissatisfaction），希望彻底解决，而集中注意力于"人"。

西方重"知",把理论体系建立得相当严谨;中国重"行",认为"知而不行只是不知",主张"坐而言不如起而行"。

我们是一个比较重实践的民族。说得多、做得少的人,基本上是不受欢迎的。中国人最希望是你做到了再说,而不是说了再做。真正受大家欢迎的人,是你本身做得到,大家也看到了,自然就会跟随在你后面,很快形成一种风气。

三、真正的管理功夫在行

《中庸》说:"博学之,审问之,慎思之,明辨之,笃行之。"无论广博的学习、详细的求教,还是慎重的思考、明白的辨别、切实的力行,都需要在实际行动中完成。分析起来,有五个不同过程,而真正的功夫,只有一个"行"字。再好的药,如果病人不按时服用,也是没有效用的。

管理是实践的,不是理论的。管理者理论学得再好,如果不能实际运用,亦无济于事。管理者可以有许多想法,但是真正付诸实施的决策,只能独一无二,这是管理者的最大难题,因为时间永不回头,急迫得必须当机立断。管理学者可以"为学问而学问",发挥其孜孜不倦的专一精神,以造就高深学术研究成果。管理者却不能不"为管理而学问",视管理理论为工具,经由学术以改善管理,才是目的。

M理论是要实践的,管理者躬亲实践若干管理理念,行之有效,有了无比的信心,建立管理信念,虽然说信则灵,毕竟还是要不断向前推进,才能日新又新。

M理论如果不能实践,那就是空谈,而实践要靠"功夫"两个字。什么叫作"功夫"?就是一点一滴积累起来的经验。因此,知识很重要,累积的经验也十分宝贵。我们平日多听、多看、多想,还要多检讨,才能够积累经验,以备临时急用。

行的结果,必须虚心检讨,务求下一次行得更有功效。我们所缺乏的正是这些,每次好像做完了就没事了。依我看,中国人在管理的三个阶段中,最忽略的是检讨。

照理说每做完一件事情,一定要有一个检讨,但是我们很少这样做,往往是做完了,就像没有事一样。做完,做得很好,也要检讨;做完,做得不好,更是要检讨。做得好,要检讨为什么好;做得不好,就要检讨为什么不好。这些都是非常宝贵的资料,可以作为下一次改善的依据。

四、实践要以知识为基础

中国哲学重"行",但并不轻视"知"。我们一方面尊重知识,追求知识,但是将重点放在运用上。因为仅有知识是没有用的,最要紧的是要以知识配合实际运用。因此,知、行的比重不同,但重视的程度是一样的。

孔子不耻下问,博学多闻,却否认自己为"多学而识之"的人,他的学习并非为了追求知识,而是在人生过程中能够实际应用知识。管理者做任何事,都要先有个打算,然后着手去做。打算便是"知",是"行"的基础。

明代理学家王阳明说得好:"知是行的主意,行是知的工夫;知是行之始,行是知之成。"其中"知是行的主意""知是行之始",固然已经牵涉欲行的事物,表示知中包含了行,是行的第一步;而"行是知的工夫""行是知之成"更说明了真知识有赖于实地施行才会产生效力。知是重要的,但如果知而不能行,那就不重要了。

知识必须用以造福人生,否则就无价值。重视行,唯恐行之不力;重视知,却不能不以天理良知的发扬为主,而以知识的获取为从。唯有如此,知识才能造福人生,不会危害大众。

第六章 易知易行

西方从 16 世纪开始，由于科学知识发达，竟然产生一些反对情爱、反对互助的学说，以致推崇"强权即是公理"，便是未能审慎分别主从的缘故。我国知识界绝对不应该这样。

知识用来发扬天理良知，不能违背良心。管理者不能不求知，但在求得知识之后，务须加以慎重的思考，以明辨其是非，择其善者施行，千万不可盲目引用。

但是一千多年来，中国的知识分子犯了一些毛病，其中一个是"食古不化"，背了很多东西，但是化解不了。第二个是"望文生义"，看到文字就做表面上的解释，不深入追究，以不知为知，最后又自以为是。

孔子说："有知乎哉，无知也。有鄙夫问于我，空空如也，我叩其两端而竭焉。"他自谦没有知识，有人向他请教，他并不马上用知识来解答问题，只是从各方面来了解现行的状况而予以启示。因为知识如果不能切合实际环境的需求，有时会导致"无心的罪过"，也是可能害人的。

管理是修己安人的历程，无论修己或安人，都是贵在实践，无法空谈知识。不过，没有知识做基础的行，很可能是盲目的；失掉正确方向的行，也十分危险。孔子说："君子博学于文，约之以礼，亦可以弗畔矣夫！"一个具有丰富知识的管理者，至少在决策行事时，不致离经叛道，制造不安。

知可以辅助行，管理者借求知以确立经营理念，进而建立行为准则。孔子自认无知，却承认"好学"是他一大长处，他那"敏以求之"的态度，正是管理者应该学习的。特别是现代知识爆炸，各种学术思想发展迅速，几乎一日千里，管理者"敏则有功"，不敏便会落伍。求得知识之后，必须经过思考，千万不可囫囵吞枣，全盘引用。孔子说："学而不思则罔，思而不学则殆。"管理者学得一些知识，不假思索便立即效法应用，则将为知识所累。当然，管理者也不可不学，否则只靠自己思索而不以有关知识为参考，结果也相当危险。

求得知识的效果，表现在严辨"知"与"不知"上，同时更要"学则不固"。孔子希望我们"知之为知之，不知为不知"，唯有如此，才是真"知"。管理者不怕无知，何况无知才足以引发同人的有知；管理者自以为什么都知道，部属只好以"不知道"来满足自尊心（或者是虚荣心），结果一人以无知为有知，导致众人以有知为无知，结果是无知的总和，依然无知。管理者为学的效果，最主要的是使自己不拘泥固执。庄子说："大知闲闲，小知间间。"小知固然精细，却不及大知广博。如果处处以小知为是，便是一偏之见，管理者固执己见，容易以偏概全，造成沟通管道的闭塞。

管理者必须"学而不厌"，认真求知，而求知的价值，则在笃行。《论语》中有："学而时习之，不亦说（悦）乎！"管理者学得知识后，有机会就要努力实行，久而久之，习惯成为自然，那才是令人喜悦的事情！"学"的目的，在"时习之"，就是时常在实际中加以应用。孔子是实践主义者，主张用是否能行来考察求知成绩，假若知而不能行，再好的知也不值得重视。

管理者要有清楚的头脑，了解经营理念，以正确的知识为基础，然后努力实践。梁启超说过："未有不行而知者，不行而求知，终久不会知。"知只是基础，不行的知即算不得知。

五、坚持原则求合理应变

坚持原则的人往往过分固执，不容易合理应变。善于应变的人，却又不容易坚持原则，以致流于圆滑。我们必须既坚持原则又合理应变，这才是内方外圆的圆通。

一个人坚持原则到完全不能应变，就太方正了。人太方正好不好？孔子说，一个人为什么那么容易上当受骗，就是因为太方正了。"君子可

第六章　易知易行

欺以其方"，君子是很容易上当的，小人往往很容易得逞，就是因为君子多半没有应变力，人家稍微骗一下，就信以为真了。车轮，一定是圆形的才能转动，方形的是根本无法转动。一个人正直是很重要，但如果内心很正直，表现出来也很正直，就可能动弹不了，那有什么用呢？为什么历史上的好人都死得很早，小人都很得意，这也是君子的过错。

社会动乱，小人得志，是君子没有尽到责任的结果。历代好人往往斗不过坏人，他们有很好的志向，有很好的能力，最后被小人害了。好人要学一套可以打败坏人的功夫，好人才可贵。如果好人只是整天说："我是好人，你们不能骗我，我很容易上当的；你们不能打我，我打不过你们的。"那做好人有什么用？社会进步是不能寄希望于这种好人的。

我们要坚持原则没有错，但是首先要外圆，然后才可以内方。没有外圆来保护，内方是迟早会破碎不堪。说得更清楚一些，方的东西要靠圆来保护，否则，有棱角的方一定会被碰伤。

一个人不能不应变，但是，善于应变的人，多半很圆滑、很滑头。中国人最讨厌的是圆滑，都不喜欢做滑头的人。但是我们经常听到这样的话："要想做大事，就要圆滑一点。"其实全错了。做人只能圆通，不能圆滑，一字之差，意思完全不同。

坚持原则的时候，你可以圆通求变；可是当圆通求变的时候，你又不能忘掉原则，这才是内方外圆的圆通。否则就是滑头。

前文说过，西方人把"善"建筑在"真"上面，偏向于坚持原则，不能应变。中国人把"善"建立在"美"上面，必须内方外圆，才能增进效果。

西方管理的合理化，仍旧以科学的"真"为基础，只问"对"或"不对"。"对"即合理，"不对"便不合理。中国人则认为"把事情做对，并不表示把事情做好"。"好"是"圆满"的意思，我们在"对""不对"之上，还要看它做得"美""不美"。中国管理的合理化，说起来在追求

"公平""合理",而其根源,则在《中庸》所说的"发而中节"。

管理者和被管理者都是人,人必有"情"。情未发叫作"中",发而皆中节叫作"和"。管理的效果,最后表现在"和为贵"上,便是安人。天有天道,人有人道,地有地道,而天时、地利、人和之中,天时不如地利,地利不如人和。组织内一片和谐,真正安人,自然公平合理,否则争争吵吵,派系林立,各不相让,彼此不安,那就是不合理。

中和之道,即是中道,成于人类本性中直觉性的活动,而为人与人间交互关怀的沟通管道,称为仁道。孔子把义提升为仁,便是在"无可无不可"之中,一任直觉而恰到好处,这是实践 M 理论的最高境界:从心所欲,不逾矩。唯有如此,才是真正的管理人性化。

西方管理者必须力求创新,标榜所作所为与以前的管理者截然不同。长江后浪推前浪,他们依据此自然现象,推翻了前人,也无可奈何地等待后人来推翻自己,而美其名曰"进化",其实是说不出来的悲哀。

中国管理者重视传承,推崇"萧规曹随",对于以前的管理者赞扬备至,声称一切良好基础都是前人奠定的,今人不过追随前人脚步,继续向前推进而已。中国人实在聪明,深知生命有限,自己总有一天要退休或死亡。现在捧别人,将来别人捧自己,大家都有面子,何乐而不为?

我们效法先贤,其实也是此心理的扩大。人的"德""功""言"是否不朽,并非自己可以决定的,假若别人不认定,有德亦似无德,再大的功劳也被否定,再好的言论亦可能不被接纳,之所以孔子劝告我们要"人不知而不愠",因为就算暴跳如雷,也无济于事。人必须活在他人心中才是长久活着。中国人是交互主义者,自己捧别人,别人才会捧自己。

管理者一方面鼓励员工效法创办人的伟大精神,向创办人铜像致敬;一方面自己好好领导,将来有一天,同样成为后人仿效敬仰的对象,那就是不朽。

管理者标榜革新,必然要否定以往的种种是非,事情尚未进行,便已经制造了一大堆问题，增添了许多阻力和不平之怨。管理者诚恳表示保持原有好处，并且感谢大家以往的努力，无形中已经赢得多数人的向心和信心，然后逐渐调整，由缓而急，可以减少许多无谓的困扰。中国人主张在"安定中求进步"，是顾及整体而不仅求个人英雄表现的做法。凡是极力否定前人的努力，全力表现自己英雄作风的，都是作秀（show）而非做事，这是大家心里十分明白的道理。

这种从旧传统开创新精神的做法，本身就是一种理念。中国人秉持此"继旧开新"的理念，使得五千年历史有如国学大师钱穆先生所描述的：持续中有变化，变化中有持续。继旧开新，正是持经达权的效果，每个人的努力，都不会被否定；每个人的贡献，都被肯定，组织发展，人人与有荣焉，才是安人之道。

每个管理者多少都会有些不同的看法，但从大体上看，实在大同小异。继旧开新就是保持大同的部分，改变小异，变的目的照样达成，而和谐、安宁的气氛并未破坏，这是中国人变通（变而能通）的智慧。

六、圆融和谐效果才会好

管理无所谓绩效导向或人际关系导向，这种二分法思维并不正确。管理是绩效与人际关系的乘积，不是二者之和。

我们要圆融和谐，管理的效果才会好；整天吵吵闹闹，就算你很有本事，也无法发挥。

西方人重思辨，所以常常辩论，如果辩论赢了，就很高兴，好像真赢了一样。在中国社会，赢了就是输，输了就是赢。

大家很熟悉的霍元甲，年轻时不懂得什么是功夫的，他只要一出手，对方就死了。后来当他知道什么叫功夫，他会留有余地，不让对方死。一个人有多大功力全使出来，这是不人道的。如果你让对方知道，你比他厉害，不会置他于死地，对方才会很感谢你。中国人最高的境界是什么？赢的人要装没赢，输的人要装没输。

如果一出手就足以置对手于死地，但是我们点到为止，不再继续，对手就知道自己输了，但是我们装着好像没赢一样。他就不会怀恨在心，心里感谢我们手下留情。他也会装着没输，这样保住了自己的颜面，就不需要复仇了，但是他心里很清楚，功夫还是稍差。这就是圆融和谐的境界。

圆融可以减少后遗症，和谐可以降低同人之间的竞争心和紧张性，两者对长期合作的伙计来说都十分重要。对于同业竞争，我们常常讲"商场如战场"。其实我是不太接受这样的说法的，难道同行一定要拼个你死我活吗？当你把同行拼光了以后，自己也存活不了了。

留下一两个好的敌人，对我们是有利的。看《三国演义》时，许多人觉得司马懿不如诸葛亮，诸葛亮摆个空城计，司马懿就上当退兵了。我从不这样看。司马懿自幼读兵书，他一眼就能看出诸葛亮是在摆空城计，但是司马懿的高明之处就是不拆穿，而是利用这件事成全了自己。如果司马懿一看这是空城计，挥兵上去把诸葛亮抓了，他会没命的。他老板魏明帝曹叡会想：连诸葛亮这么厉害的人，都死在你的手下，我以后恐怕也会死在你的手下，就会先把他除掉。司马懿的聪明就在于他会"装蒜"，然后讲一句非常高明的话："诸葛真神人也！"从此就不再和诸葛亮打仗。自此以后，司马懿领干薪却不坐帐，天天修身养性，多么愉快啊！人世间最快乐的事情，就是不上班却领薪水，司马懿做到了。

诸葛亮也知道赢的人要装着没赢。他知道司马懿一定看穿了空城计，只是给自己留下一条生路。英雄和英雄之间会惺惺相惜，他们是不会互相残杀的。

善于利用竞争对手来减少双方死伤，才是真正会作战的人。把人家逼到死路一条，最后他一定会反扑，你也不得安宁。

圆融是包容性，就是不要计较同事的所作所为，这样才能发挥潜移默化的作用。但是现在我们最计较的就是同事的所作所为，以至于一天到晚竞争，一天到晚紧张，一天到晚忙碌。

"和谐"绝对不是"和稀泥"，"和稀泥"是没是没非，中国人最讨厌的就是没是没非的人。我们听别人讲话时，一定要两边都听，只听一边，结果会很糟糕。和谐能够促使彼此一条心，各人发挥长处，不争功夺利，真心合作。

效果要看长期，不能看短期。天天算账，就不会产生长期效益。取长补短，培养团结精神更要紧。唯有圆融和谐，才能长期合作。

聪明的人不要去和老板讨价还价，不要看短期效益，多一点表现，他自然会给你加薪。你多表现以后，他多给你薪水，大家心安理得；你总是和他吵吵闹闹，他还要考虑团队的和谐，就不太愿意答应你的要求了。我们从很多方面来比较，就会发现中国人的很多想法，都是先有动作，再来谈其他条件，这样才能产生长期效益，大家才能长期合作。

第三节　M 理论求大同存小异

一、组织要安定中求进步

现代人受到求新求变的激励，喜欢标新立异。特别是新闻媒体行业，普遍认为"狗咬人不算新闻，人咬狗才算新闻"。简直好像只有新的、奇的、罕有的，才算是好的。大家逐渐不尊重原有的成语典故，不知道这些才是中华文化传承的优良利器，反而蓄意加以破坏，胡乱更改，以致年轻人受到扭曲和混乱的知识的影响，在学习上势必更为困难和吃力。稍不小心，便很容易受到误导，造成难以挽回的损失。

安定和进步都是求安的必要条件。在安定中求进步，包含在进步中求安定，这是本立而道生的道理。若是反过来说，在进步中求安定，往往会导致不安定。

安定的大目标是相同的、一致的。怎么才能够安定，则各个公司并不相同，所以不可一概而论。

员工有良好的反应，表示管理者的经营理念不但有实践价值，而且有实践效果。管理者最好审慎依据组织内外环境的变迁，随时做好合理调整，以求止于至善。绝不能抱着"管他呢""不要紧的""解决问题最重要"的鲁莽心态，引起不安而妨碍进步。

如果从不安中来求安，所造成的成本往往很大，最好预先加以避免。

二、实践的结果各有一套

经营理念大同小异，有"大同"才有"天下一家"的可能；有"小异"才能真正切合实际环境的变化而多姿多彩。内外环境各有不同，所以实践 M 理论的结果，必然大同小异，各有一套，就算是同业，两家公司也不可能完全相同。

一个人在这家工厂当厂长，他做得非常好，如果把他调到另外一个性质完全相同的工厂去，他到那边的表现就可能很差。一个人成功，要几百个理由；一个人失败，只要一个理由。每个人都有他不同的环境、不同的背景、不同的同事，所以造就了不同的结果。

"人同此心，心同此理"，是"大同"的基础，管理者所见略同，形成管理的普遍性。"人心不同，各如其面"，则为"小异"的根源，管理者"运用之妙，存乎一心"，因而产生管理的特殊性。

中国人不容易服输，除了极少数先圣先贤如孔子、老子之外，谁也不服谁。明明是学别人的一套管理法则，也要稍有损益，说是自成一套。

所谓"戏法人人会变,各有巧妙不同",即是表明戏法固然相同,而巧妙各有短长。往昔鼓励敬老尊贤,便是针对此一民族性而厘定的原则,使中国人至少有所尊有所敬。现代各自标榜,说是"自我推销",其实是"各说各话",结果谁的广告都没有效用,因为人人是推销商,哪个又是顾客呢?

实际上,世界大同才好,不能勉强求一同。世界大同的意思,是大同小异,既非各自发展,亦非统一步调,乃是变化中有统一,统一中有变化,深深合乎"万变不离其宗"的变化观念。

"小异"表示特殊性,是公司应有的特色。管理者的经营理念属于普遍性,而管理者所处的环境,为特殊情境;所接触的人物,为特殊的人物;所处理的事,亦为特殊的事。于是一切抽象的经营理念一旦落实到实际事务上,亦即在实践层次上,必然是特殊性的。甲公司的情况与乙公司的情况未必相同,即使有同一理念,其表现方式也有所不同。同样一位管理者,在处理类似人事上,往往亦有其不同的表现,只要合乎情理,即是合宜。领导者的功能,即在此有所表现。

经营理念正确,才可以持经,否则经失其正,越持越糟。中国人常说:家家有本难念的经。事实上各阶层管理者也各有其难念的经。经的沟通,方有共识可言。共识既然确定,就要持经达权,虽然说各有一套,却必须殊途同归,共同以 M 理论为依据,成为各自考核、检讨的标准。

M 理论贵在实践,而实践的效果,则为天下一家,世界大同。

三、管理并无统一的模式

管理不必也不可能有统一模式,用固执一定的方式来处理不同的事物,不免有所不合。勉强执着,即成削足适履,反而有害无利。管理是动态的,一切经营理念,只是不变的经,当其实践时,就必须因应实际情境而有适当的权变，这才是"以不变应万变"的表现。管理者持经达权，各有一套，叫作"不固而中"。

"中"也是不固定的，孟子说："执中无权，犹执一也。"此一情况下的"中"，换了另一种情况又不见得是"中"，如果执着于某一情况的"中"，便要把它当作放之四海而皆准的标准，来因应一切情况，结果很可能造成"不中"的恶果。

所以程子说："中不可执也。识得则事事物物皆在自然之中，不待安排，安排着则不中矣。"我们一方面要"执中"，一方面又要注意"中不可执"，必须具备清楚而灵活的头脑，才能不待安排而得其"自然之中"。

凡事要"顺乎自然"，却不应该"听其自然"。

管理者必须坚持自己的经营理念，但当这些理念落实为管理措施时，必须具有相当的弹性，才不至于僵化而失效。实际情境既然不断在变迁，管理措施也就随时有所调整，所以"不固而中"的结果，形成管理者"各有一套"，乃是理所当然，势所必然的。

四、时刻不忘以人为根本

西方管理以事为中心，拿人来配合，原本是无可奈何的事。我们以人为本，因为事在人为，有人才有事，人是来办事的，不应该当作资源来看待。

人员的成长，才是公司长远发展、生生不息的保障。两千多年来，中国人都是以人为本。人活着，就有价值。人不是有了工作、有了贡献，才有生存价值的。在中国人的传统思想中，一个人活着，只要修养好且不伤天害理，不伤害别人，就有价值。这就是"上天有好生之德"。

所以，必要时我们弃财保人，宁可吃亏一时，不能使自己对不起人。

不论是自己人或他人，都应该如此。

现在很多人盲目接受西方观念，视人犹物，把人当作资源看待，社会也不再以道德的标准来衡量人，而是"一切向钱看"。往往是一个人赚了钱就了不起，没赚钱就被瞧不起；员工给公司带来利润就有价值，没有创造利润就没有价值。这种看法是不对的。

管理者一生最了不起的成就，应该是培训一些人才，带出可靠的部属，而且青出于蓝，更胜于蓝。因为人才辈出，社会才能进步。人才可贵，绝非钱财能比。

五、最好有树状组织精神

管理者实施 M 理论的第一步，便是将金字塔组织形态扭转，颠倒过来，还要赋予弹性，使其成为树状的组织。

实际上不用改变或重组现行组织，只是在运作上采取"由根到枝叶"的方式，打造组织欣欣向荣的精神。

通常企业组织的形态，不论其为直线式、职能式、直线与幕僚式，乃至于近年流行的事业部门制或职能部门制，大多采用金字塔形的结构，授权的流程也是由上而下的。在这种组织气氛中，主管大事、小事一把抓，部属不论内心感受如何，总得扮演唯唯诺诺的"奴才"角色，乃至授权流于形式，参与仅限于表面，根本谈不上自动自主。即使有的主管十分愿意把责任赋予部属，真正授权，也非常不容易获得对方的信赖。因为部属不敢肯定主管的言行，到底是出乎内心的真诚，还是虚情假意。

我们推行现代化管理，一再强调授权的重要与员工参与的价值，然而真正能够实现充分授权、充分鼓励员工参与的企业机构仍然寥寥无几。我们习惯于依据 X 理论，指责员工懒惰、不负责任、以自我为中心、不愿改变现状、没有抱负，以此成为管理者"不能相信员工，要掌握大权，一切由自己做决定，并且多利用奖惩，以加强控制"寻找良好的借口，这实在是非常不公平的。

中国人是希望自动自主的，我们不能因为环境不允许他自动自主，便断然指称他没有这种欲求。如何改变组织气氛，鼓励员工自觉、自律，然后赋予自主，促使员工自动自发，不但是要极力倡导的，而且也是应多方尝试的。

中国人普遍相信一种长命哲学，重视保生和养身，不轻易"为五斗米折腰"；施以金钱激励，他会照拿不误，因为"不拿白不拿"，却又克制自己，千万不要为区区小钱拼命，以致人为财死。然而，《史记·刺客列传》所载豫让"为知己者死"的故事，则证明中国人一旦交出了他的心，就会竭智尽忠，乃至赴汤蹈火，亦在所不惜。既要保命，又愿意为知己的明主拼命，这种庄子所谓的"两行"思想，使得中国员工心里时时盘算着：这样的主管，值得为他鞠躬尽瘁吗？

有一位年轻朋友曾亲口告诉我："我在工厂上班，经常看见水龙头没有关紧，空房间的电灯也未关掉，心里真想把它关牢、熄掉，但是转念一想，老板并不关心我，我又何必多管闲事，当作没有看见算了！"

"良禽择木而栖，志士择人而事"，是中国员工甄选上司的写照。《三国演义》描述徐元直化名单福，建议刘备将其坐骑"的卢"赐给有仇怨之人，待它"妨主"——把主人摔死之后，再收回来自己乘用，以考验刘备是否确如传闻中那般仁德。刘备闻言，果然变色说："你初来乍到，不教我走正道，却教我做这种损人利己的事，实在不敢领教。"徐元直这才放下心来，向刘备坦白承认："向闻使君仁德，只是未敢轻易相信，所以才说这些话来试探试探。"

实际的情况当然复杂得多，正如部属说得再天花乱坠，老板也未必相信一样，主管口头保证，反复说明，也不一定能够获得员工信赖。中

第六章　易知易行

国人一方面接受孔子"上司如果礼待部属，部属才对上司忠心"的教诲，必等待在上位的人先付出爱心，否则很容易被视为奉承、谄媚之徒，一方面又深信"听了他的话，要等着看他能不能做到"，因而不肯轻易相信上司所说的话。在这种传统文化熏陶之下，要让中国员工肯干、能拼，最好的办法便是上司修己，以获得员工信赖，同时率先关怀部属，使他深切体认到"我可以放手去做，因为上司必定支持我"，这样大家才敢放心做事。

上司以支持部属放心去做的领导原则，让部属在规定范围内持经达权，做出合理应变。许多人不愿意承担重责大任，结果由于"尽管放手去做"一类诺言所衍生的信心，而毅然决然地答应了，便是最有力的证明。

"尽管放心大胆去做"，在现代企业组织中，最好的表白和保证即是把组织系统颠倒过来：董事会是根部，置于组织的最底层；总经理是树干的基础，各部门经理是树干的分权；由此延伸出树枝，形成各科、室；而末梢的枝叶，便是操作员、业务员等员工。中国人喜欢说"顾客如云"，又把作业员、业务员视为第一线人员，正好是一幅云彩朵朵、枝叶茂盛的景象。

这种中国传统的组织结构，并不是西方所谓"倒金字塔形"，因为它不一定那样刻板，却是随着实际需要而有其参差不等的发展，有如活生生的树木，该茂盛处要茂盛，应枯萎时宜枯萎，所以我们称之为树状组织。树状组织，乃是一种合乎自然法则的互依互赖结构，其特性有下述八点：

第一，组织形成互依互赖网，彼此息息相关，并非乌合的独立个体。

第二，树木的自然生态，正是欣欣向荣的组织精神。

第三，该成长、发展的枝叶，自然茂盛。

第四，不能发展的枝叶，自然枯萎。

第五，根部（董事会）为基础，是一切生长的总源头。

第六，树干支撑树叶，使其充分发展，象征每一阶层的主管，支持其所属成员放心去工作。

第七，从根部到枝叶，彼此互信互赖，没有本位主义，也不互扯后腿或彼此冲突、妨害。

第八，只要根部活着，春天来临就会复苏。经营理念正确，企业就可能永生。

中国员工最希望主管支持他，放手让他去做事。只要主管不在场，员工总喜欢自吹自擂，形容主管如何相信他，如何让他自主，如何充分授权，又如何重视他的决定，由此可见一斑。

主管也喜欢支持部属，每当生起气来，便会嘲弄部属："如果我不支持，看你还活得了多久！"现在拿树状组织精神印证一番，果然言之有理。

我们一再说明，并非真的把组织系统翻转过来，我们深切地希望注入树木生长、茂盛的精神，发挥"树干不与树叶争绿"的"功成弗居"特性，凡是部属能做的工作，主管都不插手，尽量让他去开花结果。

上司把成就感让给员工，才能够引起员工强烈的参与感，大家自然肯干也乐于把工作做好。唯有员工热心参与，自动自主，上司才能够称心如意地推行组织所欲达成的任务，顺利完成预期的目标。

六、慎始善终求己安人安

己安人也安，大家都安，是管理的最终目的。为了达成这个目标，我们必须凡事力求慎始善终。

慎始是慎始，善终是善终，慎始不一定善终，但是不慎始一定不善终。所以，中国人常会告诉你，"万事开头难"，开始很难，要小心一点，

第六章 易知易行

要有整体规划，要有比较周详的计划，要方方面面都考虑到。如果还没有考虑成熟，说干就干，抓紧时间赶快做，那就是"不慎始"。

"始"和"时"同音，所以，我们在开始做事情时，一定要看天时、地利、人和。当我们想到事情开始的时候，就要知道这是在创造历史，会有很多事件发生，可是最后的结局都是死。做大官是死，发大财是死，活到120岁也不过是死，那还干什么？所以，很多人看破红尘，提前做和尚去了。但我们说，死有两种方式：一种是"善终"；一种是"不善终"。善终是好死，不善终就不得好死。中国人骂人最难听的话，是"这个家伙不得好死"。

一个强大的公司会不会倒闭？答案是会，只不过是迟早的事情。中国人常说"富不过三代"，百年老店已经不得了，持续经营是很难的。但我们能说一家百年老店，干脆到我这一代就死掉算了吗？

人生迟早有死，但是死有重于泰山，有轻于鸿毛，要死得其时、死得其所，死得心安理得。我们的结论很简单，只要活着，只要还有一口气在，就应好好干，这才是中国人的人生观。

如何通过慎始善终来求己安人安呢？关键有下述四点：

第一，把每一件事情都当作大事看待，务求做得合理，而且与他人充分配合。

第二，德本才末是以人为本的基础，从甄选、礼聘人员开始，便重视德本才末，结合品德修养良好的人士，大家志同道合，用心工作，才能够真正以人为本。

第三，大家都明白"人心惟危、道心惟微"的道理，共同以"害人之心不可有，防人之心不可无"的警觉性来维持团体安全，由小信而大信，预防人心产生不良变化。

第四，时常将心比心，站在对方的立场来思虑，互相包容不同的意见，彼此尊重不同立场，随时做出合理调整，管理的效果自然良好。

中 道

　　一个人常常记住慎始善终，然后人安己安，别人安我也安。我安人安，你就一直去做好了。不要对自己要求太高，但是，也不能放弃对自己的要求。这看起来似乎是矛盾的，其实意思就是说，我们要求自己每天有一点进步就可以了，不要把自己逼得无路可走。

结语

　　先守住常规，才能够求应变。孔子删定的六经（《诗》《书》《易》《礼》《乐》《春秋》），成为儒家学说的原始经典。其用意在唤醒大家，以经为根本大道，然后适时应变以求制宜，才不致离经叛道，走上偏道而害人害己。这种应变精神，成为中华道统持续不断的支撑力量。因此我们不像西方文化，但求权变却不重视常则，造成不连续的断代现象。一直到现代，许多人仍然片面强调求新求变，以致经常造成乱变恶果，浪费了资源，误导了多少子弟！盲目发展科技，引起地球的反扑，更直接地威胁到了人类生存。幸好21世纪西方科学家已经稍有觉醒，开始彼此约束，不再盲目求新求变。人类若能共同走上持经达变的中道，应该可以避免灭绝的噩运，开创光明的未来。西方科技亟待中华文化的引导。

　　世界上所有的道理，《易经》用一句话来加以总结就是："一阴一阳之谓道。"意思是阴消阳长或阳消阴长的变化，造成了千变万化、形形色色的宇宙万象。这句话以前令人觉得很玄，不容易弄清楚、搞明白。随着现代技术的广泛应用，大家都知道"0和1的变化，构成了浩瀚无边的网络世界"。这两种说法，用词虽然不同，意思却完全一样的。科学的发展，印证了《易经》的早熟。在那个时代，中国人居然对变化的道理，掌握得如此确实。难怪秀才不出门，便可以知道天下的事情。

大家都知道，管理离不开文化。而中华文化与西方传统，各有所长，走的是不一样的途径。邬昆如教授明确指出：人类不但和禽兽一样有肉体，有各种需要，更拥有和禽兽不相同的理智和智慧。人类在某些方面，固然必须屈从于弱肉强食的自然淘汰法则之下。可是，这种适者生存、不适者灭亡的事实，并没有吓倒古圣先贤，他们不会因此就加入弱肉强食的行列，而放弃自己另一方面的理想。因为，人类的智慧终究会发掘出人性的善良，能够在各种生存竞争的现象上，问及生命的存在意义和价值。于是人类以仁爱之心，组织互助合作的人际关系，团结一心来共同对抗自然的荒蛮，与他人合作来与自然抗争，解决人与人之间、民族与民族之间共同存在的生存问题。人类在求生存的过程中，一方面感受到弱肉强食的自然法则，另一方面又受到良知的召唤，自我觉悟到人性的伟大和高贵，必须以互助来代替竞争，以牺牲来代替吞并，以服务来代替统治。

全世界的管理者都应该具备"贤"和"能"两种条件。西方社会在这两种条件中，总是偏向于"能"的要求，主张能力本位，也就是"做不好就换人，有能力就应该出头"。再加上在西方历史上，"能"一开始便表现出与自然竞争时，人类在役物方面的成果。久而久之，西方人把征服自然及役物的原则和方式，应用到人际关系中，用"役物"的原则来"治人"。在政治上，他们对内实施奴隶制度，对外实行殖民政策。到了19世纪，白种人更明目张胆在非洲殖民，在亚洲侵略，在美洲贩卖黑奴。在管理上，西方现代管理，强调市场、竞争与效益。如果用来对"物"，并无不当；若是用以待"人"，那显然不合乎人性的需求。孙中山先生有感于此，特别提醒国人："管理物的方法，可以学欧美；管理人的方法，不能完全学欧美。"因为欧美近年来在自然科学上的发展十分神速。为了生活上的食、衣、住、行便利，我们当然要发展科学，就算把欧美"役物"的原理和方法，拿过来学习，也没有什么不好，但是管理人的方法，由于中华民族自古以来，便借着天道的运行规律，来推知人道的伦理道德。我们以"贤"为根本，在"贤"人中推举能者，先考察他的伦理道德修养，再讲求知识和能力的表现。由内而外，伦理化的管理观，已经成为我们的道德。古人敬天、畏天，一切生活以神意为依归，却没有发展出宗教式的信仰，而是通过封禅、祭祀的制度，实现淮南子所主张的"天地为一大宇宙，人身为一小宇宙"，来提升人的地位，增强人对宇宙的责任感，更推断出合理的天人关系。古人认为在天道中，人与物的互相对待，应该以人为主宰。自古以来，我们的管理便重视以人为本，倡导互助合群、通力合作，形成共同创造、共同防卫的群体组织，并逐渐从族类生活产生种族文化，由共同信仰塑造宗统文化，自血缘关系形成伦理文化。从唐尧、虞舜开始，我们便已建立了一以贯之的道德。中华五千多年的历史，更充分证明：凡是合乎这种道德的朝代，都有"中道"，必然国泰民安，为世人所称羡。

在中华民族的主要构成中，汉、满、蒙、回、藏等民族的人口数量较多。由于以汉族为主导的华夏文化倡导王道而摒弃霸道，所以长久以来，各民族和平共处，十分融洽和谐。在这种兼容并蓄、互相包容的文化大环境下，各民族不但齐头并进，而且可以长期保留各自独有的特色。

中华民族，可以视同世界各民族的缩影。中道文化也是地球村必须借鉴的融合力量。在当前国际化、全球化、多元化的浪潮中，中道管理应该是中华民族对人类的最大贡献。

英国历史学家汤恩比（Arnold Toynbee）早已明确指出：人类若非自己毁灭自己，否则就要像一家人那样，相亲相爱地共同生活。这种人类一家、世界大同的理想，充分表现在2008年北京奥运会的宣示"One world, one dream"（同一个世界，同一个梦想）中。在全世界各民族之中，中华民族的体验是最为深刻的。汤恩比预言21世纪是中国人的世纪，用意即在唤醒世人，重视中华文化的广大包容性，在地球村中保持大同小异，以维持多元的发展，确保各民族的文化特性。中道管理便是合理化管理。全世界以"合理"为共同的追求目标，尊重各民族的不同合理标准，发挥小异的特色，使各地方的"本土化"不致淹没在"全球化"的浪潮之中，即为共存共荣的大道。

这些年来，由于西风不断东渐，我们一直掉入人与事的二元陷阱中而苦恼不堪。许多人为了"做人""做事"孰重孰轻而争论不休，其实是对"对事不对人"的严重误解。实际上"有人才有事""事在人为"，事必须依附在人的身上，没有人根本不可能有事。何况"做人，做事，首先应当把人做好，才能够把事办妥"，也是很容易理解的道理。多元化的管理，必须回归到人性化原点，才有可能异中求同，多中求一，符合全球化发展需求。我们当然不能抱持大国沙文主义的心态，以免引起其他民族的不愉快情绪。但是，衡诸历史事实，中道管理思想把人性、道德和管理结合在一起，以人性为基准，引发道德行为，把管理的大道施展在世人眼前，自然会引起大家注目，并由霸道转向王道，共同营造光明的未来。

一般人在面对"道"与"术"的抉择时，大多舍"道"而沉湎于"术"的功利中。很多人面对人与事的偏执时，总是重事而轻人。现代人重视科学而忽视哲学，也是同样的心态。这种本末倒置、轻重失衡的现象，必须通过自觉和自省，从实践中逐渐体悟，要受到相当的磨炼和挫折，才能够深切体会到。

我们还可以大胆怀疑，为什么如此重视道德修养的民族，伦理道德却会衰落到令人难堪的地步？为什么如此崇高的管理目标，迄今并未实现？我们只用三句话来回答这样的责询，说明如下，仅供参考。

第一，我国古圣先贤的主张并没有错，只是长期以来，我们望文生义，不求甚解，并没有真正了解这些道理的根本用意，以致用错了、做错了。

而且时代愈久远，错得愈离谱，非大力加以整顿，简直不成样子了。我们必须站在历史的平台上，正本清源，重新建立现代化的管理思维，而不是盲目恢复其原貌，让自己再度陷入既往的迷失与错误之中。我们唯有继旧开新，从原有的中华道统中，走出合乎现代需求的大道，才能够在国际化、现代化、多元化的潮流中展现真正实力，不但为中华民族，而且为全世界做出最重要的贡献。

第二，人性在古今中外，都是不变的。

各个民族的看法不可能一致，追求人性化的方法也各有不同，从而使人产生人性不相同的严重误解。实际上人生的意义、目的和价值是完全相同的，只是各民族探讨的角度和研究的深度并不相同，以致方法的多元性掩盖了目标一致的真相。21世纪的中国人，必须责无旁贷、自告奋勇地站出来，由每个人的修身做起，从独善其身着手，然后推向兼善天下，无私地参与到"齐家、治国、平天下"的伟大事业中来。我们大可不必费心去管别人，如果每个人都能先由自己做起，就不怕道德水平提升不起来，也不必担心中华文化解救不了岌岌可危的人类社会。21世纪真正成为中国人的世纪，才会为全天下所欢迎。

第三，孔子说"性相近也，习相远也"，意思是环境对于人的影响相当重大。

好人和坏人的本性原本是一样的，只是后来由于所处环境不同，产生不同的行为。所以人性可塑成为人性管理的良好基础。管理者借助教育训练及良好的工作环境，促使员工自动向善，积极做出应有的贡献。大家主动把责任看成服务，在组织中和谐合作，以互助代替竞争。秉持絜矩之道，不但己所不欲，勿施于人，而且进一步推己及人，凡事将心比心，至少在上半夜替自己想想后，能够在下半夜替别人想想。不同的生态环境，做出不一样的应变，却共同以合理为目标。伦理道德自然提升，修己安人的管理目标也必然很快就会实现。

中 道

　　M 理论简单明了，真正实施起来，威力强大。以安人为目标，依经权而应变，用絜矩（将心比心）来促成彼此的和谐合作。这种合乎人性需求的中道管理，已经超越时空的限制，真正放诸世界而皆准，符合当今地球村的共同发展需要。实施的要领在于管理者的修养和被管理者的心态。前者重视服务与牺牲，而不计较权力与利益；后者守分、自律，而不是自认为是最棒的，一定要出人头地。

　　中道管理的实施有赖于观念的端正。我们需要对现行的普世观念，做一番分析、批判和整理，21世纪才是崭新的时代，人类才有幸福的未来。让我们共同努力，并且拭目以待！

参考书目

1. 朱熹：《四书集注》，世界书局。
2. 陈立夫：《四书道贯》，世界书局。
3. 陈立夫：《人理学研究》，中华书局。
4. 梁启超：《儒家哲学》，中华书局。
5. 方东美：《中国人生哲学概论》，先知出版社。
6. 方东美：《科学哲学与人生》，黎明文化事业公司。
7. 唐君毅：《中国哲学原论》，学生书局。
8. 唐君毅：《中华文化之精神价值》，正中书局。
9. 牟宗三：《中国哲学十九讲》，学生书局。
10. 牟宗三：《政道与治道》，学生书局。
11. 牟宗三：《中国文化的省察》，联经出版事业公司。
12. 陈大齐：《孔子学说》，正中书局。
13. 陈大齐：《孟子待解录》，商务印书馆。
14. 陈大齐：《平凡的道德观》，中华书局。
15. 陈大齐：《论语臆解》，商务印书馆。
16. 钱 穆：《中国历代政治得失》，东大图书公司。

17. 钱 穆：《中国历史精神》，东大图书公司。

18. 钱 穆：《从中国历史来看中国民族性及中国文化》，联经出版事业公司。

19. 谢扶雅：《伦理学新论》，商务印书馆。

20. 赖 强：《大学新论》，商务印书馆。

21. 萨孟武：《儒家政论衍义》，东大图书公司。

22. 萧公权：《中国政治思想史》，联经出版事业公司。

23. 项退结：《中国民族性研究》，商务印书馆。

24. 项退结：《现代中国与形而上学》，黎明文化事业公司。

25. 郑德坤：《中国文化人类学》，华世出版社。

26. 邬昆如：《中外政治哲学之比较研究》，"中华文化复兴运动推行委员会"。

27. 张起钧：《老子哲学》，正中书局。

28. 黄公伟：《道家哲学系统探微》，新文丰出版公司。

29. 蒋维乔：《中国哲学史纲要》，中华书局。

30. 高怀民：《先秦易学史》，文津出版社。

31. 劳思光：《中国哲学史》，三民书局。

32. 吴 森：《比较哲学与文化》，东大图书公司。

33. 杨懋春：《中国家庭与伦理》，"中华文化复兴运动推行委员会"。

34. 吴 怡：《逍遥的庄子》，新天地书局。

35. 韦政通：《中国哲学思想批判》，水牛出版社。

36. 梁漱溟：《东西文化及其哲学》，里仁书局。

37. 曾仕强：《中国管理哲学》，东大图书公司。

38. 曾仕强、刘君政：《中国的经权管理》，国家书店。

39. 曾仕强：《中国的经营理念》，经济日报社。

注：以上参考书目均为台湾地区出版机构出版。